U0549201

中国乡村社会大调查 CRSS项目系列成果

民族地区中国式现代化调查研究丛书　何　明　主编

山地生态农业产业赋能乡村建设

云南省盐津县乡村振兴调查报告

李文钢　著

Mountain Ecological Agriculture Industry
Empowers Rural Construction

A Survey on Rural Revitalisation in Yanjin County,
Yunnan Province

社会科学文献出版社
SOCIAL SCIENCES ACADEMIC PRESS (CHINA)

中国乡村社会大调查(CRSS)云南样本县分布图

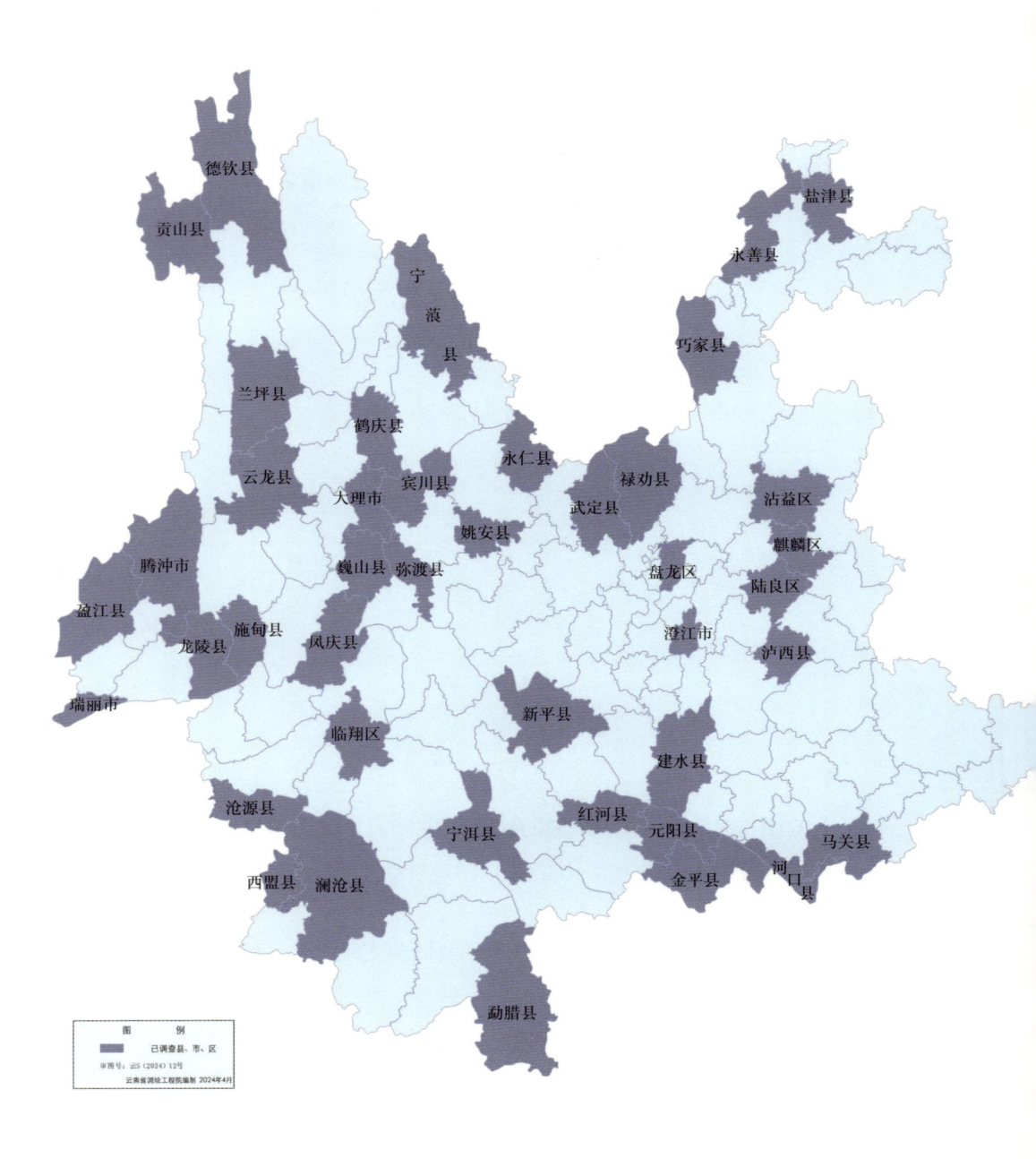

中国乡村社会大调查学术指导委员会

主　　任　李培林　　林文勋
秘 书 长　谢寿光
委　　员　（按姓氏笔画排序）

　　　　　王延中　　王春光　　孔建勋　　朱晓阳
　　　　　刘世定　　关　凯　　李　炜　　李友梅
　　　　　李启荣　　李建军　　邱泽奇　　何　明
　　　　　沈　原　　张　翼　　张晓明　　拉玛·兴高
　　　　　范建华　　和少英　　周飞舟　　周建新
　　　　　赵国良　　段红云　　殷国俊　　黄云波
　　　　　廖炼忠

"民族地区中国式现代化调查研究丛书"编委会

主　　编　何　明
副 主 编　谢寿光　　李晓斌
编委会委员（按姓氏笔画排序）
　　　　　　　马凡松　　马居里　　马翀炜　　王越平
　　　　　　　伍　奇　　李志农　　杨绍军　　胡洪斌
　　　　　　　高万红　　谭同学

总　序

中国近代的现代化进程，如果把发轫追溯到1840年鸦片战争催生的国民警醒，已有一百多年的历史。从近百年中国乡村研究的学术史看，我国学界很早就清醒地认识到，中国走向现代化的最大难题是乡村发展。在这一进程中，通过社会调查来深入了解现代化背景下中国乡村发展的道路和难题，一直是中国社会学、民族学、人类学的学科使命。事实上，自20世纪我国著名社会学家陶孟和首倡实地社会调查以来，几代学人通过开展乡村社会调查，对中国乡村社会的发展进程进行了长时间、跨地域的动态记录与分析。这已经成为中国社会学、民族学、人类学"从实求知"、认识国情和改造社会的重要组成部分。

云南大学作为中国社会学、民族学和人类学的起源地之一，为丰富中国社会的乡村调查传统做出了持续性的贡献。80多年前，国难当头之际，以吴文藻、费孝通为代表的一批富有学术报国情怀的青年学者，对云南乡村社会展开了实地调研，取得了丰硕的学术成果，留下了"报国情怀、社会担当、扎根田野、自由讨论、团队精神、传承创新"的"魁阁精神"。中华人民共和国成立之后，云南大学全面参与了民族识别和民族大调查的工作，推动云南各民族融入中华民族大家庭的进程，积累了大量民族志资料。21世纪初，云南大学又组织开展了覆盖全国55个少数民族的"中国民族村寨调查"，真实书写了中国少数民族半个世纪的发展历程及文化变迁。

党的二十大报告强调，"全面建设社会主义现代化国家，最艰巨最繁重的任务仍然在农村"。"仍然在农村"的认识，一方面是指，在我国人多地少的基本国情下，振兴乡村成为一个难题由来已久；另一方面也是指，乡村振兴的问题至今还没有得到根本解决，城乡发展的差距仍然较大，农业、农村和农民发展的"三农"问题仍然是中国实现现代化的艰巨任务。所以说，在我国经济社会发展的新阶段，调查乡村、认识乡村、发展乡村、振兴乡村，仍是推进中国式现代化的重中之重。

2022年，为了服务国家"全面推进乡村振兴"和"铸牢中华民族共同体意识"的大局，落实中央《关于在全党大兴调查研究的工作方案》的文件精神，赓续魁阁先辈学术报国之志，云南大学又启动和实施了"中国乡村社会大调查"（CRSS）这一"双一流"建设重大项目。

本次云南大学推动的"中国乡村社会大调查"项目是针对云南省乡村居民的大规模综合社会调查。该调查以县域研究为视角，通过概率抽样的方式，围绕"产业振兴、人才振兴、文化振兴、生态振兴、组织振兴"以及铸牢中华民族共同体意识等主题对云南省42个样本区县进行了定量和定性相结合的调查。该调查以云南大学为主体，联合中国社会科学院、北京大学、复旦大学、华东师范大学、上海大学、西南大学、贵州省社会科学院、贵州财经大学、云南师范大学、玉溪师范学院、昭通学院等15家高校和研究机构，组成了875名师生参与的42个调查组，深入云南省42个区县的348个行政村、696个自然村进行问卷调查和田野访谈工作。调查团队最终行程7万余公里，收集了348份目标村居问卷和9048份目标个人问卷，访谈地方相关部门成员、村干部和村民累计近千次。

在实际组织过程中，本次调查采用了"以项目为驱动、以问题为导向、以专家为引领"的政学研协同方式，不仅建立了省校之间的紧密合作关系，还设立了由我和云南大学原党委书记林文勋教授担任主任的学术指导委员会。委员均为来自北京大学、清华大学、中国社会科学院等高校和研究机构的社会学家、民族学家和人类学家，直接参与了调查方案设计、专题研讨以及预调研工作，充分保障了调查支持体系的运行。中国社会学会原秘书长谢寿光，卸任社会科学文献出版社社长后，受聘为云南大学特聘教授，以其多年组织全国性社会调查的经验，作为本次调查执行领导小组的负责人，具体组织实施了调查和成果出版工作。此外，为了便利后续的跟踪调

总　序

查，更好地将学校小课堂延伸到社会大课堂、更好地服务于地方发展，本次调查还创建了面向国内外的永久性调查基地，并在此基础上全面推进全域调查基地建设、全面打造师生学习共同体，这一点在以往大型社会调查中是不多见的。

本次调查在方法设计方面也有一些值得关注的特色。首先，过去的许多大型社会调查以量化问卷调查为主，但这次调查着重强调了混合方法在大型调查中的应用，特别是质性田野调查和社会工作服务如何与量化问卷调查相结合。其次，这次调查非常重视实验设计在大型调查中的应用，对抽样过程中的匹配实验、问卷工具中的调查实验和社会工作实践中的干预实验都进行了有针对性的设计，这在国内的社会调查中是一个值得关注的方向。再次，与很多以往调查不同，本次调查的专题数据库建设与调查同步进行，从而能够及时地存储和整合调查中收集到的各种数据，包括但不限于问卷调查数据、田野访谈录音、官方数据、政策文件、实践案例、地理信息、照片、视频、村志等多种文本和非文本数据，提高了数据的共享程度、丰富程度和可视化程度。最后，本次调查在专题数据库建设过程中，开创性地引入了以ChatGPT为代表的人工智能技术，并开发研制了"数据分析与文本生成系统"（DATGS），在智能混合分析和智能文本生成方面进行了深入探索，这无疑有助于充分挖掘数据潜力。

本次调查的成果定名为"民族地区中国式现代化调查研究丛书"，这一定名全面地体现了本次调查的特色与价值，也体现了云南大学百年来在乡村社会调查中的优良传统，标志着云南大学乡村社会调查传统的赓续进入一个新的阶段。丛书约有50种，包括调查总报告、若干专题研究报告以及42部县域视角下的针对所调查区县的专门研究。作为一项庞大而系统的学术探索，本丛书聚焦于民族地区乡村社会的多个层面，翔实而深入地记录和分析了当代中国民族地区在迈向现代化的进程中所经历的变迁和挑战，描述和揭示了这一进程的真实面貌和内在逻辑，同时也为相关战略、政策的制定和实施提供了科学依据和理论支持。

本丛书研究成果的陆续推出，将有助于我们更加全面而深入地理解我

3

国民族地区乡村社会转型和发展的多样性和复杂性，为民族学和社会学的发展注入新活力、新思想。期待本丛书成为推动中国社会学和民族学发展一个重要里程碑。

2023 年 10 月 31 日于北京

目 录

绪 论 …………………………………………………………… 1
    一　乡村振兴背景下的乡村建设内涵……………………… 1
    二　生态资源赋能乡村建设的基本理路……………………… 13
    三　盐津县乡村社会调查研究方法、实施方案及样本村概况 … 17
    四　本书写作结构和内容……………………………………… 23

第一章　盐津县产业结构变迁与乡村振兴路径………………… 26
    一　盐津县的历史与生态环境……………………………… 26
    二　盐津县三大产业结构变迁历程………………………… 29
    三　以生态农业产业为驱动力的乡村振兴路径…………… 37

第二章　盐津县乡村振兴现状…………………………………… 43
    一　农业产业向规模化转型………………………………… 44
    二　乡村治理体系逐步完善………………………………… 54
    三　乡村生活质量明显提升………………………………… 63
    四　乡村生态环境有效改善………………………………… 69
    五　乡风文明治理初见成效………………………………… 72

第三章　盐津县生态农业产业发展面临的困难………………… 79
    一　盐津乌骨鸡产业发展实践和面临的困难……………… 80

二　盐津县肉牛养殖产业发展实践和面临的困难 …………… 89
三　盐津县竹产业发展实践和面临的困难 ………………… 98

第四章　盐津县农业产业发展与新型农村集体经济实践 …… 108
一　新型农村集体经济发展助推乡土社会重建 …………… 108
二　盐津县推动新型农村集体经济发展的主要做法 ……… 113
三　盐津县发展新型农村集体经济面临的困难 …………… 119

第五章　盐津县农业产业发展与乡村社会变迁 ……………… 128
一　乡村交通条件改善与村落互惠体系变迁 ……………… 129
二　农业产业化经营与农民组织化程度提高 ……………… 136
三　农业产业发展与乡村社会分化 ………………………… 144

第六章　盐津县推进乡村振兴工作的建议 …………………… 153
一　在政府、市场与社会的互动中推动农业产业发展 …… 153
二　以整体性思维协同推进五个方面的振兴 ……………… 158
三　通过城乡融合发展消解乡村振兴与城镇化之间的矛盾 … 161

第七章　盐津县乡村振兴典型案例分析 ……………………… 165
一　艾田村：从合作社到专业合作社助推农民组织化 …… 165
二　箭坝村：以新型农业经营主体助推农业产业化 ……… 173
三　龙茶村：以乡村专业组织推动肉牛养殖产业化 ……… 182
四　石笋村：山地生态资源赋能乡村旅游发展 …………… 190
五　生基村：乡村建设促进民族团结进步示范创建 ……… 199

参考文献 …………………………………………………………… 207

绪 论

乡村社会文化是传统中国的文化符号和生活底色,塑造了传统中国独特的生活方式和社会结构。但进入现代社会后,尤其是自改革开放以来,中国乡村面对现代化的冲击、城乡二元结构的深刻影响,乡村社会的流动性和异质性增强,随之产生的问题是中国乡村的常住人口减少,农村内部的人地关系发生明显变化。在这些变化中,最为直观的一个问题是人口流出之后,由乡村人口"空心化"逐渐转变为人口、土地、乡村产业、基础设施"空心化"的农村地域"空心化"问题,乡村也就由此走向衰败(刘彦随等,2011:1)。党的十九大报告提出实施乡村振兴战略,强调农业农村优先发展,致力于缩小城乡之间长期存在的发展差距,乡村振兴战略也成为新时期"三农"工作的总抓手。党的二十大报告强调,全面推进乡村振兴,坚持城乡融合发展。乡村是中国社会的重要组成部分,如何推动乡村建设和乡村的全面振兴,是中国式现代化进程中绕不开的一个时代课题。不同学科的学者围绕此问题已经开展了大量研究,从不同的学科视角探讨了乡村振兴战略的具体实施问题。

一 乡村振兴背景下的乡村建设内涵

(一)乡村振兴背景下的村落共同体重建

乡村研究一直是社会学、人类学的学科传统,贡献了大量有关如何理解中国社会的知识,如乡土中国、差序格局等概念。村落是乡村地域空间的人口聚居点,也是乡村人口居住和生产生活的场所,是乡村经济社会文化特征的外在表现和具体存在。从物理空间层面来看,村落的存在要能够

山地生态农业产业赋能
乡村建设——云南省盐津县乡村振兴调查报告

满足村民生产生活需要，实现马克思所说的物质资料的生产和人口再生产。从社会空间层面来看，村落作为一种社会关系网络的反映，具有相应的社会交往规范，承载着乡村居民的交往互动和对生活意义的追寻。在滕尼斯看来，村落是一种典型的地缘共同体，人们居所相近又互相熟悉，共享相同的劳动和秩序，共同祈福消除灾邪，在这样的共同体中生活时，人们能够感受到温情脉脉（滕尼斯，1999：60）。滕尼斯的《共同体与社会》一书作为社会学的经典文献，对后世的社会学、人类学关于乡村的研究产生了持久和深远的影响。受到滕尼斯共同体理论影响，中国的社会学、人类学学者认为村落不仅是单个农民和家庭维持生产和生活的地域空间，更是数量众多的农民和家庭共同生产与生活在一起形成的有秩序的乡土熟人社会，即村民在社会结合意义上的村落共同体（闫丽娟、孔庆龙，2017）。村落共同体的存在，使得中国乡村具有内聚力和村落秩序的再生产能力。

一百多年前，马克思曾经指出，现代的历史是乡村城市化。农村社会学家孟德拉斯在20世纪60年代出版了《农民的终结》，在书中感叹"20亿农民站在工业文明的入口处：这就是在20世纪下半叶，当今世界向社会科学提出的主要问题"（孟德拉斯，1991：1）。中国长期以来都是一个农业大国，大量人口居住在乡村地区，乡村在现代化、工业化、城市化进程中将何去何从并不是一个具有紧迫性的问题。然而，随着改革开放以后中国的现代化、工业化和城市化进程快速推进，大量人口离开世代居住的乡村，再加上"久解不决"的"三农"问题，中国乡村是否还能为农民提供"安身立命"之处已经是多学科共同关注的话题。第七次全国人口普查数据显示，居住在城镇的人口约有9.02亿人，居住在乡村的人口约有5.10亿人，中国居住在城镇的人口占比已经达到了63.89%。[①] 住房和城乡建设部的统计也表明，中国村落（自然村）数量在1990年时为377.3万个，到2020年时减少到了236.3万个。[②] 中国的农民人口数量和村落数量持续减少，中国

---

① 《第七次全国人口普查公报（第七号）——城乡人口和流动人口情况》，国家统计局网站，http://www.stats.gov.cn/sj/zxfb/202302/t20230203_1901087.html。
② 《2020年城乡建设统计年鉴》，中华人民共和国住房和城乡建设部网站，https://www.mohurd.gov.cn/gongkai/fdzdgknr/sjfb/index.html。

社会逐渐从"乡土中国"向"城乡中国"转型，城乡快速变革和村落走向终结已经成为中国社会急剧变迁的突出反映。

事实上，即使居住在乡村的农民人口数量和村落数量持续减少，也难以支持村落终结这样的判断。我们可以从经验事实的层面来看，乡村在现代化、工业化、城市化进程中存在着三种命运：一种是村落的消失，一种是村落的更新再造，一种是村落的解体。城郊接合部的乡村和城中村受到工业化和城市化影响，血缘和地缘关系逐渐淡化，村落共同体的社会边界消失，村落最终走向终结，这种看法以李培林的研究为代表（李培林，2010：40）。折晓叶20世纪90年代在珠三角做农村调查时发现，村办工业改变了农民的职业结构，村庄也新建了过去在城市才有的公共基础设施，村庄表现出了勃勃生机。随着调查的深入，折晓叶发现在喧闹的工业表层下面，可以感觉到保持完好的乡土生活的基本秩序和宁静；在具有现代特征的工业生产体制中，随处可以触摸到伸展着的村落组织脉络；在取代了农业的工业文明中，村落顽强表现出了社区文化和家族文化的韵味。对于这种类型的村庄而言，与其说是村落走向终结，不如说是村落得以更新再造（折晓叶，1997：1~3）。村落解体则是指在中国的城市化和工业化进程中，村落中的大量青壮年外出务工，村落内部组织和结构趋向解体，无法发挥应有的社会整合和村落秩序再生产功能，成为"空壳村"（解彩霞，2017：198~217）。

村落走向终结和村落更新再造等现象，放到中国数量庞大的村落中去审视时，并不是中国乡村主流的社会变迁路径。中西部地区的大量村落正在经历的社会变迁既不是村落走向终结，也不是村落的更新再造，而是大量青壮年村民外出务工后村落共同体正在走向崩解。一定的人口和地域是村落共同体形成的两个基础性条件，中西部地区因地方经济发展较为缓慢，县域经济社会发展缺乏产业支撑，难以消化吸收农村剩余劳动力，乡村中的大量青壮年只能到东部地区寻找就业机会。人地分离导致村落过疏化问题产生，并从根本上摧毁了村落共同体存续条件（田毅鹏，2014）。虽然这些青壮年在婚丧嫁娶、过年等重要时刻还是会返回村落，但是这种短暂的

山地生态农业产业赋能
乡村建设——云南省盐津县乡村振兴调查报告

返乡并不足以维系村落共同体的存续。除此之外,还有大量研究从村落发展缺乏集体经济支撑(马良灿,2020)、村民个体化和原子化后逐渐丧失互助精神(吴理财,2014)、乡村建设缺乏有效组织动员机制将农民重新组织起来(贺雪峰,2019)、乡村文化价值在与城市互动的过程中式微(赵霞,2011;谢君君,2021)等方面详细刻画了中国村落共同体走向崩解的表现。

从另外一个角度来看,尽管村落数量和长期在乡村居住生活的人口数量在持续减少,中国仍然有5.1亿人口在乡村居住生活,自然村的数量也还有236.3万个,中国社会在未来还会有数量庞大的乡村人口生活在分布广泛的村落之中。同时,中国的城镇化过程只完成了上半程,流入城市的农民工难以有效融入城市生活,中国城镇化的下半程特点是大规模的农民工将逐步回归家乡,在家乡的城乡社会空间体系中重新扎根下来(焦长权,2022)。如何对待这些农民和他们生活的村落,关乎整个中国的未来。2017年10月,党的十九大报告提出了乡村振兴战略,已经成为当前和今后很长一段时期内"三农"工作的总抓手。十九大报告提出的乡村振兴战略对中国的乡村振兴工作提出了"产业兴旺、生态宜居、乡风文明、治理有效、生活富裕"总要求,也回答了人们对中国乡村未来的期待。更为重要的是,乡村振兴战略提出以后,也在根本上消除了人们对中国的村落是否会走向终结的疑惑。但中西部地区乡村的村落共同体走向崩解却是不争的事实,如何推进乡村振兴战略、实现乡村更新再造是中西部地区数量众多村落面临的普遍问题。

在现代社会生活中存在一种矛盾现象,即人们内心深处存在的深刻的自我矛盾,人们在日常的社会生活中基于理性计算来追求个体利益的最大化,在内心深处却极度渴求对集体的归属感与认同感。现代社会发展塑造了人们行为的个体化和功利化,其结果必然是公共生活的退化和自我身份认同的丧失,因此人们又反过来执着于对共同体的追求。具体来说,对那些正在走向崩解的村落而言,村落社会缺乏整合能力、难以再生产村落秩序,都催生了人们对村落共同体的怀旧情绪。当代社会在寻找问题的答案时,对共同体的追求已经上升为政治哲学层面的思考,形成了共同体主义。

在共同体主义者看来，共同体共识是普通人感情依附和道德判断的基本认识框架，是人类同呼吸共命运的感情纽带，是习俗与实践的动力机制（韩升，2010：92）。在此时代背景下，中华民族共同体、人类命运共同体、社区共同体、社会治理共同体、村落共同体等概念的形成和广泛使用就变得容易理解。也正因为如此，在乡村振兴战略实施后，诸多研究认为，通过加强村落共同体建设、促进传统村落共同体在现代社会的更新再造，解决乡村衰败的问题，应当成为乡村振兴工作的出发点和政策目标（蒋小杰、赵春盛，2019；曹军锋，2020；唐胡浩、赵金宝，2021）。

在不同的历史时期，乡村居民之间社会结合的方式反映着该时代农村社会的性质（张思，2005：7）。早在20世纪30~40年代，日本学者之间就发生过关于中国乡村村民的社会结合是否形成村落共同体的争论。争论的一方认为中国传统乡村的社会生活具有封闭性，村落成员之间产生了紧密结合，乡村社会由此形成了村落共同体；另一方则认为，中国传统的乡村社会并非总是封闭的，而是与更为广阔的外部世界存在紧密联系，村民和村民之间的社会结合相对松散，因此中国传统的乡村社会并不存在村落共同体（李国庆，2005）。相比于国外学者，国内学者的研究更多地将中国传统乡村社会看成守望相助、紧密团结的村落共同体。国内学者对村落共同体考察的重点是中国村落的结合基础，是作为自然聚落空间或行政管理单位的村落依靠什么样的内在机制联结成一个紧密的村落共同体，如生产生活中的互助合作、村落文化、水利设施建设维护等（蔡磊，2016）。现在看来，不管中国传统乡村是否属于滕尼斯意义上的共同体，中国在从农业社会向工业社会转型过程中，乡村所经历的社会变迁越来越远离滕尼斯意义上的共同体都已经是不争的事实。特别是进入工业化时代以后乡村社会出现的弊病，如道德滑坡、人与人之间关系的疏离，表明滕尼斯意义上的村落共同体已经在社会中走向崩解。

社会学、人类学学者在参与讨论乡村振兴战略的实施时，自然延续了经过长期积累形成的乡村研究传统。一般而言，这些领域的学者在探讨乡村建设问题时，会强调乡村不是作为城市的附属物存在，乡村自身有着独

山地生态农业产业赋能
乡村建设——云南省盐津县乡村振兴调查报告

立的价值，中国的乡村建设理应彰显乡村自身的价值。正如社会学者朱启臻在讨论乡村振兴问题时强调，乡村与城市是两套不同的社会文化系统，如果按照城市建设的逻辑进行乡村振兴，必然把乡村弄得既不像城市也不像乡村。城市与乡村之间应该是功能互补的关系，这也是城乡融合发展的价值所在（朱启臻，2019：2）。党的十九大报告和二十大报告均强调乡村振兴应走城乡融合发展道路，城市与乡村不再是二元对立的。在讨论乡村振兴问题时，应将中国乡村放入城乡融合发展进程中，思考乡村具有什么样的功能才能凸显自身的价值。在此意义上讲，当我们在讨论城乡融合发展进程中乡村应具有的功能时，就是在讨论要重建什么样的村落共同体才能满足农民对美好生活的期待和向往。

乡村人口数量减少并不是单一的人口迁移流动，在乡村人口与地域分离过程中，乡村的经济结构、人口结构、文化结构、性别结构、年龄结构发生了重要变动。在人口与地域分离过程中，传统的村落共同体走向衰落，在血缘和地缘上形成的社会联结开始松动，如何建立起新的共同体则成为挑战，因此学界也提出了"乡村社会何以可能"的时代问题（田毅鹏，2012b）。从地域社会变动进程来看，乡村社会从封闭走向开放，国家权力也深入乡村社会，乡村功能出现分化。过去由村落共同体向村民提供的功能开始由国家承担或由市场提供，如互惠合作、纠纷调解、养老、教育、水利设施建设与管护等。从城乡融合发展进程来看，乡村居民可以像城市居民一样享受到基本公共服务，对于村民而言，未来乡村所承担的核心功能是日常居住生活和社会交往互动功能。同时，乡村振兴战略提出的五个总要求，对乡村建设方向具有根本性的引导和规范作用。因此，乡村振兴背景下的村落共同体重建，所要重建的村落共同体除了应当具有社会交往功能，还应当具有经济功能和社会治理功能。

讨论城乡融合发展进程中乡村应该具有的功能时，还必须注意到城乡交通基础设施改善、通信方式改变后，村民的日常活动范围和信息传播范围早已跨越了村落乃至乡村的边界，县域内的社会生活在村民日常活动中的作用越来越重要。此外，当前中国"乡—城"流动和"城—乡"流动并行发生，县域成为不确定性环境和流动性背景下人们的新型居留地和城乡连续体中的关键集聚区（孙九霞、张凌媛，2024）。这就要求我们在思考中国乡村的未来景观时，应跳出乡村看乡村，站在县域社会的层面理解乡村和考察乡村。近年来，社会学学者王春光倡导县域社会学研究，认为县域社会是中国独特的社会体系，具有连接基层社会与整体社会的功能，可以为观察中国社会结构和运行机制提供独特视角（王春光，2020）。2024年的中央一号文件要求："统筹新型城镇化和乡村全面振兴，提升县城综合承载能力和治理能力，促进县乡村功能衔接互补、资源要素优化配置。"对于本书而言，从县域社会来理解乡村振兴背景下的村落共同体重建问题时，必须回答的仍然是村落共同体的功能问题。因为，既然农民的日常生活范围已经超越乡村和村落边界，表明村落的功能已经大为萎缩，不再是村民的整个生活世界，村落共同体在县域城乡融合发展进程中能够保留的功能也只是社会交往功能、经济功能和社会治理功能。

（二）乡村振兴背景下村落共同体重建路径

乡村振兴战略五个总要求之间具有紧密的逻辑联系，产业兴旺是乡村振兴战略的核心政策目标，是解决中国乡村问题的前提条件；生态宜居是乡村振兴的基础，关乎乡村产业发展方向；乡风文明是乡村振兴的关键，涉及农民的日常生活；治理有效是乡村振兴的保障，只有乡村社会形成良好秩序，才能保障乡村振兴的各项工作有序开展；生活富裕是乡村振兴的根本，能满足农民对美好生活的向往。各地在落地落实乡村振兴战略的五个总要求时，从乡村产业振兴、人才振兴、文化振兴、生态振兴、组织振兴五个方面着手。乡村不仅是一个与城市相对的地域空间，乡村还是具有自然、社会、经济、文化等特征的社会系统，兼具生产、生活、生态的多重功能，中国乡村功能的多重性造就了乡村类型的多样性。党中央也明确强调，不能千篇一律地搞乡村振兴。关于如何才能推进乡村振兴战略落地落实，不同类型的乡村因为资源禀赋、区位优势等要素的不同，振兴路径和方向也存在不同。社会学、人类学学者之所以强调乡村振兴与村落共同体重建之间的关系，更多的是希望中国乡村重新找回村民之间互助合作、

山地生态农业产业赋能
乡村建设——云南省盐津县乡村振兴调查报告

守望相助的社会关系，促进村落社会的和谐有序和良性运行。那么，乡村振兴背景下村落共同体重建路径的问题就转化为如何重建村民之间的社会关联。

无数政策实践表明，一项政策在实施过程中很难做到与目标完全一致。因为，政策从制定、执行到达到政策目标并非一个线性过程，特别是政策执行时会直接或者间接地受到多种因素影响，只有对这些因素进行详细分析，才能排除政策执行的障碍或梗阻，最终实现政策目标（金太军等，2005：36）。不同类型的乡村在历史文化、发展基础、交通区位、资源禀赋、农户社会分化程度等方面存在差异，使得同样的政策在不同类型的乡村实施后取得的效果及影响存在不同。任何政策执行都要受其所处环境的影响和制约，在乡村振兴战略实施过程中，乡村的社会环境因素作为乡村振兴的现实条件和发展基础，就对乡村振兴工作有着直接影响。贺雪峰指出："农村政策基础研究的关键是要理解中国农村是什么，其中的核心是理解中国农村的非均衡状况。"（贺雪峰，2004）自改革开放以来，中国乡村在社区关联、集体产权、治理模式、组织体系等方面已发生较大变化，村民在生计方式、人际交往互动方式、社会文化等层面与过去相比也大为不同（田鹏，2022）。乡村振兴背景下的乡村建设，关键在于突破村落经济基础薄弱、村民个体化导致的村落公共性式微、乡村文化的社会整合能力衰弱、组织基础薄弱等多维困境，以村落共同体重建推动乡村的更新再造。

社会学家霍普认为："地方共同体的重建或社会资源的重聚，与经济要素密切相关，我们不可忽视或低估共同体赖以发展的经济要素的重要性。"（霍普，2009：7）波兰尼也指出："就一般而言，人类的经济活动是嵌入在社会关系之下。"（波兰尼，2013：113）经济活动与社会关系之间存在的紧密联系，使得人们经济活动性质发生的改变，也会深刻影响到人们之间的社会关系性质。一些研究在理解自改革开放以来中国乡村发生的巨变时，认为家庭联产承包责任制实施后，虽然村民在生产劳作中发生的合作是基于自愿互惠原则的，但逐渐变得商业化，在根本上影响到村民之间的社会关系性质（李怀印，2010：241~242）。鉴于农民个体经营后农村发生的变化，2008年召开的十七届三中全会聚焦农村产权改革，开始鼓励各地农村结合实际情况探索发展农村集体经济。党中央再次强调发展农村集体经济的目的，是强化村集体"统"的功能，构建以利益共同体为基础的村落共同体（徐冠清等，2023）。党的二十大报告也强调"巩固和完善农村基本经营制度，发展新型农村集体经济"。已经有研究详细论证了新型农村集体经济发展和乡土社会重建呈现出一种共时性关系，通过发展新型农村集体经济可以再造村民之间的社会关联（李文钢、马良灿，2020）。因为，在现代化进程中村落共同体的经济边界最容易发生变迁（折晓叶，1996）、最先走向开放，这也意味着村落共同体的经济边界最具可塑性。

国家层面的《乡村振兴战略规划（2018—2022年）》和多个中央文件均强调，乡村振兴坚持农民主体地位。农民个体化是导致中国乡村衰败的原因之一，只有组织起来的农民才能成为乡村振兴主体。因此，当前的乡村振兴必须坚持农民主体性，通过将农民重新组织起来进行乡村建设，以组织起来的农民吸纳整合下乡的各种资源要素，培育农民的内生发展动力，进而重塑城乡关系（吴重庆、张慧鹏，2018）。党和国家一直强调在农村探索发展新型农村集体经济，因为发展农村集体经济可以将农民组织起来，壮大村集体公共财力资源，合理分配和使用公共财力资源能够在涵养乡风民风、弘扬积极文化、引导村民合作、促进社区和谐方面发挥作用（吕方等，2019）。邹英等人对贵州黔村的研究也认为，新型农村集体经济发展以促进农民再组织化作为目标之一，致力于经济、政治和社会多重目标达成，在促进乡村经济发展的同时也促进了乡土社会公共性重建（邹英、刘杰，2019）。丁波对安徽四个村落的调查研究指出，新型农村集体经济属集体所有，可以夯实村落的公共财力资源，有利于再造村落共同体，在村民之间形成融利益共同体、组织共同体和生活共同体为一体的新型村落共同体（丁波，2020）。这些来自不同地域的个案研究表明，在新时代借助国家政策支持探索发展新型农村集体经济，为村民提供基本公共服务，解决村民面临的现实困难，可以重塑村落公共性、重建村落共同体。

山地生态农业产业赋能
乡村建设——云南省盐津县乡村振兴调查报告

大量研究在论证中国传统村落共同体走向衰落时，主要的证据是乡村民俗活动、公共仪式对村民的影响越来越弱，乡村文化的社会整合能力下降。也有许多研究认为，乡村文化并没有因此走向衰败，仍然在发挥着社会整合的作用，如一些地方民俗仪式复兴、"村晚"等新型村落文化活动兴起。李容芳、李雪萍对大理一个白族聚居村落的研究也发现，村落中的村民对传统互惠机制的认同与实践维系了村落共同体的存续（李容芳、李雪萍，2017）。李虎强调，壮族村落在面临外部世界的冲击时，并不是束手无策的，村民在生计方式、婚姻家庭、公共仪式方面积极做出调适，形成了新的乡村文化景观（李虎，2019）。郑庆杰对江西一个客家村落的民间信仰仪式进行研究后认为，民间信仰仪式活动作为一种村民之间的社会联结机制，激活了空心化乡村所嵌入的空间网络，重建了空心化乡村与外部世界的社会关联，有利于在留守村落和流出村落的两类村民之间建立和维系普遍的联系（郑庆杰，2019）。乡村文化振兴，特别是具有地域特色的村落文化振兴有利于将分散的农民重新组织起来。还有研究从乡村居民对乡村的情感归属、情感认同的视角讨论了"情感"在村落共同体重建时能够发挥的作用（郑雨虹、张军，2023）。

表0-1中的4个问题构成了矩阵单选题，这些问题可以反映受访者的社区参与意识和村落共同体意识。在149位受访者中，有118位受访者非常同意"住在这个村里的人经常互相帮助"，有95位受访者非常同意对"我可以信任住在这个村里的人"，有130位受访者非常同意"看到村里有孩子在破坏花木或公共物品时，我会上前阻止"，有129位受访者非常同意"看到村里有孩子在路边打架时，我会上前阻止"。除此之外，询问村民"您知道与您同辈的同村人都是做什么工作的吗？"，目的是了解村民对同村村民的关心关注程度，这个问题也可以在一定程度上反映村民的村落共同体意识。在149位受访者中，8位受访者回答全部知道，71位受访者回答大部分都知道，33位受访者回答知道一些，27位受访者回答大部分不知道，10位受访者回答全部不知道。从这些问题中可以看出，尽管盐津县有大量乡村居民长期外出务工，人口异质性增强，但大部分村民仍然具有较强的村落

共同体意识，为乡村振兴背景下的村落共同体建设带来了希望。

表 0-1　盐津县农村居民社区共同体意识状况

询问问题	非常同意	比较同意	一般	不太同意	非常不同意
住在这个村里的人经常互相帮助	118	28	2	1	0
我可以信任住在这个村里的人	95	38	9	6	1
看到村里有孩子在破坏花木或公共物品时，我会上前阻止	130	16	1	1	1
看到村里有孩子在路边打架时，我会上前阻止	129	16	1	2	1

资料来源：云南大学中国乡村社会大调查问卷。

中西部地区乡村普遍存在乡村人口减少、人口密度降低的问题，村落过疏化直观地反映在村民的居住空间方面。乡村人口减少后，村民在生产生活中的互助合作经常面临"无人可找"的困境，存在村落互助体系难以发挥作用、公共服务成本增加、村落价值认同式微等问题（田毅鹏，2014）。在应对乡村人口减少问题的过程中，过去地方政府普遍采取合村并居、拆村并居、合村并镇的做法，但这种做法引发了诸多批评。因为，合村并居造成的生产生活空间变动，不可避免地打破了村民长期以来自发形成的村落认同感和归属感，也弱化了村民自治组织的行动能力，瓦解了原来的乡村社会文化系统，这些正是维系传统村落共同体存续的内生力量（姜玉欣，2014）。但如果地方政府不对乡村居住空间进行治理，可以想见以老年人口为主体的乡村将在城镇化进程中加速分化，住户会越来越少，甚至乡村会走向消亡（吴业苗，2022）。在这些争论中，乡村居住空间治理面临着两难困境。即使出于保护村落文化的考虑反对乡村居住空间治理，村落过疏化问题的存在也已经威胁到了乡村文化传承。因为，乡村人口减少之后，村民居住太过分散，不利于村民之间的交往互动。特别是经历了"十三五"时期易地扶贫搬迁的那些村落，村落人口数量的快速减少对村民的日常交往产生了明显影响，需要重组村民之间的社会关系。

《乡村振兴战略规划（2018—2022年）》中强调，在实施乡村振兴战

山地生态农业产业赋能
乡村建设——云南省盐津县乡村振兴调查报告

略时应当顺应村庄发展规律和演变趋势，根据不同村庄的发展现状、区位条件、资源禀赋等，按照集聚提升、融入城镇、特色保护、搬迁撤并的思路，分类推进乡村振兴，不搞"一刀切"。集聚提升类村庄是现有规模较大的中心村和其他仍将存续的一般村庄，占乡村类型的大多数，是乡村振兴的重点。乡村生产生活空间的转型表现为空废与发展两大特征，部分乡村聚落朝着城市化与现代化方向转型，部分乡村聚落因大量人口流出导致人口与地域长期分离而被废弃（李红波，2015：2）。乡村居住空间变迁既是客观事实又是未来趋势，乡村居住空间的转型目标需要重新定位，在城乡融合发展的背景下重构乡村居住空间。国家层面的《乡村振兴战略规划（2018—2022）》提出"集聚提升类村庄"这样的表述，意味着对人口明显减少的那些村落进行居住空间治理，适当促进村民聚居在一起，可以推动村民在生产生活中的交往互动和互助合作，重建村民之间的社会关联，也有助于乡村振兴背景下的村落共同体重建。

尽管学术界在乡村振兴背景下探讨村落共同体重建问题时，提出了多种村落共同体的重建路径，但从中西部地区乡村走向衰败的根本原因来看，乡村经济社会发展缺乏产业支撑最为关键，因此乡村振兴战略才会把乡村产业兴旺摆在首要位置。不管是从理论层面还是从政策实践来看，乡村产业发展都是乡村振兴战略实施过程中的一项核心工作。因为，乡村产业发展首先关乎乡村居民经营性收入增长，在根本上决定了乡村人口是外出务工还是留在本地发展农业产业。人口和地域结合在一起是村落共同体存续的基础性条件，乡村居民持续外出务工会导致乡村人口数量和村落数量进一步减少，而乡村居民留在本地发展农业产业则给村落共同体的存续带来了希望。在乡村产业发展过程中，探索发展新型农村集体经济，有利于增强村"两委"的公共财力，为乡村居民提供基本公共服务，重塑村民对村落的归属感和认同感。乡村产业发展还能为村"两委"开展的乡村治理工作提供财力支持，助推乡村治理有效和乡风文明。最后，中西部地区乡村结合自身的生态资源、文化资源发展生态农业产业、农文旅融合产业时，乡村居民能够切实感受到生态资源、文化资源的经济价值，提高生态环境保护意识和乡村文化传承意识，有利于推动乡村生态宜居、生活富裕和乡风文明。

二 生态资源赋能乡村建设的基本理路

本书基于社会学、人类学的乡村研究传统，论述了乡村振兴背景下的乡村建设应着力推动村落共同体重建，在乡村产业发展过程中探索新型农村集体经济是推动村落共同体重建的路径之一。新型农村集体经济作为一种经济活动的组织形式，要能够发挥重建村民之间社会关联的作用，还必须以某种实体产业作为载体。党的十八届五中全会提出"创新、协调、绿色、开放、共享"的新发展理念，乡村振兴战略的五个总要求包括了生态宜居和产业兴旺。这就要求乡村产业发展坚守生态底线，"既要金山银山又要绿水青山"。我们已经知道，生态环境具有公共物品属性，因而在保护生态环境过程中社会收益与私人收益之间的差距会比较大，市场机制并不总是能够鼓励人们积极保护生态环境。针对生态环境保护中的市场失灵问题，人们制定了许多经济政策和制度加以纠正。政府通常用命令加控制的手段进行监管，以法律的形式禁止或要求人们从事某些活动。从经济学意义上来说，带有强制性的监管措施经常收效甚微，而通过利益联结机制引导人们保护生态环境，比强制性的监管措施更为有效（希尔，2016：195）。因此，要想实现"既要金山银山又要绿水青山"，应将"绿水青山"转化为"金山银山"，在乡村产业发展中始终践行绿色发展理念，实现经济发展与生态环境保护的协调推进。

习近平总书记系统阐述的绿色发展理念秉持人与自然和谐共生的哲学价值立场，立足于满足人民群众对美好生活的需要，致力于通过经济、社会和生态的多维度融合发展来构建人与自然生命共同体（郇庆治、李思齐，2022）。绿色发展作为新发展理念的一个重要组成部分，是中国长期坚持且具有战略意义的发展指引。绿色发展作为"目的"必须融入创新、协调、开放、共享发展这些具体的"手段"之中，融入经济社会发展的具体细节之中（张定鑫、张卓文，2022）。绿色产业是指所需要的生产资料符合防止环境污染、改善生态环境、保护自然资源的要求，并有利于优化人类生存环境的产业。在国民经济体系中，绿色产业的最终目的是要实现生态效益、社会效益与经济效益协调发展、同步增长（揭益寿等主编，2009：51）。农业是我国经济体系的重要组成部分，在一些缺乏发展工业条件的县域更是具有重要地位，在新发展理念指导下发展绿色农业产业正当其时。

绿色发展理念的普及是发展绿色农业的内在驱动力。党的十九大报告指出，必须树立和践行"绿水青山就是金山银山"的理念，坚持节约资源和保护环境的基本国策，像对待生命一样对待生态环境，形成绿色发展方式和生活方式。从消费者的角度来看，随着人们对生活品质的追求和对食品安全问题的重视，绿色消费意识在不断提升，绿色农业产品的市场细分、市场分层、消费者价值认同、消费者品牌认知正在逐步形成与发展。从生产者的角度来看，国家先后出台了落实新发展理念、推进农业现代化转型的若干政策措施。在政策制度规制下，农业生产者也日益意识到绿色发展的重要性。例如，2017年9月，中共中央办公厅、国务院办公厅印发的《关于创新体制机制推进农业绿色发展的意见》要求转变农业发展方式、优化空间布局、节约利用资源、保护产地环境、提升生态服务功能，全力构建人与自然和谐共生的农业发展新格局。2021年8月23日，农业农村部等6部门联合印发《"十四五"全国农业绿色发展规划》，这也是中国首部关于推进农业绿色发展的专项规划。此规划对"十四五"期间农业绿色发展工作做出了系统部署和具体安排，为促进生态改善、全面推进乡村振兴提供了强有力的政策制度保障。2023年12月27日，《中共中央 国务院关于全面推进美丽中国建设的意见》要求，全面推进美丽中国建设要做到全领域转型：大力推动经济社会发展绿色化、低碳化，加快能源、工业、交通运输、城乡建设、农业等领域绿色低碳转型，加强绿色科技创新，增强美丽中国建设的内生动力、创新活力。

系统的政策支持是发展绿色农业的根本保障。在贯彻落实绿色发展理念过程中，自上而下的强制性制度变迁和政策激励无疑是推动农业产业走向绿色发展的重要力量。同时，转变过去的农业生产方式、实现农业绿色发展，需要资源、技术、人才、市场培育等，也需要系统性的政策支持。2017年5月，《农业部关于实施农业绿色发展五大行动的通知》要求启动实施畜禽粪污资源化利用行动、果菜茶有机肥替代化肥行动、东北地区秸秆处理行动、农膜回收行动和以长江为重点的水生生物保护行动等农业绿色发展五大行动。《关于创新体制机制推进农业绿色发展的意见》又从努力实现耕地数量不减少、耕地质量不降低、地下水不超采，化肥、农药使用量零增长，秸秆、畜禽粪污、农膜全利用等方面提出农业产业绿色发展的具体措施。《"十四五"全国农业绿色发展规划》提出：要推行绿色发展方式和生活方式，加快建立绿色低碳循环农业产业体系，加强农业面源污染治理，推进农业农村减排固碳，改善农村生态环境，让良好生态成为乡村振兴的支撑点。我们可以看到，一系列政策措施的出台，为解决农业产业发展面临的相关问题提供了契机。

生态资源是发展绿色农业的基础条件。农业产业发展中涉及的生态资源主要是指农业生产可以直接加以利用的自然环境要素，如空气资源、土地资源、生物资源、水资源等。在中国农业区划中，西南地区属于湿润半湿润区，水资源充足，农业生产资源丰富，宜农、宜牧、宜林、宜水产养殖。西南地区以山地为主，全区丘陵山地面积占土地总面积的92.6%，其中山地面积占76.3%，发展农业规模化种植的条件差。因此，西南地区乡村发展绿色农业实现乡村产业兴旺时，必须根据区位资源优势生产具有比较优势的农产品，特别是具有区域特色的农产品，推动农业产业结构转型。党中央强调农业农村优先发展，支撑农业产业发展的基础设施日益完善，如农村电商平台、农业服务社会化、农产品交易平台、农产品物流体系等，有效提升了绿色农业产业链的流通效率。因此，着力推进绿色农业发展，生产健康、高效、高产、安全、优质的生态型农产品，是实现乡村产业兴旺、农民增收富裕、乡村生态宜居、推进农业农村现代化的重要举措。

新型农业经营主体是发展绿色农业的重要载体。农业经营主体是指从事农业生产经营活动的基本经济单位，传统农业经营主体主要是小农家庭。

山地生态农业产业赋能
乡村建设——云南省盐津县乡村振兴调查报告

发展绿色农业的关键是创新，包括理念创新、方法创新、经营创新和技术创新，而科学技术是最为根本和基础的（袁建伟等，2018）。但小农家庭在接受新生事物方面具有保守性，再加上科技创新的资本投入远远超过小农家庭承受能力（徐晓鹏、刘燕丽，2018），依靠小农家庭推动农村产业结构转型、发展绿色农业并不现实。党的十八大报告提出要在农村培育新型经营主体，这些主体具体包括专业种植大户、农民专业合作社、一定规模的家庭农场、农业龙头企业，以及其他各类新型的农业社会化服务组织。新型农业经营主体相比小农家庭的优势在于，可以更为有效地把各种现代生产要素注入家庭经营之中，不断提高农业生产科技化、专业化、商品化和社会化水平，将分散的小农家庭组织起来共同行动、合作生产、联合经营，实现小规模经营与大市场对接。正如前文指出的，新型农村集体经济有助于重建村民之间的社会关联，而新型农村集体经济发展也建立在新型农业经营主体的基础之上（陈靖，2018）。

　　健康中国战略激发了绿色农业产业发展的新动能。党的十八届五中全会明确提出健康中国建设，实施食品安全战略，标志着全面推进大健康产业时代的到来。《"健康中国2030"规划纲要》《健康中国行动（2019—2030年）》等一系列文件发布，主要围绕疾病预防和促进健康两大核心目标展开，明确了"切实解决影响广大人民群众健康的突出环境问题""加强食品安全监管"等要求，到2030年时全民健康素养水平大幅提升，健康生活方式基本普及。2022年4月27日，国务院办公厅印发了《"十四五"国民健康规划》。该规划强调全面推进健康中国建设，持续推动发展方式从以治病为中心转变为以人民健康为中心。绿色农业产业要求从生产、加工、运输、贮藏到销售的整个过程中，不能产生任何的有毒有害物质污染，为广大消费者的日常生活提供营养、优质、无毒、安全的各种农产品（梁吉义，2016：188）。绿色农产品是健康饮食的提供者，是扩大绿色生产、健康消费的新领域。健康中国战略实施后，一方面食品安全监管更加严厉，另一方面人们对食品安全的重视普遍加强。吃得健康和吃得放心，已经成为当前绿色农业产业发展的新动能。

绪 论

云南省昭通市的盐津县地处滇东北的乌蒙山麓，属于典型的V形山谷。地瘦云雾多，阳光少但热量足。盐津县属亚热带与温带共存的季风立体气候，夏季炎热，冬季偏暖，雨量充沛，气候湿润，无霜期长、云雾多、日照少。自党的十八大以来，盐津县委、县政府立足县情，坚定不移地走生态文明建设之路，把创建"省级生态文明县"和"国家级生态文明县"作为盐津县的发展定位。再加上整个县城沿着河谷建成，缺乏平整的土地，难以发展工业企业，只能大力发展农业产业。近年来，盐津县紧紧围绕云南省打造世界一流"三张牌"要求①，以及昭通市六大高原特色产业布局②，坚持市场导向，采取"党支部+协会+农民专业合作社+农户"的模式，按照"五规范两统一"养殖标准和"四个一批"种植要求，重点发展以盐津乌骨鸡、肉牛养殖、竹产业为主导的绿色农业产业，为巩固拓展脱贫攻坚成果、全面推进乡村振兴打好、筑牢产业基础。盐津县的乡村振兴依托生态资源发展生态农业产业，以新型农业经营主体为抓手将分散的农民重新组织起来，以乡村治理和乡风文明建设为两翼，为乡村振兴背景下的村落共同体重建积累了地方经验。

三 盐津县乡村社会调查研究方法、实施方案及样本村概况

（一）采取的调查研究方法

抗战时期，费孝通先生到云南大学任教后，以昆明市呈贡区的魁阁为基地开展田野调查工作。自那以后田野调查就成为云南大学民族学、社会学、人类学等学科的传统，推动产生了一大批优秀科研成果。在新的历史时期，云南大学开启中国乡村社会大调查工作，既是云南大学传承魁阁先辈学术报国之志的优良传统，也是云南大学深度融入社会办学的基本宗旨。

---

① 《云南省国民经济和社会发展第十四个五年规划和二〇三五年远景目标纲要》中要求，云南全力打造世界一流"绿色能源"、"绿色食品"和"健康生活目的地"三张牌，持之以恒推动"三张牌"走深、走精、走长，让绿色成为云南发展的鲜明底色。
② 即昭通市重点发展的苹果产业、竹产业、马铃薯产业、特色养殖业、天麻产业、花椒产业。

社会科学研究方法大致可以分为定量研究和定性研究,民族学、人类学所使用的田野调查法属于定性研究方法,适合对个案进行深入研究。而定量研究方法在现代社会科学研究中日益占据主流地位,适合从随机抽样的样本情况中推断出整体情况。两种在不同哲学基础之上形成的研究方法各有优势和特点,两种研究方法也不存在孰优孰劣的问题。同时,田野调查研究始终无法回避研究对象的代表性问题,难以从对个案的认识过渡到对整体的认识。

云南大学开启的中国乡村社会大调查工作,不仅是为学术研究收集积累资料,还是为了解掌握整个云南省脱贫攻坚与乡村振兴衔接工作开展情况创造条件,为省委、省政府相关决策奠定扎实的经验基础。随着交通基础设施改善和通信技术发展,乡村居民的日常生活范围已经超越村落和乡村边界,县域成为乡村居民主要的活动范围。中国乡村社会大调查秉持"定量+定性+社会服务实践"的调查理念,调查方法的多样性和综合性保证了能够对云南省以县域为单位的乡村振兴工作现状、趋势和问题进行科学认识和判断,为未来的乡村振兴工作、科学制定相关政策奠定经验基础。定量研究主要采用基于科学抽样的问卷调查,基于县域信息和行政村信息发放行政村问卷和个人问卷。从云南省的129个县(市、区)抽取42个县(市、区),从42个县(市、区)中抽取350个行政村,再从350个行政村中抽取700个自然村和8700个农村家庭,以此为基础获取定量研究数据。定性研究是在定量研究抽取的县(市、区)中进行县(市、区)、乡镇、村干部访谈,并对云南省部分具有典型性的乡村进行专题研究。此次中国乡村社会大调查选择部分行政村,主要基于社会工作理论和方法开展社会服务实践,并开发能够有效促进乡村振兴的服务工具,解决乡村振兴过程中"人"的服务"最后一公里"的问题。

(二)调查实施方案

云南省盐津县中国乡村社会大调查组在云南大学的中国乡村社会大调查学术指导委员会和大调查领导小组的领导下开展调查研究工作,综合采用了"定量+定性"的调查研究方法收集资料、写作调查报告,力图全面反

绪 论

映盐津县脱贫攻坚的历史性成就和乡村振兴的具体实践，推动盐津县经济社会可持续发展。调查项目围绕乡村"产业振兴、人才振兴、文化振兴、生态振兴、组织振兴"开展工作，并收集大量信息、资料及数据。此次调查共分为三个阶段，第一阶段是调查组负责人在2023年1月到盐津县与乡村振兴局做好调查对接工作，并实地走访了5个乡镇的6个行政村，与乡镇、行政村领导具体沟通，对接好调查事宜。第二阶段是2023年2月5~13日，调查组组长带领调查人员开展村居和农户的问卷调查工作。调查人员包括贵州财经大学教师、行政管理专业博士研究生、社会工作专业硕士研究生，华中师范大学社会学专业博士研究生和人文地理学专业硕士研究生，云南大学社会工作专业硕士研究生、中文专业硕士研究生和社会学专业本科生，以及西南林业大学城乡规划学本科生。第三阶段是2023年7月20日至8月1日，调查组组长带领4名调查人员再次来到盐津县，通过访谈法和观察法收集定性资料，开展案例研究工作。

在开展实际调查工作时，盐津县中国乡村社会大调查通过随机抽样，抽出了盐津县的5个乡镇6个行政村，分别是豆沙镇长胜村、庙坝镇麻柳村、盐井镇花包村、滩头乡花秋村、普洱镇箭坝村和沿江村，并从中抽取了12个村民小组的156户农民家庭。一是对行政村的村支书或主任进行问卷调查，获取行政村层面数据，可以较为详细地反映行政村村情、乡村振兴工作开展情况、乡村振兴面临的困难等。二是对6个抽样的行政村开展入户调查，每个行政村随机抽取2个村民小组，又在每个村民小组随机抽取13户家庭，严格按照定量研究的问卷调查要求，从农户视角了解当地经济、社会、文化、族际通婚、国家认同、中华民族共同体意识等乡村综合性情况。三是在行政村和农户家庭调查工作结束后，在县里召开与乡村振兴工作相关的部门座谈会，从县域层面理解盐津县乡村振兴工作取得的成效、面临的问题。座谈会参会部门有县委组织部、县教体局、县公安局、县民政局、县人社局、县住建局、县农业农村局、县水利局、县卫健委、县林草局、县医保局、县搬迁安置局等。第三阶段调查时，调查组人员入驻村子，与村干部、村民进行深入交流，收集产业发展、人居环境整治、劳务输出、新型农村集体经济发展等方面的细节资料。问卷调查阶段共访问156户家庭，获得有效问卷149份。本书在撰写过程中，充分利用了149份有效问卷，对问卷数据做了描述性统计分析。

（三）问卷调查的样本村概况

长胜村位于盐津县境东南部，距豆沙镇政府所在地2公里，总面积24.5平方公里，最高点方竹社海拔高度为1980米，最低点黑眼溪沟口海拔高度为460米。2022年底时，全村辖5个片区30个村民小组，有常住人口842户3647人。设立党总支1个，下设支部5个，有党员101名，5名驻村工作队员。截至2022年底，长胜村脱贫户324户1390人，滚动识别纳入系统监测对象45户160人，其中正在监测户13户45人。长胜村党总支紧紧围绕盐津县"125"发展战略和"3+N"富民产业，按照"总支定思路、支部领任务、党员做示范、群众跟着干"党建引领发展产业。竹产业是长胜村的支柱产业，也是优势产业，组织成立了竹产业专业合作社，把全村种竹户集中到一起抱团发展。截至2022年底，长胜村有竹林面积2.4万亩，8000亩竹林已经投产，收获竹笋600余吨，实现收入700余万元，423户农户（其中脱贫户、"三类对象"、易地扶贫搬迁户共265户）从中获益，户均增收1.5万元。

箭坝村位于盐津县普洱镇东北部，距普洱镇政府所在地16公里，平均海拔高度为800米。全村总面积54.7平方公里，户籍人口1930户7197人，常住人口1144户5025人。基础设施不健全、居住条件落后、产业基础薄弱等因素一直制约着这里的发展，年轻人大多外出务工，农村的"空心化"现象突出。普洱镇委、镇政府按照盐津县委、县政府"3+N"富民产业的总体布局，从市场需求出发，立足箭坝村自然资源禀赋和农业产业基础，尊重群众意愿，坚持把乌骨鸡产业作为推动乡村产业发展的重要引擎，在乌骨鸡产业发展上坚持"龙头带动、党建引领、群众参与、多方共赢"的工作思路，通过采取"党建+龙头企业+村集体经济+合作社+农户（易地扶贫搬迁户、'三类对象'）"的发展模式，全面建立落实"双绑"机制要求，探索实践形成了"1126"利益联结机制。合力破解技术、资金和销路等难题，助力农户实现养殖增收、务工增收等多渠道增收，确保每一户易地扶贫搬迁户和"三类对象"利益联结一个鸡舍，脱贫攻坚成果进一步巩固拓展。通过利益联结，箭坝村现已绑定易地扶贫搬迁户217户。

麻柳村位于盐津县庙坝镇，距庙坝镇政府所在地8公里。总面积18.5平方公里，耕地面积6800亩，林地面积15000余亩，退耕还林3669.5亩，无水田。2023年有户籍人口1132户4320人，常住人口772户3740人。2023年，实现外出就业1759人，其中省外务工920人，省内或就近务工749人，公益岗60人，务农30人；按工种分，从事建筑类500人，从事服务业253人，制造业522人，产业就业123人，灵活就业361人。全村产业以种植玉米为主，现有6800亩。发展的其他产业有花椒、砂仁各1000多亩。近年来，麻柳村加大种植、养殖业和第三产业的新型农业经营主体培养力度，以此带动农民增收。如种植大户黄顺田，种植花椒、橘子、李子等经济作物300亩，带动脱贫人口70人增收。养殖大户文善琴，发展养牛和白酒产业，带动周边贫困人口20多人实现务工收入。近年来，麻柳村也大力发展新型农村集体经济，通过肉牛产业联结193户，鸡产业联结282户，竹产业联结440户，农村集体经济逐渐实现分红，带动农民增收。

花包村位于盐津县盐井镇西南部，距盐井镇政府所在地7公里，距县政府所在地12公里，总面积11平方公里。2023年时，辖3个自然村25个村民小组，常住人口723户3335人。全村有劳动力1859人，已就业1485人，其中省外965人，省内520人。设党总支1个，3个片区支部，有党员62人。现有村干部6名，畜牧兽医专干1人，社工1人，驻村工作队3人。其中驻村工作队有1名指挥长和2名工作队员，由县人武部、县总工会和县红十字会挂钩帮扶。村"两委"班子、驻村工作队、党员代表、村民代表、致富带头人结合花包村海拔、地形及气候，因地制宜大力发展"3+N"富民产业。一是在海拔800米以上地区发展笋用竹、肉牛、生猪和中药材等产业；二是在海拔800米左右的中部地区发展肉牛、生猪、乌骨鸡、小花生、南脆苔、猕猴桃等产业；三是在低海拔地区发展油菜、蔬菜和水果产业。

山地生态农业产业赋能
乡村建设——云南省盐津县乡村振兴调查报告

花包村全村种植刺风竹3200亩、油菜600亩、小花生600亩、南脆苕600亩、猕猴桃200亩、黄柏皮300亩。因靠近县城，花包村还种植蔬菜2000亩。花包村有50头规模标准化牛场4个、30头规模牛场1个，肉牛以散养为主。全村肉牛存栏609头，其中能繁母牛340头，全年生猪存出栏2500余头。

花秋村位于盐津县滩头乡，南邻落雁乡，东邻新田村，北邻滩头村，西邻普洱镇。花秋村总面积23平方公里，距离滩头乡集镇12.5公里。全村有林地面积16000亩，耕地面积11710亩，平均海拔在800米左右。2023年时，全村辖43个村民小组，共1457户6885人，其中劳动力人口3172人。花秋村党总支下设5个支部，有党员135名。花秋村共有村干部11人，大专以上文化水平9人，其中本科6人，平均年龄27岁。村"两委"班子、驻村工作队、党员代表、村民代表、致富带头人结合花秋村海拔、地形及气候，因地制宜大力发展"3+N"富民产业。花秋村全村种植刺风竹3340亩、油菜2000亩、花椒857亩、五月脆李子640亩、小花生500亩、黄柏337亩、青菜300亩、菱角菜150亩、高粱100亩、七彩花生10亩。花秋村有200头规模标准化牛场2个、50头规模牛场3个、小型牛场28个。全村母牛存栏560头，其中能繁母牛283头，安格斯牛、云岭牛有331头。花秋村引导和输出外出务工2721人，就业率达到了85.75%。

沿江村位于盐津县普洱镇，距普洱镇政府所在地11公里。东邻桐梓村，南邻大浩村，西邻黄坪村，北邻冷水村，全村总面积23.4平方公里，其中承包耕地15761.5亩，林地18000亩，平均海拔高度为800米。2023年，全村41个村民小组，3个自然村，户籍人口1267户5156人，常住人口867户4396人，其中劳动力人口2563人，引导和输出外出务工2377人，就业率达到了92.7%。全村党员72名（女党员11名），其中年龄最高党员91岁，年龄最小党员25岁，预备党员1名。沿江村共有村干部9人，大专以上文化水平4人，其中本科1人，平均年龄41.7岁。村"两委"班子、驻村工作队、党员代表、村民代表、致富带头人结合沿江村海拔、地形及气候，因地制宜大力发展"3+N"富民产业，发展肉牛、乌骨鸡、笋用竹三大产业。2023年，沿江村全村共有竹林20000余亩，200头规模标准化牛场2个，50头规模牛场3个，鸡舍188个。

四 本书写作结构和内容

本书以盐津县的乡村振兴为研究对象，综合使用问卷调查、田野调查中收集到的质性资料以及地方政府的政策文件、统计数据、工作总结等资料反映盐津县的乡村振兴工作所处阶段、取得的成效、存在的问题。需要特别说明的是，盐津县委、县政府在推进乡村振兴工作时，以发展生态农业产业为核心举措，并在发展农业产业的过程中积极探索新型农村集体经济的有效实现形式。因此，本书也以盐津县的农业产业发展为核心内容反映盐津县的乡村振兴现状，探讨了盐津县"3+N"农业产业发展现状、面临的困难，盐津县在探索发展新型农村集体经济时存在的问题，以及农业产业发展对盐津县的乡村社会产生的影响，并提出未来盐津县更好推进乡村振兴工作的对策建议。最后，本书还提炼总结了盐津县的5个乡村振兴案例，希望能为其他县的乡村振兴工作提供一些有益的参考。内容安排如下。

绪论。自党的十九大报告提出乡村振兴战略以后，诸多学科的学者围绕乡村振兴战略开展了大量研究。本章基于课题主持人的学术背景，延续社会学、人类学的乡村研究传统，以社会学、人类学的知识脉络为基础，认为中国乡村振兴工作的最终目标是要实现传统村落共同体的更新再造，并对本书的研究设计、研究方法、问卷调查过程、田野调查过程作必要的说明。

第一章：盐津县产业结构变迁与乡村振兴路径。本章介绍了盐津县的历史与生态环境，结合统计数据和政府文件梳理了盐津县"十一五"至"十四五"期间的产业结构变迁过程，认为盐津县的三大产业结构趋于合理，有效缩小了城乡居民的收入差距，为新时期的乡村振兴战略实施和城乡融合发展奠定了良好基础。同时，农业产业发展对于缩小城乡居民收入差距和促进城乡融合发展具有重要作用，本章论述了盐津县以生态农业产业为驱动力的乡村振兴路径的合理性和必要性。

第二章：盐津县乡村振兴现状。本章以盐津县开展的乡村振兴工作为依据，基于问卷调查、田野调查、政府文件、工作总结等不同类型的资料，较为全面地总结了盐津县乡村振兴的基本现状。本章指出，随着农业从自给自足的小农经济向规模化转型，盐津县的乡村治理体系逐步完善，乡村生活质量明显提升，乡村生态环境有效改善，乡风文化治理初见成效。

第三章：盐津县生态农业产业发展面临的困难。盐津县委、县政府在推进乡村振兴工作时，将推动"鸡、牛、竹"三大农业产业实现规模化发展作为核心的政策实践，并成为全县"十四五"期间的发展战略。因此，本章基于问卷调查、田野调查、政府文件、工作总结等不同类型的资料，全面梳理了盐津县乌骨鸡产业发展实践、肉牛产业发展实践和竹产业发展实践，深入讨论了当前乌骨鸡产业、肉牛产业和竹产业发展面临的困难，并分析了这些困难产生的原因。

第四章：盐津县农业产业发展与新型农村集体经济实践。一些研究发现，农村集体经济收入与乡村振兴水平之间呈显著的正相关关系。集体经济收入比较可观的行政村，其乡村振兴水平较高；集体经济收入低的行政村，其乡村振兴水平则较低。近年来，随着党和国家大力推动新型农村集体经济发展，诸多研究探讨了新型农村集体经济与村落共同体重建之间的关系。盐津县委、县政府在发展农业产业时也注意探索新型农村集体经济的有效实现形式，目的是解决乡村治理难题和促进农民生活富裕。本章聚焦盐津县在发展农业产业时的新型农村集体经济探索实践，分析制约盐津县发展壮大新型农村集体经济的主要因素。

第五章：盐津县农业产业发展与乡村社会变迁。在乡村振兴战略的五个总体要求中，乡村产业兴旺居于核心地位，以乡村产业发展推动生态宜居、乡风文明、治理有效、生活富裕的实现。因此，探讨当前盐津县的农业产业发展对乡村社会产生的影响，对于理解乡村产业发展与生态宜居、乡风文明、治理有效、生活富裕之间的复杂关系具有重要意义。本章的研究指出，地方政府在发展农业产业时有效改善了乡村基础设施，促进了乡村人口流动，对乡村社会传统的互惠体系造成冲击；农业产业化经营客观上要求将分散的农民组织起来，有效提高了农民的组织化程度；盐津县在发展三大农业产业时，造成了乡村社会分化，对共同富裕提出了更高要求。

第六章：盐津县推进乡村振兴工作的建议。本书在梳理了盐津县产业结构变迁与乡村振兴路径、盐津县乡村振兴现状、盐津县生态农业产业发展面临的困难、盐津县农业产业发展与新型农村集体经济实践、盐津县农业产业发展与乡村社会变迁后认为，盐津县当前的乡村振兴工作聚焦农业产业发展，忽视了乡村振兴五个总要求之间存在的逻辑联系。针对盐津县当前在乡村振兴工作中存在的问题，本书建议盐津县在发展农业产业时在政府、市场与社会的互动中推动农业产业发展，在实施乡村振兴战略时协同推进五个方面的振兴，在理解大量村民外出务工阻碍了乡村振兴时重新审视乡村人口减少与乡村振兴之间的关系。

第七章：盐津县乡村振兴典型案例分析。根据云南大学中国乡村社会大调查学术指导委员会和大调查领导小组对本书的写作要求，本书挑选了盐津县具有典型性的五个乡村振兴案例，记录了案例背景、案例简介及主要做法，分析了取得的成效、可推广的经验，提出了进一步优化的建议。这些案例为：艾田村——从合作社到专业合作社助推农民组织化；箭坝村——以新型农业经营主体助推农业产业化；龙茶村——以乡村专业组织推动肉牛养殖产业化；石笋村——山地生态资源赋能乡村旅游发展；生基村——乡村建设促进民族团结进步示范创建。这些案例从不同方面反映了盐津县的乡村振兴情况，利于读者较为全面地理解盐津县的乡村振兴工作，也可以为其他县的乡村振兴工作提供一些有益的参考。

第一章 盐津县产业结构变迁与乡村振兴路径

古语云:"郡县治,天下安。"我国的县制历史久远,积淀形成了相对固定的县域区划和丰富多彩的县域文化。不同的县域历史、地理、文化、居民生活习俗和生产方式的差异,自然而然地造就了各县域不同的经济环境、各具特色的发展类型以及县域之间不平衡的发展水平。1949 年以后,县域经济社会发展的不平衡在我国突出表现为县域中的县城与乡村之间存在明显的差异,县域是城乡二元结构对比最为鲜明的地区。除此之外,经济相对发达的东南沿海地区与欠发达的中西部地区的县域经济社会发展也存在明显的不平衡。党的二十大报告指出"发展不平衡不充分问题仍然突出",也强调乡村振兴要坚持城乡融合发展。县域经济是区域经济发展的基本单元,县域也是城乡接合部,党和国家的方针政策最终是依靠县一级去组织实施。因此,发展县域经济在缩小区域发展差距、推动城乡融合发展方面负有特别重要的责任(张晓山等,2010)。从一个县的县域经济社会发展进程可以理解县域内的城乡发展差距为何长期存在,为理解乡村振兴背景下的乡村建设奠定历史基础。

一 盐津县的历史与生态环境

盐津县位于云南省的东北部,与四川省交界,自古就是中原的入滇要道,也是云南通往四川的"北大门"。盐津县的东北部与四川省宜宾市的筠连县、高县接壤,西部与云南省昭通市的大关县、永善县、绥江县毗邻,南接昭通市的彝良县,北部与昭通市的水富市连接。秦开"五尺道"后,盐津为蜀郡辖地。西汉建元六年(公元前 135 年)置犍为郡,盐津在郡内。蜀汉属朱提郡。晋至五代属南广郡地。唐武德元年(公元 618 年),置湖津县，属于协州。宋大理国时期属于乌蒙部。明为乌蒙府，改属四川。清雍正五年（公元1727年）仍改属云南，属昭通府大关厅。民国六年（1917年），盐津从大关分出置县，因城北有盐井产盐，遂定名盐津县。盐津县人口多是清雍正五年"改土归流"后从其他区域迁徙而来，在盐津聚居之后形成了具有盐津特色的方言，并和邻县方言有着显著区别（耿德撰，1991：2）。2021年末，盐津县有公安户籍人口39.72万人，常住人口31.26万人，有少数民族人口1.78万人（昭通市人民政府地方志办公室，2023：381）。盐津县无民族乡，在少数民族人口中，苗族人口数量最多，主要聚居在滩头乡的生基村和兴隆乡的大坪村。

  盐津县建县历史虽然较短，但开发较早，文物古迹较多。境内发掘出新石器时代的石斧和汉"五铢钱"。唐代的"袁滋题记摩崖石刻"，是国家级重点文物保护单位。位于豆沙镇的"僰人悬棺"，现在已经是著名的旅游景区。豆沙镇的"五尺道"马蹄深印，令人叹为观止。普洱镇的夷都山古墓群，有明"耆老将军墓"及其他古墓等数十冢。落雁乡的塘房坡，有清咸丰九年（1859年）李、蓝义军大败清军的古战场遗址"万人坑"。盐津商业历来繁荣，尤其是在横江通航后，沿着川滇水陆通道，云南的铜、山货药材，四川的棉纱、布匹、食盐等大量物资由此转运出入。随着盐津县城镇化率持续提高，过去的很多乡村地区变成了城市区域，经过多次撤乡建镇后，目前盐津县辖6镇4乡，分别是盐井镇、普洱镇、豆沙镇、中和镇、柿子镇、庙坝镇、滩头乡、落雁乡、牛寨乡、兴隆乡，还有一个易地扶贫搬迁后新形成的水田新区。

  盐井镇位于盐津县中部，是县人民政府驻地所在，东接四川筠连县，南靠庙坝镇、柿子镇，西接豆沙镇，北连中和镇、落雁乡。盐井镇因镇的北部曾有盐井得名，清雍正五年"改土归流"后，在雍正六年设盐井渡巡检司。历史上的盐井渡商贾云集，形成区域的政治、经济、文化中心和物资集散地，堆店、货栈、旅店、百货店、布店、商号、饮食业随之兴起。普洱镇原名普洱渡，是盐津水陆交通重要集镇码头，位于县境西北部横江两岸，东接滩头乡、落雁乡，南邻中和镇，西靠永善县细沙乡。元代设站，

山地生态农业产业赋能
乡村建设——云南省盐津县乡村振兴调查报告

曾名蒲二。清乾隆十三年（1748年）转运京铜时，为境内第三站。清代先后改名为鸡爪、吉照，清末取蒲二谐音，且集镇南北两端均有渡口，更名为普洱渡。目前，普洱镇作为盐津县的人口第一大镇，受到四川文化影响，镇街道上有多家茶馆营业。由于人口众多，商业繁荣，镇内有多家较大规模的商场、超市，被称为盐津县的"小香港"。

兴隆乡位于盐津县东北部，与四川接壤，在历史上因贸易发达、生意兴隆而得名。全乡以二半山、矮山居多，海拔高度一般在600~900米。兴隆乡是盐津县的粮食主产区，且是全县唯一一个水田占耕地面积一半以上的乡。落雁乡曾有一片沼泽，因大雁常在此栖息而得名，明代前期为部分彝族居住地，明末清初湘、鄂、川、粤、黔等地人口逃避灾荒兵乱，先后迁徙到此地居住（云南省盐津县志编纂委员会，1994：68）。滩头乡曾是云南和四川水陆交通必经之地，因集市在横江大风滩的东岸得名。元代在此设置驿站，站名为滩头。牛寨系牛皮寨简称，相传因曾盛产牛皮所制刀鞘得名。庙坝镇以明初在坝内建有万寿、禹王、东鱼、关帝等四大庙宇得名。豆沙镇以驻地内的豆沙关得名，秦开"五尺道"、汉修南夷道、隋造偏梁桥阁、唐开石门道均经过此地。柿子镇政府驻地位于柿子坝，明嘉靖年间为白水，后因集镇南的河坝圆石较多、形状像柿子得名。中和镇因地势居中、和睦相处得名，镇内大浩村的大雪槽海拔高度2263米，为盐津县最高点。

县城位于盐井镇，距昆明市618公里，距昭通市昭阳区145公里。盐津县地处滇东北斜坡地带，受横江深切，境内重峦叠嶂，地势南高北低，山势陡峭。盐津县是中国最窄的县城，城市沿境内河流形呈带状分布，"一半嵌入山，一半悬在河"。因为江景是"一线"，主干道只有"一线"，鸟瞰整座城也似"一线"，被称为"一线城市"。盐津县常年气候温和，无霜期较长，雨量也较为充沛，年平均气温有17℃，年平均降雨量1226毫米，年平均无霜期328天，年平均日照965.7小时。春旱、夏洪、秋涝、冬阴雨、虫灾、冰雹等自然灾害常有发生。县城所在地海拔高度为460米，县境内最高海拔高度为2263米，最低海拔高度为329米。盐津县不同区域海拔高差较大，意味着可以结合不同区域的雨热条件发展具有区域特色的农业产业。

海拔高度在1200米以上的山区占全县面积的23.5%，地面植被良好，雨量多，相对湿度大，蕴藏着丰富的天然森林资源。海拔高度在800~1200米的半山区占45.5%，已经被广泛开发利用，适合种植茶叶、杉木、竹笋等。矮山和河谷区占31%，因气温高，属于一年两熟和两年五熟地区，适宜发展蔬菜和各种水果生产。

二 盐津县三大产业结构变迁历程

盐津县依河道而形成，河道两侧山势险峻，又缺乏面积稍大的平整土地，因此农业生产条件差。"七山一水二分地"使得盐津县农业生产面临不利条件，在历史上农民长期广种薄收、刀耕火种，农村人口贫困程度深。盐津县的工业起步晚，解放前仅有一些铁农具、土纸、砖瓦、缝纫、熬盐、酿酒、采煤、竹藤加工等小手工业。在20世纪70年代后逐渐建成普洱、四方碑等水电站，部分电力基础设施建成以后，盐津县逐步形成了水泥、电石、粮油加工、烟叶复烤、机械生产、茶叶加工等产业。在20世纪90年代时，盐津县生产的红碎茶、"十里香"茶远近闻名，康砖茶专门销往西藏；清水笋曾获中国博览会铜牌奖，咸笋远销日本（云南省盐津县志编纂委员会，1994：3）。盐津县有产销竹笋的历史传统，为"十四五"时期县委、县政府确立竹产业为盐津县三大农业产业之一奠定了良好基础。1994年，盐津县农林牧渔业总产值20447万元，工业总产值3748万元，服务业产值未纳入统计（国家统计局、国务院发展研究中心编，1996：804）。从盐津县1994年时的农林牧渔业总产值和工业总产值之间的差额来看，盐津县属于十分典型的山区农业县，工业基础十分薄弱。

历史上的盐津县工业基础薄弱，而工业发展又能显著促进就业、促进税收增长、提高城镇化率等，对于县域内的经济社会发展具有基础性作用。在"十一五"期间，盐津县开始实施"工业强县"战略，工业成为拉动县域经济增长的主要动力。《盐津县国民经济和社会发展第十二个五年规划纲要》指出，2010年末，盐津县的地区生产总值达到21.3亿元，是2005年的1.77倍，

山地生态农业产业赋能
乡村建设——云南省盐津县乡村振兴调查报告

"十一五"时期年均增长12.1%；地方财政一般预算收入达到0.9199亿元，"十一五"时期年均增长27.6%，是2005年的3.4倍。"十一五"结束时，盐津县的产业结构从2005年的28.1∶36∶35.9调整为2010年的23.9∶42.1∶34。工业结构调整步伐加快，重点培育了电力、煤炭、化工、饮料、食品加工等产业。2010年实现工业总产值20.4亿元，是2005年的3.8倍，年均递增30.6%。农业总产值由2005年的4.2亿元增加到2010年的7.7亿元，年均增长12.8%。从经济总量来看，盐津县2010年的地区生产总值在云南省129个县中排名第90位，在全市11个县（区）中排名第8位，均处于中后的位置。

在"十一五"期间，盐津县采取了通过优先发展以县城为中心、两路沿线乡（镇）为重点的小城镇，促进农村人口向城镇聚集的策略。2010年末，盐津县城镇化率为13.6%，比2005年末的8.6%提高了5个百分点。"十一五"期间，城乡居民收入显著提高。2010年，城镇居民人均可支配收入达到13559元，五年年均增长13.3%；农村居民人均可支配收入达到2730元，五年年均增长18.1%。从这些统计数据中可以看到，尽管盐津县"十一五"期间农村居民人均可支配收入增长率高于城镇居民人均可支配收入增长率，但城乡居民收入差距十分明显，接近5∶1。已有研究指出，在经济发展的早期阶段，财富和资源在空间上集中，劳动力和资本的选择性流入加剧了区域间的收入差距（郭燕等，2022）。盐津县"十一五"期间既实施了工业强县战略，也优先发展了县城周边的小城镇，拉大了城乡居民收入差距，说明城乡之间的发展差距十分明显。盐津县呈现出显著的城乡二元结构特征，农村人口基数大，贫困程度深，解决"三农"问题的任务十分繁重。

为解决"十一五"期间"工业强县"战略和优先发展小城镇造成的问题，盐津县在"十二五"期间重点推进"农特产品大县、工业经济强县、文化旅游名县"三大战略。《盐津县国民经济和社会发展第十三个五年规划纲要》指出，2015年末，盐津县的地区生产总值达到38.3亿元，比2010年增长80%，年均增长达到12.4%。盐津县的三大产业结构在2010年时是23.9∶42.1∶34，2015年时调整为23.2∶38.5∶38.3，人均GDP突破万元达到了10022元。地方公共财政预算收入完成1.52亿元，年均增长10.5%，比2010年增长65%。"十二五"期间，在稳定粮食生产的基础上，大力发展高原特色农业产业，重点推进农业产业规模化发展，瑞兴木业、滇和液酒业、彩云归等农业产业项目相继投产。盐津乌骨鸡获得地理标志产品认证，神农乌天麻产品也顺利通过瑞士通标（SGS）测试，在一定程度上提高了地方特色农产品的知名度。"十二五"期间，盐津县新增农民专业合作社83个，平均每个行政村有1个农民专业合作社，盐津县被列入全国首批创建农民林业专业合作社示范县。

在"十二五"期间，盐津县委、县政府按照"做大县城、做特集镇、做美乡村"的工作思路，加快城乡建设步伐，城镇化率达到23.9%。特别是在乡村建设方面，按照"道路硬化、环境净化、庭院美化、村庄绿化、功能优化"的工作思路，全县完成村庄规划395个（含78个行政村）。其中，豆沙镇的万古村、柿子镇的中坪村等31个行政村申报为市级生态文明村。2015年末，盐津县的城镇常住居民人均可支配收入达到21248元，农村常住居民人均可支配收入达到7351元，城乡居民之间的人均可支配收入的比约为3∶1。从"十一五"和"十二五"期间城乡居民人均可支配收入发生的变化中可以看到，随着党中央对"三农"问题愈加重视，盐津县加大了乡村建设力度，着力推进了农业产业化和乡村旅游业发展。盐津县由过去的工业强县战略转向"农特产品大县、工业经济强县、文化旅游名县"三大战略后，"农村居民将面临更多的就业创业选择，增收途径变多"（葛继红等，2022），有效促进了城乡之间收入差距逐渐缩小。

"十三五"时期，中国贫困县的中心工作是打赢脱贫攻坚战。盐津县作为一个深度贫困县，按期"脱贫摘帽"的压力巨大。盐津县委、县政府紧紧围绕"脱贫摘帽和全面小康"目标，以脱贫攻坚为总揽，践行"创新、协调、绿色、开放、共享"新发展理念，统筹推进稳增长、促改革、调结构、惠民生、防风险等工作，如期实现了脱贫摘帽工作。《盐津县国民经济和社会发展第十四个五年规划和二〇三五年远景目标纲要》中指出，盐津县"十三五"末，地区生产总值完成55.6亿元，较"十二五"末增加17.3亿元，是"十二五"末的1.45倍；三大产业结构从"十二五"末期的23.2∶

38.5∶38.3 调整为 26.3∶19.5∶54.2，服务业成为盐津县的第一大产业。因盐津县贯彻落实新发展理念，不断优化调整产业结构，工业产值占地区生产总值逐年缩小。人均 GDP 实现 14046 元，是"十二五"末的 1.4 倍；一般公共预算收入完成 1.73 亿元，较"十二五"末增加 0.21 亿元，是"十二五"末的 1.14 倍。"十三五"时期，确立了"鸡、牛、竹、煤、硅、气"六大富民强县产业发展布局。

"十三五"时期，盐津县打好"六大战役"①，累计争取、整合投入各类资金 82.75 亿元，分类实施 12 大类 768 个项目，先后建成 29 个易地扶贫搬迁安置点，7052 户 31204 人易迁新居；实施 20894 户农村危房改造，83576 人住房安全问题得到解决；建成集中式供水工程 711 件、分散式供水工程 1130 件，9.1 万人饮水安全得到保障；硬化乡村道路 1531.4 公里，23 万人的出行条件得到改善；新建村级卫生室 42 个，改造薄弱学校 101 个；全县建档立卡贫困人口 100% 参加基本医疗保险和养老保险，群众基本医疗、就学、养老有了保障；实施农村户厕改造 22961 户，建成连户路 113.3 公里，配套农村垃圾处理池 1545 个，铺设污水管道 112 公里，群众居住环境日益更新。贫困人口"两不愁三保障"问题得到全面解决，全县 86 个贫困村（社区）全部出列，24279 户 110588 贫困人口全部脱贫，贫困发生率从 34.5% 降为 0，如期完成了脱贫攻坚任务。城镇居民人均可支配收入 29582 元，农村居民人均可支配收入 11357 元，城乡居民收入差距进一步缩小，收入比降到 2.6∶1，城镇化率提高到 30.66%。

从盐津县 2005 年至 2023 年期间经济社会发展主要指标可以看出盐津县县域经济社会变迁几个方面的特点：一是盐津县地区生产总值稳步增长，工业产值自 2010 年后总体在下降，农业产值在三大产业结构中的变化不大，第三产业产值总体在增长，已是盐津县第一大产业。盐津县三大产业结构发生的变化，主要是因为党中央对生态环境问题的重视，调整产业结构的

---

① 盐津县脱贫攻坚时期的"六大战役"是指"两不愁三保障"突出问题歼灭战，易地扶贫搬迁"搬得出、稳得住"攻坚战，产业培育高质量发展突击战，农村人居环境整治提升人海战，强化党建引领推动作风转变持久战，数据精准、关联闭环的信息战。

过程中淘汰了高能耗、高污染企业。二是城镇居民收入和农村居民收入持续增长，农村居民收入增长速度快于城镇居民收入增长速度，城乡居民收入差距持续缩小。城乡居民收入比从2010年的5∶1调整到2020年的2.6∶1，2023年进一步下降到2.34∶1，城乡发展差距在逐渐缩小。得益于党中央对"三农"问题的持续重视和农业农村优先发展政策，盐津县加大农业基础设施建设力度、加强农业产业支持政策，千方百计增加农村居民家庭收入。在此次调查的149份个人问卷中，2022年个人全年各项收入的平均值是22049.32元，中位数是14250元，说明农村居民收入水平还比较低。总的来看，盐津县仍然面临着县域经济总量小、增长水平低的问题，县域内的经济社会发展不平衡不充分问题突出，人均生产总值远低于同期全国、云南省、昭通市县级行政单位的平均水平。

表1-1 盐津县2005年至2023年期间经济社会发展主要指标

指标	2005年	2010年	2015年	2020年	2023年
地区生产总值（亿元）	10.6	21.3	38.3	55.6	76.49
三大产业结构	28.1∶36∶35.9	23.9∶42.1∶34	23.2∶38.5∶38.3	26.3∶19.5∶54.2	22.2∶27.8∶50
城镇居民可支配收入（元）	—	13559	21248	29582	34431
农村居民可支配收入（元）	—	2730	7351	11357	14693
城乡居民收入比	—	5∶1	3∶1	2.6∶1	2.34∶1
城镇化率（%）	8.6	13.6	23.9	30.66	—

资料来源：根据2005~2021年《昭通年鉴》，以及根据盐津县"十一五"至"十三五"国民经济和社会发展规划纲要整理。2023年数据来源于《盐津县2023年全年经济运行情况》。

山地生态农业产业赋能
乡村建设——云南省盐津县乡村振兴调查报告

随着农村基础设施改善、小型农业机械在山区普及以及种植结构发生改变，农业生产对农村劳动力的需求日益减少。如果农村剩余劳动力转移不畅，大量农村人口将面临隐性失业问题。一般而言，在人类社会的经济发展进程中，城镇化表现为人们的经济活动由农业生产转向非农活动，而推动农业人口向非农产业有效、有序转移的主要途径是发展县域工业，并实现工业化和城镇化的协调推进（张治栋、司深深，2018）。盐津县工业总产值在三大产业结构中的比重最小，不可避免地对农村劳动力转移、城镇化发展和地方政府公共财政收入造成影响。从农村劳动力转移情况来看，盐津县的县域工业发展受到生态环境限制和当前的绿色发展理念约束，已经不能大力发展矿产开采、金属冶炼等高能耗、高污染工业，而新型工业化又处于起步和探索阶段，大量农村人口只能到县域之外的地方寻找工作机会。盐津县委、县政府也根据县情，进行有组织的劳务输出，给外出务工农民发放交通补贴和稳岗补贴，以此鼓励村民外出务工，全县的农村家庭收入有70%以上来自外出务工的工资性收入。从县域城镇化发展来看，大量农村人口外出务工后来往于县域外与村庄之间，县城只是他们暂时的消费地，农民外出务工后定居县城的动力不强，影响到城市人口数量增长。从地方政府公共财政收入来看，工业相比农业可以创造更多利税，工业总产值在地区生产总值中的比重低意味着地方财政自给能力低下，降低了地方政府在县域经济社会发展过程中的统筹协调能力。

2023年是"十四五"规划中期阶段，盐津县2023年全年经济运行情况可以在一定程度上反映"十四五"期间的县域经济社会发展状况。2023年末，盐津县全年实现地区生产总值76.49亿元，同比增长12%。其中，第一产业实现增加值17.01亿元，增长3.7%；第二产业实现增加值21.23亿元，增长36.2%；第三产业实现增加值38.25亿元，增长6%。从这些数据中可以看到，第一产业和第三产业增长速度缓慢，第二产业增长非常迅速。第一产业增长缓慢的主要原因是，"鸡、牛、竹"是三大农业产业，但盐津县2023年家禽出栏量比2022年下降2.6%，2023年牛出栏量比2022年下降4.9%。在第二产业发展方面，盐津县6个保留下来的煤矿生产改造有序推

第一章 盐津县产业结构变迁与乡村振兴路径

进，中铁物资、新安化工、硅基新材料等一批重大产业项目加快建设；四坪山水库、水田污水处理厂等一批重要民生项目全力推进，百年传奇、水田冷链物流等一批重点招商项目成功落地，重大项目牵引和有效投资对县域经济发展的支撑作用持续增强。盐津县第二产业增速明显，有利于农村劳动力转移、城镇化水平提升和城乡收入差距缩小，在县域经济社会发展进程中有利于以城带乡、促进城乡融合发展。

第七次全国人口普查数据显示，2020年11月1日零时，盐津县有常住人口317463人。全县人口中，居住在城镇的人口为102392人，占总人口的32.25%。居住在乡村的人口为215071人，占总人口的67.75%。尽管盐津县城镇化水平持续提高，但也只达到刚刚超过30%的水平，远低于全国同期的城镇化水平。盐津县仍然有大量人口居住在乡村地区，说明村落并不会走向终结。同时，盐津县是劳务输出大县，农村社会已经形成了"半工半耕"（杨华，2015）的社会结构。盐津县政府曾经做过一次统计，2021年10月至2022年6月之间，已脱贫人口人均纯收入达到11468元，其中工资性收入9324元、生产经营性收入918元、转移性收入1203元、财产性收入22元。[①] 脱贫人口的收入主要是来自外出务工，在本地从事种植、养殖业的收入不到外出务工收入的10%。从农村家庭居民收入构成中就可看到，大量村民长期外出务工后，农村"三留守"问题突出，乡村"空心化"问题严重（黄开腾，2019）。以2023年盐津县劳务输出情况为例来看，盐津县农村的19.17万劳动力中，已就业的有17.06万人，其中在省外务工的有10万人左右（《云南日报》，2023）。

从表1-2可以看出，在149户受访家庭中，种植业收入的平均值是4207.31元，养殖业收入的平均值是4672.18元，全部家庭成员打工的劳务收入平均值是67511.88元。在自营工商业项目收入问题中，有133位受访者回答是没有这部分收入。在149户受访家庭中，种植业收入的中位数是1920元，养殖业收入的中位数是560元，全部家庭成员打工的劳务收入的

---

① 资料来源：普洱镇箭坝村"本城农业"公司门口的宣传展板。

中位数是 56000 元。从数据的统计意义来看，平均数可以用来反映一组数据的一般情况和平均水平，容易受到极端值的影响。中位数不易受一组数据中极端数值的影响，常用它来描述一组数据的集中趋势。因此，从种植业收入、养殖业收入、自营工商业项目收入、全部家庭成员打工的劳务收入的中位数来看，随机访问的 149 户家庭的家庭收入主要来源于外出务工，其次是种植业，然后是养殖业，占比最少的是经营性收入。在本次问卷调查访问的 149 户家庭中，有 108 位受访者有外出务工经历。

表 1-2　盐津县 149 户受访家庭收入结构

单位：元

收入来源	平均值	中位数	最小值	最大值
种植业收入	4207.31	1920	0	70000
养殖业收入	4672.18	560	0	20000
自营工商业项目收入	5664.43	0	0	550000
全部家庭成员打工的劳务收入	67511.88	56000	0	280000

资料来源：云南大学中国乡村社会大调查问卷。

温铁军教授在多年以前就指出，"如果欲支农，功夫在农外"（温铁军，2005：2）。中国的"三农"问题是在现代化、城市化与工业化的相关政策制度综合影响下产生的，也只能通过调整中国现代化、城市化与工业化政策解决。2023 年的中央一号文件《中共中央 国务院关于做好 2023 年全面推进乡村振兴重点工作的意见》中"县域"是多次出现的一个词，从中可以看到县域经济社会发展在城乡融合发展中所发挥的重要作用。[①] 因此，在宏观政策体系形成的情况下，县域层面的发展规划应结合县域三大产业发展趋势，分析县域经济社会发展所必需的土地、劳动力、资金、物资等生产

[①] 分别为推进县域城乡融合发展；加强村庄规划建设，坚持县域统筹；统筹县域城乡规划建设；全面推进县域商业体系建设；建设县域集采集配中心；支持国家级高新区、经开区、农高区托管联办县域产业园区；引导劳动密集型产业向中西部地区、向县域梯度转移；培育壮大县域富民产业；支持大中城市在周边县域布局关联产业和配套企业；推进县域内义务教育优质均衡发展；深入推进县域农民工市民化；推进医疗卫生资源县域统筹；推动县域供电、供气、电信、邮政等普遍服务类设施城乡统筹建设和管护。

要素现状，预测这些要素的变动趋势，从而明确县域经济社会发展存在的优势与劣势。这样才有利于合理开发和利用自然资源、经济资源，因地制宜、扬长避短，选择合适的模式与路径。

回到中国乡土社会重建的实在问题，当一家一户的小规模农业生产已经不能维持农民的生计，农民必须通过外出打工形成"半工半耕"的家庭经济收入结构时，如何才能解决中国的"三农"问题？此时，我们有必要重新温习和进一步研究费孝通先生当年提出的"离土不离乡"命题。长久和有效的解决办法是站在家庭完整、生活便利、更符合人性的角度，通过完善政策体系和加大支持力度等方式来推进农村人口的就地就近转移（张玉林，2012：101）。近年来，政界和学术界已经达成共识，以大城市为基础的城市化和工业化并不是解决中国"三农"问题的出路，以县域为基础的经济社会发展、城乡融合发展在解决中国"三农"问题时更具生命力。因此，2023年的中央一号文件多次提及县域经济社会发展和以县域为基础的城乡融合发展。在此时代背景下，盐津县如何挖掘山地生态资源优势、发展绿色农业产业、以乡村产业兴旺吸引更多农民回到家乡、缩小城乡发展差距、在城乡融合发展进程中推进村落共同体重建，是乡村振兴工作要重点解决的问题。

三 以生态农业产业为驱动力的乡村振兴路径

在东部沿海地区的农村，因乡村工业经济发达，农民往往就地实现非农就业和城镇化目标，很容易实现"离土不离乡"（邱婷，2022）。当前，一个显而易见的事实是，西部地区在发展乡村产业时不可能像过去的东部地区那样发展乡村工业，否则将面临巨大的后发劣势。因此，西部地区大多数的乡村将成为永久性的"农村"，乡村土地主要用于农牧业生产以及作为农牧民进城受阻的退路保障（陈文烈、寿金杰，2023）。由于时代差异、区位不同，西部地区乡村与东部地区乡村职责定位不同，西部地区的乡村未来如何在生态功能保护区、特色农业产业区的基础上推进乡村产业兴旺，

山地生态农业产业赋能

乡村建设——云南省盐津县乡村振兴调查报告

是西部地区推进乡村振兴工作的逻辑起点。也正是因为西部地区在乡村经济发展进程中不能再像东部地区一样发展乡村工业，本地就业机会十分有限，才导致乡村人口大量外流，在发展乡村产业时普遍面临人才资源匮乏的问题。西部的欠发达地区在推进乡村振兴和城乡融合发展时，要强化县域及小城镇的联动作用，增强资本、技术、人才流入的吸引力，推动产业结构向数字化、智能化、低碳化转型（金晓斌等，2024）。也就是说，西部地区在发展乡村产业时，探索生态农业产业、数字农业技术已经是一种必然选择。

从全球乡村发展实践来看，生态资源并不总是带来乡村经济的长期繁荣，相反许多生态资源丰富的地区长期分布着大量的低收入群体。就中国的实际情况来看，在生态资源相对匮乏的西北部地区，以及生态资源相对丰富的西南部地区，都存在着生态区与大量低收入群体在空间分布上重叠的现象。前者主要是因为生态资源匮乏、难以开发利用，造成了生态恶化型贫困；尽管后者存在相对丰富的生态资源，但因国家禁止或是限制开发利用，造成了生态资源缺乏向生态财富转化的市场基础，由此陷入了生态资源"富足的矛盾"（孔凡斌、徐彩瑶，2023）。因此，生态资源开发利用与乡村经济社会发展之间的关系不仅受到生态资源禀赋的影响，还在很大程度上取决于政府所采取的生态环境保护政策与政策执行的力度，以及由此塑造的生态资源保护利用模式。"绿水青山就是金山银山"理念，使得生态环境保护和经济发展、民生保障相得益彰，有效解决了生态资源保护与开发之间长期存在的矛盾（张二进，2024）。

相对于东部沿海地区，西部地区的生态资源、土地、能源等自然资源的合理开发与利用，能够为乡村产业兴旺奠定坚实的物质基础。当人类进入生态文明时代后，丰富的生态资源禀赋是一种后发优势，在系统的政策制度支持下将乡村独特的自然资源、美丽乡村规划与现代观光农业景观等有机结合后转化为生态产品，形成生态产业并转化为物质财富，无疑对促进乡村经济社会发展具有重要意义（王永生、刘彦随，2023）。2021年4月26日，中共中央办公厅、国务院办公厅印发《关于建立健全生态产品价值实现机制的意见》，强调"加快完善政府主导、企业和社会各界参与、市场化运作、可持续的生态产品价值实现路径"。产业兴旺是乡村振兴战略的五个总要求之首，也被摆在乡村振兴战略的核心地位，在根本上决定了乡村振兴战略的实施成效。生态农业产业发展与乡村振兴之间的关系十分密切，西部地区依托生态资源优势，利用好生态产品价值实现机制，将生态资源转化为生态产品，能直接促进产业融合和地方经济社会发展。

从理论层面来看，在生态资源转化为生态产品的过程中，种植业、养殖业、生态产品深加工产业融合发展，农业观光与文化旅游有机融合，可以有效促进乡村产业兴旺和县域经济发展。在此过程中，生态农业产业发展能推动乡村基础设施建设、改善乡村居民的生产生活条件。生态农业产业发展也可以促进经济活动组织形式的创新，壮大新型农村集体经济，推动乡村社会的再组织化。此外，发展生态农业产业的过程，有利于培育农业龙头企业、农民专业合作社、一定规模的家庭农场等新型农业经营主体，也利于这些主体联合科研院所、地方高校，以生态农业产业为基础培育产学研共同体（李星林等，2020）。部分生态农业产品具有独特的自然属性、文化属性，能够为城市居民提供不同的生活方式，成为城市居民到乡村与当地农民发生交往互动的媒介。生态资源转化为生态产品后，也让乡村居民非常直观地认识到生态环境保护的价值，促进乡村居民提升生态文明意识，激发乡村居民保护生态环境的行动，主动进行人居环境整治和生态环境修复，有利于乡村生态价值、文化价值、经济价值协调发展。例如，绿色有机农产品的消费市场已经具有一定规模，产业园区、生产方式、产品品牌的绿色有机认证是当前生态资源转化为生态产品的重要途径，是保障生态系统与社会经济发展良性互动的重要方式。

《盐津县国民经济和社会发展第十四个五年规划和二〇三五年远景目标纲要》强调，盐津县当前的县情是历史悠久与现实落后并存、生态良好与灾害频发并存、资源丰富与开发滞后并存，生态良好和资源丰富的优势尚未转化为经济发展动力。盐津县境内生态良好、物种多样，素有"云药之乡"的美誉，享有"中国桢楠之乡""全国休闲农业与乡村旅游示范

山地生态农业产业赋能

乡村建设——云南省盐津县乡村振兴调查报告

县""国家生态文明建设示范县"等称号，2016年被国务院列入国家重点生态功能区县，是长江上游重要生态屏障。但盐津县境内地势起伏较大，地形险峻，山势陡峭，沟壑纵横。土质以砂岩为主，山洪、滑坡、泥石流等自然灾害易发频发，全县共有地质灾害监测点293个，水土流失很难有效控制，民间有"无灾不成年"的说法。盐津县缺乏平整土地，对工业集聚、产业链培育延伸、城镇化水平进一步提升均极为不利。以至于部分盐津地方干部认为盐津县已经没有发展潜力，应借助国家的中大型水库建设政策，实现县城的整体搬迁。"十四五"时期，盐津县以巩固拓展脱贫攻坚成果同乡村振兴有效衔接为首要任务，实施"生态立县、工业富县、农业稳县"三大战略，打造"鸡、牛、竹"三大富民产业，"煤、硅、气"三大富县产业，持续推进"美丽县城""美丽集镇""美丽乡村"建设，走城乡融合发展道路。

《盐津县国土空间总体规划（2021—2035年）》要求完善城镇职能体系，明确各乡镇在县域经济社会发展过程中承担的职能。盐井镇是全县的政治、经济、文化中心，强化盐井镇作为盐津县城镇集中发展核心的地位，引导形成强县城战略，打造县域发展中心极核。庙坝镇利用渝昆高铁建设盐津南站机遇，统筹县域南部建设，打造南部发展极核。柿子镇利用硅产业深加工，建设盐津县独具特色的工贸型特色小城镇。普洱镇利用自身交通优势，打造盐津北部公路商贸物流重镇。中和镇利用渝昆高速和串佛高速交通优势，打造高速公路沿线的旅游综合服务节点。豆沙镇利用厚重的文化山水资源，打造以关隘文化为核心的特色旅游镇，形成盐津旅游名片。落雁乡利用云上梯田生态资源，打造落雁梯田农业综合体。牛寨乡利用东连宜宾市筠连县的优势，打造"盐津—筠连"城镇带上的川滇物流中心基地。兴隆乡以发展农副产品与玄武岩纤维加工为主，发展种植、养殖业提供原材料为辅的县域东北部生态宜居之乡。滩头乡利用渝昆高铁和渝昆高速的复合交通优势，打造县域北部综合交通节点。

《国家新型城镇化规划（2014—2020年）》强调，推动工业化和城镇化良性互动以及城镇化和农业现代化相互协调，着力解决快速城镇化和工

第一章 盐津县产业结构变迁与乡村振兴路径

业化过程中的城乡失衡和工农失衡问题。当前,在西部地区的县域城镇化进程中,传统的工业化已经难以推动城镇化发展,而依托生态农业产业发展推动县域城镇化水平提高、缩小城乡发展差距、促进城乡融合发展更具现实性。已有研究指出,在县域范围内,乡村产业模式与农民的居住空间具有强关联性,农民城镇化不是直接将人口转移至城区,而是阶梯式的城镇化路径(刘超,2022)。由农业产业化推动的县域梯度城镇化,为农民提供了多种居住空间选择,县域城镇化并没有以牺牲村落为代价,以及以土地集中和小农经济的消亡为前提,反而能够促进城乡之间频繁的资源互动和流动,实现城乡融合发展。在盐津县的生态农业产业发展过程中,部分种植竹笋的农民已经迁移到镇或者县里居住生活,只是在采摘竹笋期间才回到村落中短暂居住生活。

了解村民在选择初次就业地时的倾向,可以掌握村民迁移行为背后的社会意涵。当研究者询问"您第一份工作的工作地点是?"时,有 99 人回答在本村工作(主要是务农),6 人回答在乡镇街道工作,12 人回答在本县区工作,11 人回答在离开家乡的本省其他区、县、市工作,19 人回答直接到外省工作,1 人回答出国工作。这个问题考察的是农村居民初次工作时对就业地的选择意愿,有 99 位受访者初次就业是在本村,说明了大部分的村民在开始工作时更愿意就近就业。一方面是大部分村民初次就业是在本村,另一方面又是大量乡村居民离开村落到外地寻找工作,说明只有当本地缺乏就业和发展机会时,大部分村民才会选择外出务工。因此,发展乡村产业,推动县域经济社会发展,不仅有利于促进城乡融合发展,还契合了农村居民的就近就业意愿,形成阶梯式的渐进城镇化格局。

表 1-3 盐津县 149 位受访者初次就业工作地点

单位:人,%

初次就业工作地点	人数	占比
其他国家	1	0.7
外省	19	12.8

续表

初次就业工作地点	人数	占比
本省其他区、县、市	11	7.4
本县/区	12	8.1
本乡/镇/街道	6	4.6
本行政村/社区	99	66.4

资料来源：云南大学中国乡村社会大调查问卷。

第二章　盐津县乡村振兴现状

已有学者研究县域经济发展与"三农"问题解决路径之间的关系后指出，根据我国县域经济的空间差异和自然资源、生产要素条件的不同，可将发展模式分为工业化发展与破解"三农"问题模式、农业产业化经营与破解"三农"问题模式、第三产业发展与破解"三农"问题模式、资源开发与破解"三农"问题模式等（刘禹宏等，2010：2）。盐津县的县域经济社会发展战略一直在探索中前进，"十一五"时期采取"工业强县战略和优先发展小城镇"，"十二五"时期秉持"做大县城、做特集镇、做美乡村"，"十三五"时期坚持以脱贫攻坚工作为中心的"六大战役"，"十四五"时期大力实施"生态立县、工业富县、农业稳县"三大战略。从城乡融合发展和解决"三农"问题的角度来看，盐津县的县域经济社会发展战略更加趋于合理，更有利于推进乡村建设、缩小城乡发展差距。

自乡村振兴战略提出后，盐津县委、县政府结合县域经济社会发展状况，积极贯彻落实乡村振兴战略，乡村振兴工作取得了一定的阶段性成效。本章在田野调查的基础上收集了大量政府文件、工作总结、统计资料以及县、乡、村三级干部的访谈资料，较为全面地掌握了盐津县的乡村振兴工作。基于盐津县乡村振兴工作的实际情况，本章将从盐津县农业产业向规模化转型、乡村治理体系逐步完善、乡村生活质量明显提升、乡村生态环境有效改善、乡风文明治理初见成效五个方面反映盐津县乡村振兴的现状。此外，本章也将结合问卷调查数据，从农民的视角来理解盐津县乡村振兴工作取得的成效、面临的困难，以便综合反映盐津县的乡村振兴现状。

山地生态农业产业赋能
乡村建设——云南省盐津县乡村振兴调查报告

一 农业产业向规模化转型

长期以来，盐津县的农业生产体现了小农经济特征，农业产值低、农作物类型多、农业商品化程度低，限制了农业生产向产业化、专业化和规模化转型。2010年时，全县主要农作物种植面积中，稻谷、小麦、玉米、大豆、蚕豆、油料作物共种植38876公顷，蔬菜9805公顷，烟叶188公顷，甘蔗85公顷（聂顺荣，2011：348）。从这组数据可以看到，2010年时盐津县粮食作物的种植面积要远远高于经济作物种植面积，且种植粮食作物的主要目的是满足家庭生活需求。由于粮食作物的市场价格低，农民大量种植粮食作物也就意味着家庭经济收入增长受到很大限制。2015年时，盐津县农作物播种面积71281公顷，粮食作物播种面积46315公顷，经济作物播种面积24966公顷（聂顺荣，2016：422）。"十二五"末与"十一五"末相比较，盐津县经济作物播种面积增长较快，在一定程度上开启了盐津县的农业产业化经营之路。《盐津县国民经济和社会发展第十三个五年规划纲要》指出，"十二五"期间农业的整体竞争力不强，农业产业化经营程度低、规模小，农产品科技含量不高，农业产业在农民家庭经济收入增长中的辐射带动作用不强。"十三五"期间的重点工作是以脱贫攻坚工作为契机，围绕盐津县优势特色产业，创新农业发展模式，壮大农业产业发展规模。

云南省发布的《2018年政府工作报告》强调，要全力打造世界一流的"绿色能源""绿色食品""健康生活目的地"的"三张牌"，形成千亿级产业。2019年4月26日，云南省人民政府发布《关于创建"一县一业"示范县加快打造世界一流"绿色食品牌"的指导意见》。此外，2022年、2023年连续两年的中央一号文件持续关注培育和推动形成"一县一业"的县域经济发展格局。已有研究指出，减少种植、养殖业类型，"选优扶强"聚力发展是"老少边穷"地区特色农业"一县一业"格局形成的通行路径（刘小峰等，2023）。盐津县委、县政府高度重视特色优势农业产业发展，积极调整农业产业结构，集中精力打造以乌骨鸡、肉牛、竹产业为主导的"3+N"①富民产业，并制定了《盐津县"十四五"特色产业发展规划（2021—2025年）》。按照"村村有亮点、组组有看点、户户有支撑"的要求，大力推进各乡镇、村充分结合全县的"3+N"富民产业布局，因地制宜发展优势特色产业。

（一）盐津县三大农业产业发展现状

1. 盐津乌骨鸡产业

盐津乌骨鸡因起源并主产于云南省盐津县而得名，民国《盐津县志》记载了盐津县养鸡的历史，说明盐津县养鸡历史悠久，加之过去盐津交通不便，境内沟谷纵横，对保持盐津乌骨鸡的纯种繁育极为有利。盐津乌骨鸡是在盐津县特有的自然生态环境中，经过了长期的自然选育和人工饲养而形成的一个地方鸡品种。盐津乌骨鸡体型较大，躯体结构匀称，肌肉发育良好，肉质细嫩。以乌皮、乌肉、乌骨及内脏均乌黑为显著特征，适合人工补饲与自然放养相结合，因肉质细嫩、营养丰富、风味独特而获得"天下乌鸡王，盐津黑凤凰"的美称。2009年，盐津乌骨鸡被列入《云南省省级畜禽遗传资源保护名录》。2011年，盐津乌骨鸡又被评选为"云南六大名鸡"。盐津乌骨鸡后来又获得原国家工商总局"地理标志商标"、国家农产品地理标志登记保护等称号和认证，2021年又入选《云南省"绿色食品牌"品牌目录（区域公用品牌）》，同时也被"全国名特优新农产品目录"收录。中央电视台农业农村频道《每日农经》《识材有道》《乡土》、云南电视台《七彩飘香》等栏目曾对盐津乌骨鸡进行过专题报道。盐津县规模较大的养殖户也通过参加昆明、成都、重庆、北京、上海、广东、浙江等地举办的大型农产品展销会，在一定程度上扩大了盐津乌骨鸡的品牌知名度。盐津乌骨鸡荣获"2023我喜爱的中国品牌"证书，云南本城农业科技有限公司养殖的"禾丰深山鸡"通过有机认证和GAP认证，企业法定代表

---

① 乌骨鸡、肉牛、竹产业属于成规模的全县主导产业，N是指各个乡镇结合生态环境、农民种植养殖的历史传统，因地制宜发展茶产业、蚕桑养殖、特色中药材、猕猴桃、柑橘、柿子、黄瓜、青菜、生姜种植等。

山地生态农业产业赋能
乡村建设——云南省盐津县乡村振兴调查报告

人荣获云南省"兴滇创业人才"称号,整个昭通市只有2人获此殊荣。

"绿水青山就是金山银山"的绿色发展理念,要求在尊重自然、顺应自然、保护自然的基础上,遵循自然生态系统演替规律,科学利用山地资源、林地资源。2020年7月1日,新修订的《森林法》正式实施。《森林法》也首次将"林下经济"写入了法律条文,从法律层面明确了发展林下经济与保护森林资源两者之间互不矛盾,在做好相关工作、符合相关条件的前提下,可以对森林资源进行科学合理的开发利用。2021年11月,国家林业和草原局公布了《全国林下经济发展指南(2021—2030年)》,要求西南地区可以根据山地生态环境承载能力,适度发展林畜、林禽等林下养殖,以绿色化、精品化、定制化、特色化、融合化为发展方向。盐津县的县情一方面是土地资源少,另一方面是山地林地多,需要合理利用山地资源发展乡村产业。作为一项地理标志产品,盐津乌骨鸡养殖区域内山势陡峭、峰峦起伏、峡谷幽深,主要是海拔500～2000米的二半山区及山区,森林覆盖率高,为乌骨鸡养殖提供了良好的自然环境(农业部农产品质量安全中心,2017:567)。此外,盐津乌骨鸡在林地、果园等牧草和昆虫资源丰富的地点实行生态放养,采食野生天然饲料如昆虫、嫩草、籽粒等,并补给玉米、豆粕、杂粮等食物。"十四五"时期,盐津县委、县政府以县情为基础,确立了盐津乌骨鸡为三大主导产业之一,走规模化和产业化养殖之路。

过去农民自发养殖乌骨鸡时,不同品种的家禽杂交,影响到乌骨鸡的毛色、大小和鸡肉品质,难以在激烈的市场竞争中积累品牌知名度和美誉度。绿色农业产业的特征之一是标准化,要求农产品生产实施全过程的标准化控制,通过农产品的标准化来提高农产品的品质和价格,规范市场秩序,实现优质优价(袁建伟等,2018:4)。2021年3月15日,农业农村部印发《农业生产"三品一标"提升行动实施方案》的通知,要求各地在发展农业产业时要推进品种培优、品质提升、品牌打造和标准化生产,引领农业绿色发展,提升农业质量效益和竞争力。《盐津县"十四五"特色产业发展规划(2021—2025年)》提出,全县上下通过五年的持续努力,盐津乌骨鸡产业规模化、标准化和商品化水平明显提高,逐步形成种禽繁育、生态养殖、屠宰加工、冷链物流配套完善的绿色农产品生产经营体系。产业发展实施"四统两品五位一体",即统一鸡苗、统一饲料、统一时间养殖、统一进行防疫,以品质提升打响品牌知名度、美誉度,政府、市场、企业、银行和村民共同行动。力争在"十四五"时期,使盐津乌骨鸡的品牌影响力得到明显提升,市场占有率进一步提高。预计到"十四五"末,全县年出栏乌骨鸡达到1000万只,农业总产值达到10亿元,年均增长70%左右。

表2-1 "十四五"时期盐津县乌骨鸡产业年度发展目标

单位:万只,亿元

发展目标	2021年	2022年	2023年	2024年	2025年
年出栏	300	450	600	850	1000
屠宰加工	80	300	450	600	700
总产值	4.8	5.6	6.5	7.5	10

资料来源:《盐津县"十四五"特色产业发展规划(2021~2025年)》。

在盐津县委、县政府的统一规划下,盐津县打破乡镇之间的行政壁垒,实现乌骨鸡"保种选育、示范养殖、屠宰加工、产品销售"四个环节全产业链条贯通。从全县的层面来看,整体呈现"一轴、一心、多片区"的产业布局。"一轴"指利用已有的交通基础设施,解决农产品流通问题,围绕穿越县境的渝昆高速、内昆铁路、麻水公路进行产业布局。"一心"指围绕已经在牛寨乡建成的乌骨鸡现代化育种场、冷链物流中心、屠宰加工厂进行产业布局。盐津县在牛寨乡建设了1个大型育种基地,新组建了育种龙头公司,为分布在各乡镇的养殖示范点提供优质鸡苗。同时,围绕提高产蛋率和料肉比指标,盐津县加快推进乌骨鸡品种改良进程,加强疾病净化、提纯复壮和品种选育工作。2021年完成第一期建设后,每年可向养殖户提供鸡苗600万羽。2022年完成第二期建设后,每年可向养殖户提供鸡苗1500万羽,可以满足盐津县乌骨鸡产业发展对鸡苗的长远需求。

2. 肉牛养殖产业发展现状

在传统社会,我国养牛业以提供畜力为主。农业产业化意义上的肉牛

山地生态农业产业赋能
乡村建设——云南省盐津县乡村振兴调查报告

养殖业从20世纪80年代开始起步，90年代得到快速发展，在发展农村经济、提高农民收入及满足居民消费需求等方面发挥着重要作用。植物生产和动物生产是整个生态循环中的两个重要环节，绿色植物转化蓄积太阳能，但能为人们直接利用的比例并不高。根据测定，在农作物的全部产物中，可以直接被人类利用的部分仅占1/4，其余的根、秸秆、枝叶等不能被人类直接利用。草山、森林等生产的大量牧草、树叶等植物资源中含有比人类能够直接利用部分多得多的营养物质，牛能将这些资源中的养分转化为对人类十分有用的产品，而且转化效率是各种家畜中最高的，肉牛的这种功能在相当长的历史时期内是其他任何经济部门都不能代替的（于利子等，2009：7）。因此，在欠发达地区，由于资金、技术的制约，结合本地的生态资源，发展肉牛养殖产业相对而言是最简单、最容易、最经济的。

表2-2为"十四五"时期盐津县肉牛产业年度发展规划布局。事后统计，2021年盐津县肉牛实际存栏3.35万头，出栏1.09万头，还属于小规模养殖（昭通市人民政府地方志办公室编，2023：382）。盐津县委、县政府期望把肉牛产业培育为全县经济增长的新动能，打造成为盐津乡村产业振兴的支柱之一。要求全县实施"五规范两统一"的发展模式，即规范圈舍、规范品种、规范饲养、规范防疫、规范带贫机制，统一屠宰和统一加工销售。肉牛品种主要以安格斯牛、云岭牛为主，养殖方式以舍饲圈养为主。按照"一年打基础、三年见成效、五年成规模、十年树品牌"的总体发展思路，走"千家万户齐参与壮大基础母牛群、能人大户强带动集中育肥商品牛"的产业发展道路。并采取种养结合方式，充分利用本地的农作物秸秆过腹转化，提高养殖粪便资源转化利用率。前期主要目标是扩大能繁母牛数量，为育肥场提供架子牛资源。预计到"十四五"末，全县建成200个肉牛养殖场、3470个能繁母牛代养点，建设草饲料基地5万亩、粮改饲8万亩。建设1个良种冻精配送中心，冻精改良点27个，配套建设1个肉牛交易中心，1个肉牛屠宰厂，1个饲草饲料厂。到"十四五"末，达到肉牛存栏10.72万头，肉牛出栏5.36万头（见表2-2），肉牛产业产值实现20亿元以上。

表 2-2 "十四五"时期盐津县肉牛产业年度发展规划布局

单位：头

地点	2021 年 存栏	2021 年 出栏	2025 年 存栏	2025 年 出栏
盐井镇	2300	1150	10600	5300
普洱镇	4600	2300	12000	6000
豆沙镇	5500	2750	9300	4650
中和镇	5400	2700	11100	5550
庙坝镇	6000	3000	15100	7550
滩头乡	4600	2300	9900	4950
落雁乡	1800	900	3600	1800
牛寨乡	5600	2800	16000	8000
兴隆乡	5600	2800	10600	5300
柿子镇	3300	1650	9000	4500
合计	44700	22350	107200	53600

资料来源：《盐津县"十四五"特色产业发展规划（2021~2025 年）》。

　　盐津县在布局肉牛养殖产业时，还综合考虑了各乡镇的资源禀赋、区位条件、劳动力成本、环境承载能力。通过政府主导及通过支持乡村养牛能人和养殖大户，全县建设 200 个大型专业养殖示范园区，每个园区饲养规模在 200 头以上。盐津县支持乡村养牛能人和养殖大户自建规模养牛场，在养殖基础设施建设方面采取"先建后补"方式。肉牛养殖示范园区建设采取统一标准、统一饲料供应、统一防疫、统一销售渠道的方式进行标准化建设，示范园区分布在各乡镇，为村民加入肉牛养殖业发挥示范带头作用。盐津县也支持村民个人自建能繁母牛代养点，养殖期间实施梯级补助模式。盐津县分年度出台肉牛养殖风险补助政策，制定"见犊补母"、冻精改良点建设、"养牛贷"贴息、养殖保险、退耕还草及粮改饲补助等优惠政策，引导和扶持全县养殖户齐心发展肉牛养殖产业。

　　肉牛养殖产业已经成为改善居民膳食结构的重要产业，可以将大量不能被人类直接利用的农作物秸秆转化为资源利用，还可以通过肉牛养殖实

山地生态农业产业赋能

乡村建设——云南省盐津县乡村振兴调查报告

现循环经济、绿色农业产业发展，已经成为区域经济发展和农民增收的新亮点（王明利等，2016：19）。因此，从理论层面来看，盐津县以种养结合方式大力发展肉牛养殖产业，不仅可以增加农民收入，还可以提高生态资源使用效率，并促进循环农业发展，助推乡村生态文明建设。一是可以盘活闲置资源，提高资源使用率。发展肉牛养殖产业时需要大量饲草料，可以将农民种植粮食收获后难以再利用的玉米秸秆、菜籽秸秆等资源进一步利用，发展循环农业，也可以将过去不便于种植粮食的撂荒土地充分利用后种植牧草，减少从外地运进牧草的成本。二是可以充分利用农村劳动力发展乡村产业。目前，农村劳动力超过50岁后，外出务工就会受到很多方面限制，就业机会变少。发展肉牛养殖产业时，农村年龄较大的劳动力可以参与进来，有利于解决这部分人的家庭经济收入问题。三是肉牛养殖产业发展壮大后，吸引一部分有资金、有闯劲的年轻人返回家乡参与产业发展，有效化解中西部地区乡村广泛存在的"三留守"问题。四是发展肉牛养殖产业时需要解决交通、水利设施问题，通过肉牛养殖产业的发展带动，盐津县有针对性地解决了部分农村地区仍然存在的交通不便、饮水不安全问题。

3. 竹产业发展现状

历史上，盐津县有大量的天然竹林资源，鲜嫩的竹笋是当地的主要食材，在20世纪90年代时就远销日本。在"十三五"时期，竹产业已经成为盐津县的六大产业之一。由于种植规模较大，竹产业收益稳定，在"十四五"时期又被列入盐津县的三大农业产业。盐津县委、县政府在发展竹产业时综合考虑了盐津县竹产业的已有基础、区位优势、生态资源潜力、省市的政策支持等，坚持"因地制宜、适地适竹"的原则，科学规划竹、槐间种基地，构建产业布局合理、科技水平领先、规模集聚优化、区域特色明显、服务体系健全的农旅融合发展新格局。盐津县按照竹槐间种、蜜蜂养殖、乡村旅游等综合开发的发展思路，探索"生态+""旅游+""电商+"等现代经济发展方式，实现一、二、三产业融合发展。盐津县建立多元化的科技投入机制，为竹产业发展搭建产学研合作平台，聘请相关专家进行技术指导，总结推广良种和综合效益高的种植方法，突破竹笋保鲜加工技术瓶颈制约，真正实现竹产业的绿色化。盐津县扶持地方龙头企业组建竹产品研发中心，鼓励龙头企业做好"三品一标"申报认定工作，创建自有品牌。

　　盐津县委、县政府在布局竹产业时，按照"高山—二半山—河谷—试验区"的空间布局，做到科学规划竹产业种植基地。在高山区（海拔高度1200~2200米），重点打造以"筇竹+本地方竹+槐树"为主的笋用竹与蜜源植物间种生产基地，主要布局在海拔高度较高的普洱镇、中和镇、豆沙镇、柿子镇、庙坝镇和盐井镇。二半山区（海拔高度800~1200米），重点打造以"本地茨方竹+槐树"为主的笋用竹与蜜源植物间种基地，主要布局在盐津县各乡镇海拔高度适宜的区域。江边河谷区（海拔高度800米以下），在沿路、沿河、沿集镇的已有材用竹中间种槐树，建设优质材用竹与蜜源植物间种基地。试验区（海拔高度1200米以下），在全县的10个乡镇开展竹林经营管理及丰产栽培种植技术研究。盐津县经济价值最高的笋用竹主要分布在海拔高度1200~2200米之间，因此可用于发展竹产业的土地资源已经不多。盐津县委、县政府希望通过种植技术改良，扩大经济价值高的笋用竹种植区域和种植面积，尽可能惠及更多区域的农民，力争在"十四五"末，全县笋用竹面积达到100万亩以上，实现综合产值31亿元以上。2023年末，盐津县已有笋用竹102万亩，产笋6万吨。[①] 盐津县的竹产业要在"十四五"末，实现综合产值达31亿元的预定目标，仅向市场上出售竹笋是远远不够的。盐津县委、县政府在规划竹产业发展时强调，提高竹产品的深加工能力，加大产业基础设施配套，降低竹笋生产成本，以竹林基地为基础打造康养基地。

表2-3　"十四五"时期盐津县竹产业发展目标

发展目标	2021年	2025年
笋用竹产业基地（万亩）	94	100
培育竹类加工营销主体（个）	4	5

[①]《盐津县2024年政府工作报告》，2024年1月18日在盐津县第十七届人民代表大会第三次会议上发布。

续表

发展目标	2021年	2025年
竹笋加工转化率（%）	20	82
竹笋产量（万吨）	3.5	5
综合产值（亿元）	6.5	31
其中：一产产值（亿元）	3	8
二产产值（亿元）	2	11
三产产值（亿元）	1.5	12

资料来源：《盐津县"十四五"特色产业发展规划（2021~2025年）》。

（二）盐津县其他农业产业发展现状

在"十四五"期间，盐津县委、县政府除了推动盐津乌骨鸡、肉牛养殖、竹产业向规模化转型，还因地制宜地推动茶叶、蚕桑种植。茶叶种植重点分布在兴隆乡、牛寨乡、落雁乡、滩头乡、豆沙镇，2023年全县春茶采摘面积6.6万亩，干毛茶产值1.35亿元。2023年全县桑叶种植面积8000亩，产蚕茧38.6吨，产值200万元。盐津县还在牛寨乡等乡镇种植黄精、白及、重楼、黄柏、五倍子、天麻等为主要品种的中草药，年产鲜药材6000吨，产值2亿元左右。除此之外，落雁乡的"状元米"、中和镇的冷水鱼、庙坝镇的油菜花等特色农产品已经具有一定知名度。水果种植主要以猕猴桃、柑橘、柿子为主，蔬菜中黄瓜、青菜、佛手瓜、小米辣、生姜等种植面积较大。2023年，盐津县油菜种植面积8.3万亩，总产量0.84万吨，农业产值5028.06万元；全县蔬菜种植面积17万亩，产量22.1万吨，农业产值达到3.54亿元。

盐津县为了保障粮食安全，不断优化种植结构。综合考虑了乡村资源禀赋、产业发展趋势和市场需求等，坚持数量与质量并重，进一步优化粮食种植结构布局。2023年时，在全县建设"玉米-大豆带状复合种植"示范区，主要采取了"二套二"的种植模式，种植面积2万亩。大豆品种主要选择本地适应性强、种植产量较高的本地品种。同年，全县马铃薯和玉米套种9万亩，玉米套种红薯10万亩，玉米套种蔬菜7万亩，水稻多样性混种 5 万亩，果桑间种粮食 1 万亩，玉米间种魔芋 1 万亩。盐津县作为国家花生产业体系云南试验站的示范县之一，在艾田村开展了花生体系建设的相关工作，建立了省内外品种引进展示示范区 1 个，共引进展示 56 个花生品种，建立花生品种多点实验区 1 个，试种 12 个花生品种，并开展花生肥效试验、药剂试验、花生与玉米栽培试验、花生与辣椒栽培试验工作。2023年，在中和镇、盐井镇、落雁乡、滩头乡、庙坝镇等乡镇建设优质花生高产示范区 2000 亩，带动全县花生种植 2.68 万亩。

表 2-4　"十四五"时期盐津县其他产业发展目标

发展目标	2021 年	2022 年	2023 年	2024 年	2025 年
生猪出栏量（万头）	37	39	41	43	45.5
鲜食玉米（万亩）	—	5	7	9	10
茶叶（万亩）	7	8	9	9	10
魔芋（万亩）	0.3	0.5	2	3	4
油菜（万亩）	10	11	12	13	15
中药材（万亩）	1.8	2.2	3	4	4.5
香桂（万亩）	1.2	1.5	2	2.3	2.6

资料来源：《盐津县"十四五"特色产业发展规划（2021~2025 年）》。

　　盐津县还积极探索发展特色农产品深加工产业，依托兴隆乡、滩头乡、落雁乡、牛寨乡等乡镇的茶产业，选择支持发展有特色、有优势和有潜力的茶叶加工企业，在厂房建设和茶叶基地建设方面给予扶持，培育形成一批有实力、上规模、见效快、可持续发展的茶叶企业，带动全县茶产业良性发展。力争到 2025 年，全县加工茶叶 5000 吨以上，产值 2 亿元左右。在中药材加工方面，盐津县以盐津东胜中药材种植有限公司等加工企业为依托，推进天麻、重楼、黄精和白及等中药材生产线建设项目，以及中药材标准化仓储、物流中心和中药精深加工建设项目落地。在油料作物加工方面，盐津县扶持盐津益康食用油有限公司等龙头企业，带动发展高产、稳产油料生产基地，推进盐津县油料产业化经营，规范食用油包装标识管理，建立食用油质量认证体系,加强对食用油原料生产、加工、储存、流通、销售等环节的监管。在魔芋加工方面,盐津县扶持盐津远卓魔芋有限责任公司等龙头企业,加强产业聚集,提升魔芋产品附加值。除了改变营销策略、拓展魔芋流通渠道外,加快魔芋科技发展、加强魔芋深加工产业发展、挖掘和提高魔芋产品的附加值也可以有效提高魔芋企业经营效率。

二 乡村治理体系逐步完善

盐津县曾经是国家级贫困县,2020年5月,经云南省人民政府批准,盐津县正式退出贫困县序列,现在属于国家乡村振兴重点帮扶县。截至2021年底,全县有脱贫户24219户109962人,其中易地扶贫搬迁户6395户28815人(1万元以下低收入户750户3523人,"三类对象"206户908人)。非易地扶贫搬迁人口中,1万元以下低收入户6090户28154人,"三类对象"2946户12262人。盐津县退出贫困县序列后,巩固拓展脱贫攻坚成果同乡村振兴有效衔接是全县的中心工作。盐津县委、县政府保持责任不减,建立健全"县委抓谋划、找问题,政府抓落实、抓整改,监督系统抓监督、抓通报"的工作机制。坚持"月总结"会议和处级干部带头下沉一线办公的"两项制度",全县除医务、教职人员外的所有公职人员按照"4+2"网格挂包全部农村人口,构建横向到边、纵向到底、上下联动、齐抓共管的工作格局和责任体系。保持脱贫攻坚时期锻炼培养的队伍不散,坚持选派副科级以上领导干部驻村担任指挥长,精准选优配强驻村工作队员,确保全县90支驻村工作队脱产帮扶吃住在村。盐津县在乡村治理体系建设方面主要体现在两个方面:一是建立"4+2"网格管理制度,二是加强乡村治理人才队伍建设。

(一)建立"4+2"网格管理制度

随着中国现代化、城镇化、工业化推进,乡村人口数量持续减少,中国乡村面临着过疏化问题。过疏化乡村的衰败直接体现为乡村组织衰败,大量青壮年人口长期离开村落,村落逐步丧失社会再生产和自我调适能力，无力回应来自城市的挑战（田毅鹏，2014）。乡村组织衰败又造成留守村落的老人、妇女、孩子生活在原子化状态之中，国家难以向村民有效提供公共服务解决乡村居民生产生活中遇到的困难，乡村治理面临很大挑战。乡村组织衰败还对乡村产业发展产生消极影响，基层政府难以将村民组织起来发展规模化的农业产业。因此，解决新时期的乡村衰败问题和实现乡村善治，关键在于乡村组织振兴，将分散和个体化的农民重新组织起来，实现乡村社会的再组织化。2019年6月23日，中共中央办公厅、国务院办公厅印发《关于加强和改进乡村治理的指导意见》，要求建立以基层党组织为领导、村民自治组织和村务监督组织为基础、集体经济组织和农民合作组织为纽带、其他经济社会组织为补充的村级组织体系。党和国家当前推进的乡村组织体系建设，客观上形成了"新型复合式农村社区组织体系"（马良灿、李净净，2022），为乡村组织振兴提供了可能性。党的二十大报告要求"完善社会治理体系。健全共建共治共享的社会治理制度，提升社会治理效能"。近年来，全国各地在创新乡村治理体制机制方面体现出重构乡村治理基本单元和数字乡村治理两个特点，并呈现了融合发展的趋势。

一是治理单元下沉，为乡村居民提供更多的基本公共服务，这体现为城乡社区网格化治理的兴起和普及。1982年修订的宪法废除了人民公社体制，过去的人民公社通常是变为乡（镇），生产大队变成行政村，生产队变成自然村或是村民小组，进而形成了"乡政村治"的乡村治理体制。在推进乡村治理过程中，乡村治理基本单元的划定在很大程度上影响到乡村治理成效。所谓乡村治理基本单元是相对于地方治理的行政基本单元、服务基本单元的一个概念，是适合于村民自治的最小单元（邓大才，2016）。乡村治理基本单元既不能太小，也不能太大。如果基本单元太小，因村民数量过少，很难找到合适的村民负责乡村日常事务，没有能力向村民提供基本公共服务。如果基本单元太大，则难以落实村民自治，自上而下发挥作用的行政力量无法及时回应村民诉求。行政村的人口数量过多、地域面积过大导致村民自治难以取得成效，是一种较为普遍的现象，2014年的中央

山地生态农业产业赋能
乡村建设——云南省盐津县乡村振兴调查报告

一号文件提出"开展以社区、村民小组为基本单元的村民自治试点"。对乡村进行网格化治理，一方面适应了村民自治下沉后治理单元缩小的现实状况，另一方面也能有效应对村民越来越差异化的诉求，以便及时处理村民日常生活实践中的"微事务"（丁波，2023）。

二是信息技术的发展使得数字乡村治理成为新的乡村治理技术。随着乡村通信基础设施改善，传统的互联网和新的移动互联网逐步普及，乡村居民对网络的认知度、接受度和使用率也普遍提高。在此情况下，数字技术已经成为乡村治理变革的重要变量和技术支撑（邬家峰，2022）。同时，数字技术发展日新月异，在乡村地区推进数字乡村建设，符合现代乡村社会发展的趋势。2019年5月16日，中共中央办公厅、国务院办公厅印发了《数字乡村发展战略纲要》，提出"注重建立灵敏高效的现代乡村社会治理体系，开启城乡融合发展和现代化建设新局面"。2022年1月26日，中央网信办等十部门印发了《数字乡村发展行动计划（2022—2025年）》，提出开展数字治理能力提升行动。农民参与数字乡村治理在一定程度上抵消了村落过疏化对乡村治理能力的消极影响，强化了村庄经济发展水平和信息化环境对提升乡村治理能力和绩效的积极作用（苏岚岚等，2023）。数字乡村治理具有的多种优势，日益受到各地政府的青睐。昭通市在2022年制定了《昭通市数字农业农村"十四五"发展规划（2021—2025年）》，要求推动党务、村务、财务网上公开，推动基层党建与信息技术深度融合，打造党务、政务、服务有机融合的网络阵地。

网格化管理缩小了乡村治理基本单元，极大地增强了乡村公共服务的可及性。数字乡村治理在技术上可以支撑网格化管理，又能在一定程度上破解村民不在场造成的乡村治理难题。因此，各地在创新乡村治理的体制机制时，网格化管理和数字乡村治理呈现了融合发展趋势。党的二十大报告强调："完善网格化管理、精细化服务、信息化支撑的基层治理平台，健全城乡社区治理体系，及时把矛盾纠纷化解在基层、化解在萌芽状态。"盐津县在乡村治理方面探索形成的"4+2"网格管理制度，结合了网格化管理和数字乡村治理的优势，有效提高了乡村治理效能。自2020年3月以来，盐津县把党建引领作为提升基层治理能力的重要抓手，着力构建以"党小组、学生、劳动力、妇女老人"和"村务全透明公开、意识形态工作全覆盖"为重点的"4+2"党建引领网格管理，依托全县应急广播体系、盐津"4+2"社会治理信息平台、"盐津4+2"App等数字乡村治理技术，最终形成党建统领、全域覆盖、全网整合、规范高效、常态运行的网格化管理服务体系。

盐津县的具体做法是以党建工作为统领，充分发挥党组织密切联系群众的优势，通过互联网信息化手段，在全县范围内划分了"县委—乡（镇）党委—村（社区）党总支—党小组（党支部）"四级网格。截至2022年10月，盐津全县已搭建了8个行业部门网格、10个乡镇网格、99个村（社区）网格、1730个党小组（党支部）网格、1538个学校班级网格、109个健康网格。四级网格体系的相关信息全部录入"4+2"党建引领基层社会治理信息平台，通过安装在智能手机上的"盐津4+2"App即可及时查阅相应网格内的信息。信息平台在将全县9.65万户40.63万人（含各类常住人员）纳入信息平台时，精细标注党员、学生、劳动力、妇女老人、产业行业等专项数据。盐津县以数据可视化方式突出了治理要素，明确了乡村治理重点，始终把信息资源整合作为基层社会治理的重要工作一体化推进，做到了在网格内统筹党的基层组织建设、回应农村和城市居民的社会保障诉求、完善医疗保障等，并以此为基础推进城市与乡村的综合治理、应急管理、社会救助等工作，在人群分类管理中实现了精准到人，责任到户的治理目标。

"4+2"党建引领基层社会治理信息平台汇集了大量数据，也因此具有了基于大数据分析研判全县各行业、乡镇、村实时情况的功能。例如，通过登录"盐津4+2"App即可了解全县劳动力就业动态、各个乡镇村的产业发展状况、学生在义务教育阶段存在的辍学风险、各乡镇产业发展情况、妇女老人日常生活困难的关心保障、党员联系服务群众情况等具体情况。村民只要安装了"盐津4+2"App，就可以通过此渠道反映生产生活中遇到的困难，咨询相关政策。四级网格对网格内的工作情况每月开展调度总结，

山地生态农业产业赋能
乡村建设——云南省盐津县乡村振兴调查报告

形成了"一月一调度总结"制度，可以及时发现问题和解决问题。盐津县坚持"人到格中去、事在格中办、难在格中解、情在格中系"，通过网格化和数字乡村治理的有机融合，提升乡村地区基本公共服务的可及性。在数字乡村治理中，随着接入信息系统的村庄数量、农户数量越来越多，技术系统必须增加管理容量，这需要相应调整管理的组织架构（仝志辉、刘传磊，2022）。盐津县委组织部为强化信息平台的数据管理能力和提高数据更新速度，常态化开展线下实地跟踪指导、线上远程集中培训，做到进入信息平台的统计数据"账实相符、账账相符、群众认可"，提高统计数据的准确性。通过细化过程管控，实现有效的目标考核，保证治理体系有效运转，盐津县已逐步形成高效运行的社会治理格局。

盐津县所建立的"4+2"网格管理制度不仅具有分类治理、数据研判功能，还有政策宣传、村务公开监督等功能。例如，在新冠疫情期间，盐津县通过"4+2"网格管理制度宣讲相关知识，使网格内的每一个成员都能够掌握最新的疫情防控政策。"4+2"党建引领基层社会治理信息平台将应急广播终端、LED大屏、村务全透明公开网页、"盐津4+2"App等多种传播途径有机整合在一起，拓展了乡村居民获取信息的渠道。数字乡村治理技术通过营造网络空间，发挥了数字技术在乡村社会中的"黏合剂"作用（尹瑶、刘京雨，2023）。也有研究指出，当公共空间以线上形式存在时，覆盖面的广度、信息传播的速度、成员间的互动性和功能的丰富性是空心化社区残存的公共空间难以比拟的（冉华、耿书培，2021）。对于长期在外务工的村民而言，在手机上登录"盐津4+2"App即可了解家乡相关信息，在此平台上反映自己诉求，无形之中拉近了与家乡之间的距离，增强了对家乡的归属感。

（二）加强乡村治理人才队伍建设

中国乡村社会正在经历从生产方式到生活方式、从外在景观到内在社会结构的整体性变迁。乡村社会的快速变迁使得乡村社会在治理主体、治理内容、治理方式上发生了深刻变化，对乡村治理形成了各种新的考验和挑战。特别是随着大量农村人口走出乡村，村落内部常住人口变得越来越少,大量村落呈现"空心化"状态。乡村"空心化"导致了村民的选举参与度变低,村民自治水平难以提高。青壮年劳动力人口的匮乏使得乡村社会治理的内生动力不足,已经成为很多地区推进乡村振兴战略高质量实施进程中一个亟待解决的重大现实问题。随着乡村"空心化"现象加剧,乡村精英流失现象十分普遍,村"两委"成员年龄结构老化、学历层次偏低等问题严重制约着当前的乡村治理效能(李德虎,2019:79)。有些乡村因为外出务工人口较多,以及留守在家的村民不愿意担任村干部,而难以选配到能力强、有责任心的村民充实村"两委"班子。尽管大学生"村官"政策实施、派遣驻村工作队、选派驻村第一书记后乡村治理人才匮乏问题有所缓解,但"留住人"才是乡村振兴的治本之策。

乡村治理首先要解决谁来治理乡村的问题。中国"乡政村治"的乡村管理体制为村民主导乡村治理提供了可能性,但村民委员会选举中的"派系"竞争、农业税取消后乡村存在的"精英俘获"现象、乡村空心化导致乡村治理主体缺乏等现实问题仍在制约着乡村治理水平的提升。随着国家权力再次深入乡村,越来越多的国家政策带来乡村社会的规划性变迁,面对繁重的乡村治理事务,村干部兼业已无法满足村集体事业发展在人力资源管理上的需求。随着数字乡村治理技术的推进,年龄较大的村干部已经不能适应新的工作要求,只有年轻的村干部才能跟上数字乡村治理的步伐。加强乡村治理、注重乡村治理效能,也意味着上级政府对基层政府有更多的考核要求,年龄较大的村干部因学历所限,在撰写报告、总结材料方面存在困难,客观上也要求村干部年轻化。

当研究者询问盐津县的农村居民认为村干部应具备哪些能力时,有102位受访者非常同意村干部应该工作能力强,112位受访者非常同意村干部应该工作认真负责,105位受访者非常同意村干部应该能带领村民致富,101位受访者非常同意村干部应该与群众关系和谐。综合表2-5中的几个选项来看,大部分受访者认可的村干部应该是工作能力强、工作认真负责、能带领村民致富以及与群众关系和谐的。由于当前村民对村干部有着很高的期待,既要村干部工作能力强,又要村干部工作认真负责,还希望村干部能带领村民致富和与村民和谐乡村，兼业的村干部已经很难满足村民的期待，客观上要求村干部职业化。因为，只有村干部职业化，工作待遇有所保障，对村干部的激励机制得以建立后，村干部才可能全身心投入工作，更好地为村民服务，谋划村落的未来发展。

表2-5　盐津县149位受访者认为村干部应具备的能力

单位：人

询问问题	非常同意	比较同意	一般	拒绝回答
工作能力强	102	29	11	7
工作认真负责	112	28	3	6
能带领村民致富	105	28	8	8
与群众关系和谐	101	31	10	7

资料来源：云南大学中国乡村社会大调查问卷。

与此同时，后税费时代乡村治理的主要资源是国家转移支付，主要以项目制的形式向村庄输入资源，跑项目需要一定的专业技能和行政知识。乡村振兴战略强调"五级书记"抓乡村振兴工作，由于村支书负责村庄整体发展，项目获批后，村支书仍然需要接受上级考核，报送规范化和计量化的信息，这些工作都需要职业化和年轻化干部队伍支撑。当基层治理事务越来越多，基层治理越来越规范化和程序化时，客观上只有职业化的村干部才能胜任基层治理工作（王向阳，2019）。另外，村干部职业化和年轻化是基层行政变迁的客观需要，而国家战略调整使得村干部职业化和年轻化成为可能。只有通过制度政策明确规范村干部政治待遇、经济待遇、工作管理、村务运行、保障激励、监督管理等，才能破解村干部待遇对年轻人缺乏吸引力、选人留人难、优质服务难、有效管理难等问题。因此，在政策和理论层面探索村干部职业化和年轻化助推乡村治理有效的可能性十分必要，关乎谁来治理乡村和乡村如何治理的战略问题。

2021年是盐津县村（社区）干部换届选举之年，盐津县委、县政府抓住换届选举的契机，优化基层"两委"班子结构，不断推进乡村治理人才队伍建设，为乡村振兴奠定干部基础。2021年全面完成村（社区）

的换届选举工作，按照农村社区7人、城市社区9人的标准配备基层干部队伍。选举产生了基层"两委"干部715名，其中年龄在35岁以下的年轻干部有375名，占比52.5%，全县村（社区）干部队伍的平均年龄下降到35.9岁。在田野调查时，一位42岁的村支书就开玩笑说自己在村干部中年龄算是比较大的，快要被时代淘汰了。同时，新选举的村（社区）干部学历层次全面提升，大专及以上515名，占比72.03%。村干部年轻化、受教育程度提高有助于乡村的经济社会发展，但必须与工作经验有效结合才能发挥增加农户收入与降低贫困发生率的双重效果（高梦滔、毕岚岚，2009）。选举工作完成后，盐津县委组织部采取"县级普遍培训、乡镇兜底培训"的方式，完成了村、组干部的培训工作。此外，中南财经政法大学和东华大学长期帮扶盐津县，盐津县委组织部与两所大学多次合作，对全县的科级干部、村组干部进行培训，多渠道提升干部理论水平。

村干部年轻化后面临的一个重要问题是待遇问题，只有解决了村干部的养家糊口问题，才能留住年轻人，让他们成为职业化的村干部。村干部职业化表现为层级制的职能分工以及稳定的职业预期，必须为村干部的职业晋升建立通道（王慧林、杨华，2018）。盐津县落实基础待遇+绩效奖励+集体经济创收奖励+养老保险"四位一体"的薪酬制度，县财政专门配套400万元补贴为村干部购买养老保险，建立集体经济创收奖励机制，村干部待遇稳步增长，切实增强了村干部的稳定性和吸引力。盐津县建立"全方位、多维度"的保障体系，村支书、主任每个月的基础工资3500元，副职3000元，委员2500元。按照"先买后补"的原则，将村"两委"成员及村务监督委员会主任全覆盖纳入养老保险补助范畴。建立了意外伤害补助办法和离任村干部补贴机制，切实解决村干部后顾之忧。同时，盐津县大力鼓励村干部带头参与产业发展，给予政策倾斜，最高可享受30万元产业贴息贷款，激活了村干部干事创业热情。对于具有大专以上学历的年轻村干部，除了解决他们的经济待遇问题，盐津县还规定，在达到任职考核标准后，这些年轻村干部可以参加县委组织部特设的岗位考试获取编制，打破了村干部的职业"天花板"限制。

山地生态农业产业赋能

乡村建设——云南省盐津县乡村振兴调查报告

盐津县在推进乡村治理工作时，注重健全在党组织领导下的自治、法治、德治相结合的乡村治理体系，积极鼓励各类乡村精英参与乡村治理。通过法定程序让党支部书记担任村民委员会主任，以及成为村集体经济组织、合作经济组织的负责人，让村民小组的党支部书记或党小组长兼任村民小组长，确保党的领导贯彻落实到村、组。村党组织嵌入乡村各类社会组织和负责一些重要工作，实现了党对农村各项工作的全面领导。党的领导利于推动村务规范运行，监督落实村级重大事项"四议两公开"议事决策，建立村组干部"小微权力清单"等制度机制，推进以村民小组或自然村为单元制定村规民约，加强村务监督。盐津县深化农村地区的"网格化管理"，完善"行政村党组织—网格（村民小组）—党支部（党小组）—党员联系户"的网格运行体系，及时发现、化解各类矛盾问题，促进农村社会和谐稳定。

向乡村派遣驻村干部是中国共产党动员式治理的特色，是中国的制度优势转化为治理效能的重要机制（穆军全、赵延安，2022）。盐津县为加强乡村治理人才队伍建设，也把基层一线作为培养锻炼干部的重要渠道，2021年前7个月向全县89个村（社区）新选派298名驻村干部。其中，选派了86名优秀年轻的副科级以上干部及后备干部担任指挥长（驻村第一书记），45岁以下250人，党员194人，党员比例高达65%。盐津县落实驻村干部工作生活补贴、人身意外伤害保险等政策待遇，每年为驻村干部安排不少于0.5万元的工作经费。对驻村期间工作情况好、帮扶成效明显的驻村干部，优先纳入后备干部提拔任用，或在职称评审、岗位聘用上倾斜。盐津县委组织部牵头制定了《盐津县驻村第一书记和工作队选派管理办法》，每个季度至少开展1次督查检查，对驻村第一书记和工作队员在岗履职情况进行随机抽查。每一次随机抽查均覆盖所有乡镇，每个乡镇抽查不少于30%的村。对于违反驻村纪律，擅自离开岗位的驻村干部，县委组织部连同驻村干部所在乡镇和派出单位一起通报处理，确保驻村队员在岗履职。

驻村干部的主要职责是建强村党组织、做好党政策宣传、抓好预防规模性返贫监测帮扶工作、助力农民增收、推进乡村建设与治理。脱贫攻坚结束后,盐津县继续向行政村派遣驻村干部的意义在于,一是加强了乡村治理人才队伍建设,可以在一定程度上为村庄发展争取到资源。因为,到行政村担任指挥长的驻村干部基本上是副科级干部,指挥长拥有一定的行政级别后,便于加强村"两委"与乡镇、县级各部门之间的政务沟通。二是作为一种制约力量,代表县委、县政府监督村"两委"成员,避免"小官大贪"问题的发生。指挥长在开展驻村工作时,与村"两委"成员存在着明确的分工和合作,共同商议制定村庄发展方向,解决具体问题。指挥长与村"两委"成员之间的分工合作也完善了乡村治理体系,有利于乡村组织振兴。

三 乡村生活质量明显提升

在社会主义新农村建设时期,党中央把生活宽裕作为乡村建设的目标之一,是社会主义新农村建设的具体体现。生活宽裕主要指农民的收入逐步提高,衣食住行条件不断改善,生活水平和生活质量明显提高(陈庆立,2008:7)。新时代的乡村振兴战略五个总要求之一是农民生活富裕,农民生活富裕也是乡村振兴的根本和具体体现。尽管脱贫攻坚工作结束后,农民生活状况明显改善,生活质量有所提高,但和城市居民相比仍然存在差距。因此,乡村与城市的发展不平衡问题,乡村自身的发展不充分问题,在一定程度上造成了农民的"被剥夺感",影响到农民的获得感和幸福感(吕德文、雒珊,2022)。农民的获得感和幸福感是一种主观体验,但我们可以通过观察农民生活质量来考察农民的幸福感和获得感。总的来看,农民对更高生活质量的渴望已经从基本的衣食住行发展到多样化的消费需求。

经济社会发展的最终目的是不断满足人们对美好生活的向往和追求,这一过程也是人们追求生活质量不断提高的过程。1958年,加尔布雷思在其所著的《富裕社会》一书中提出了"生活质量"这一概念。他认为"这个世界的目的不是消费,而是生活的效益和享受"(天津社会科学院社会学研究所编，1988：42）。在追求生活质量阶段，生活质量的提高将从物质方面如耐用消费品的享受需要，转向对社会服务、环境保护、医疗、社会福利、文化旅游等方面的高度重视和需要（郭万超、辛向阳，2005：148）。国内学者韩淑丽等人认为，居民生活质量是对居民生活过程的全面反映，即居民就业、居民收入、居民消费、居民储蓄、居民生活效果（韩淑丽、郭江，2006：26）。周长城等人认为，对生活质量的探讨应该分为个人层面和社会层面。个人层面主要涉及健康、自尊、目标和价值、金钱、工作、娱乐等，社会层面主要包括空气质量、饮水安全、城市化、就业、价格水平、日常生活环境、犯罪率等（周长城等，2001：53）。个人层面的生活质量在很大程度上受到社会环境的影响和制约，个人生活质量的改善和提高也是政府和社会共同努力的结果。因此，很有必要从社会层面探讨生活质量。

2019年4月15日至17日，习近平总书记在重庆考察并主持召开解决"两不愁三保障"突出问题座谈会，强调"到2020年稳定实现农村贫困人口不愁吃、不愁穿，义务教育、基本医疗、住房安全有保障，是贫困人口脱贫的基本要求和核心指标，直接关系攻坚战质量"[①]。2019年4月26日，中共云南省委办公厅、云南省人民政府办公厅印发《关于进一步完善贫困退出机制的通知》，强调贫困人口退出标准如下："（一）人均纯收入。贫困户年人均纯收入稳定超过国家扶贫标准（按当年确定的标准），达到不愁吃、不愁穿。（二）住房安全。住房遮风避雨，保证正常使用安全和基本使用功能。（三）义务教育。义务教育阶段适龄儿童少年无因贫失学辍学。（四）基本医疗。建档立卡贫困人口参加基本医疗保险、大病保险，符合条件的享受医疗救助。（五）饮水安全。水量、水质、取水方便程度和供水保证率达到规定标准。"贫困村的退出标准如下："（一）贫困发生率。贫困发生率低于3%。（二）交通。建制村到乡镇或县城通硬化路，且危险路段有必要的安全防护设施。（三）电力。通动力电。（四）广播电视。广播电视信号覆盖率

---

① 《习近平在解决"两不愁三保障"突出问题座谈会上的讲话》，https://www.gov.cn/xinwen/2019-08/15/content_5421432.htm，最后访问日期：2024年1月20日。

达到99%以上。（五）网络宽带。网络宽带覆盖到村委会、学校和卫生室。（六）医疗设施。有标准化卫生室。（七）活动场所。有公共服务和活动场所。"不管是从中央层面提出的"两不愁三保障"要求来看，还是云南省委、省政府在此基础上细化的贫困人口和贫困村退出标准来看，这些要求均与农民的日常生活紧密相关，这些要求的达成度可以反映脱贫攻坚工作结束后农民生活质量发生的改变。

脱贫攻坚时期，盐津县委、县政府严格按照贫困人口退出标准和贫困村退出标准开展脱贫攻坚工作，乡村生活质量得到明显改善。"十三五"时期，盐津县委、县政府累计争取、整合投入各类资金82.75亿元，分类实施12大类768个项目。盐津县先后建成29个易地扶贫搬迁安置点，7052户31204人易迁新居。为改善贫困人口住房状况，全县实施20894户农村危房改造，83576人住房安全得到保障。全县建成集中式供水工程711件、分散式供水工程1130件，9.1万人饮水安全得到保障。为改变农村交通状况，硬化乡村道路1531.4公里，全县23万人的出行条件得到改善。全县的建档立卡贫困人口100%参加基本医疗保险和养老保险，基本医疗卫生体系逐步健全，医疗服务水平不断提高，县人民医院二级甲等医院成功创建，村级卫生室标准化建设实现全覆盖。全县每千人口执业（助理）医师达1.44人，每千人口拥有床位由3.41张增加到4.1张。全县实施农村厕所改造22961户，建成连户路113.3公里，配套农村垃圾处理池1545个，铺设污水管道112公里，群众居住环境日益更新。全县处置利用易地扶贫搬迁人口"三块地"共11.6万亩，在易地扶贫搬迁安置区配套建设扶贫车间13个。通过有组织的劳务输出，11万建档立卡贫困人口收入实现了提升，15.48万人外出就业增加了家庭经济收入。贫困人口"两不愁三保障"问题得到全面解决，全县86个贫困村（社区）全部出列，24279户110588贫困人口全部脱贫，贫困发生率从34.5%降为0，如期完成了脱贫攻坚任务。

就业是民生之本。对于绝大多数家庭而言，就业才能获得收入，就业情况在根本上决定了一个家庭的生活质量（韩淑丽、郭江，2006：26）。脱贫攻坚工作结束后，盐津县委、县政府为巩固拓展脱贫攻坚成果、衔接乡

山地生态农业产业赋能
乡村建设——云南省盐津县乡村振兴调查报告

村振兴，着力解决脱贫人口就业问题，依托衔接推进乡村振兴补助资金和就业补助资金，在2022年制定了《盐津县2022年巩固拓展脱贫攻坚成果衔接乡村振兴就业帮扶项目实施方案》。实施脱贫劳动力、边缘易致贫户家庭劳动力、严重困难户家庭劳动力省外务工一次性交通补助，共补贴9000人，鼓励有剩余劳动力的家庭外出务工，进一步稳定和提高家庭经济收入。全县实施就业创业服务补贴，覆盖6000人，动态开发乡村公益性岗位3300个，其中脱贫户2700个，边缘易致贫户、严重困难户600个。盐津县实施就业扶贫车间吸纳就业奖补，实施返乡创业农民工一次性奖补，并按照每人每年1000元的标准，给省外稳定就业满3个月的脱贫户家庭劳动力、边缘易致贫户家庭劳动力、严重困难户家庭劳动力发放稳岗补贴。盐津县在推进实施乡村振兴战略过程中，持续聚焦改善民生。2023年，盐津县实施农房抗震安居工程3516户，全县所有行政村实现了5G网络全覆盖。针对那些未易地扶贫搬迁，但居住地容易发生各种自然灾害的农户，全县完成97户332人避险搬迁。全县建成乡镇污水处理厂7座，新改建农村卫生户厕所4000座、自然村公厕34座，农村生活垃圾处理设施实现全覆盖。

在田野调查期间，笔者的直观感受是脱贫攻坚结束后，乡村生活质量得到了很大提高。在中国农民的观念中，居住的房屋不仅有遮风避雨的功能，还是财富、面子和乡村阶层地位的象征（赵丙祥、童周炳，2011）。农民生活水平的提升、乡村生活质量的提高，直观地表现为农民住房状况发生的变化。笔者在盐津县多个村落的田野调查发现，村民外出务工后，新建房屋的面积普遍超过了家庭实际的居住需求。从此次的调查问卷收集的数据中也可以看到，在受访的149户家庭的住房面积中，平均值是238.39平方米，中位数是225平方米，最小值是60平方米，最大值是900平方米。其中，住房面积为200平方米的家庭有21户，住房面积为240平方米的家庭有22户，住房面积为300平方米的有8户。而在149户受访家庭中，家庭人口数量3人的有20户，家庭人口数量4人的41户，家庭人口数量5人的35户，家庭人口数量6人的15户。因此，从149户受访家庭的人口数量和住房面积情况来看，盐津县农村居民的住房面积已经能够很好地满足家庭的生产生活需求。

村落远离城市意味着建筑材料的运输成本高，专业的建筑施工队的劳动力成本也高。外出务工村民的家庭经济收入又不足以支付高额的建房费用，很多村民是通过省吃俭用和借债才建起新房。在149户受访家庭中，自己家建造房屋时没有借款的有27户，向银行、亲戚、朋友借款建房的家庭有119户。其中，向父母借款的有2户家庭，向朋友借款的有10户家庭，向亲戚借款的有66户家庭，向兄弟姐妹借款的有20户家庭，向银行借款的有21户家庭。村民花了很多钱新建房屋以后，又长期在城市务工，房屋经常无人居住。在一些村民看来，外出打工赚到钱以后新建的房屋不能出租，也经常处于闲置状态，确实没有给自己带来任何经济收益，但也不能说是资源浪费。因为，外出打工只是暂时的，等自己老了以后还是会回到村子生活，年轻时建的房子以后可以满足自己的居住需求。在村民的这套地方性解释背后，更为本质的原因是房屋的大小和好坏是一个家庭财富和面子的象征，住的房屋太差不仅会被亲戚邻居看不起，还会影响孩子找对象，对不起自己的孩子。

当前，乡村治理的一项重点工作是整治村民违法占用耕地建房问题。2020年7月29日，《自然资源部 农业农村部关于农村乱占耕地建房"八不准"的通知》印发，"八不准"之一是要求农民不能违反"一户一宅"规定占用耕地建房。笔者与多个行政村的村干部交流时，询问过为何农民违反"一户一宅"规定会成为一种较为普遍的现象。村干部认为，农村家庭的儿子结婚后通常是分家独自过日子，对建造房屋有客观的需求。但更为普遍的情况是，农民外出务工后收入增加，再加上最近几年盐津县委、县政府大力发展农业产业，农民家庭收入水平提升比较快，农民的家庭收入又缺乏投资渠道，把手里的钱用于建造房屋，不仅提升了家庭生活质量，在亲戚邻居群体中也会更有面子。关于盐津县农民建房问题，笔者还发现一个有趣现象。很多村民家庭建造的3层钢筋混凝土楼房，外立面用瓷砖等材料装饰，但内部却是毛坯房。这一现象的根本原因仍然是村民把住房看成财富和面子的象征，先把房屋主体部分建好，让亲戚邻居看到自己家有很多房子，等以后有钱了再装修。村民在没有足够的家庭收入支持一次性建成房屋时，往往采取逐年建造的策略。例如，一个村民家庭可能是今年先把3层钢筋混凝土楼房的主体部分建造好，过几年积累了一定家庭收入后才进行装修。在开展问卷调查工作时，调查人员询问村民居住的房屋是哪一年建造，村民的回答多是经过多年建造才完成。

农村居民家庭消费提质升级不仅是实现乡村振兴、加快构建新发展格局的重要抓手，也是提升农民福利水平的必然路径（赵佳佳等，2022）。随着农村居民家庭收入增长，在基本的生活消费得以满足之后，农村居民家庭还会增加住房、交通通信、家庭设备及服务、娱乐等方面的需求。农村居民家庭消费结构发生的变化，可以在一定程度上反映农村居民生活水平的提高（余峰，2021）。从表2-6的数据中可以看到，在149户家庭的消费支出中，按中位数排序，排在第一位的是食品烟酒支出，第二位是车险、车辆保养费、油费、网费、话费等支出，第三位是衣着支出，第四位是全年教育支出，第五位是购买/租赁住房、修缮住房、水电燃气等支出，第六位是医疗保健扣除报销后的自费支出，第七位是家用器具、家用日杂品、个人护理用品支出。在149户家庭的消费支出中可以看出盐津县农村居民生活水平状况：一是从恩格尔系数来看，盐津县农村居民食品烟酒的支出最多，说明农村居民的富裕程度还有待提升；二是从交通和通信支出排第二位来看，随着盐津县交通通信等基础设施改善，越来越多的农村居民购买了摩托车、汽车、智能手机，提升了生活质量；三是从其他方面的支出情况来看，盐津县农村居民的消费较为多样，日常生活较为丰富。

表2-6　盐津县149受访户家庭主要的家庭支出

单位：元

支出项目	平均值	中位数
食品烟酒支出	18338.59	12000
车险、车辆保养费、油费、网费、话费等支出	7621.45	4800
衣着支出	4125.54	3000
全年教育支出	8425.57	2500

续表

支出项目	平均值	中位数
购买/租赁住房、修缮住房、水电燃气等支出	6207.88	2400
医疗保健扣除报销后的自费支出	7607.38	2000
家用器具、家用日杂品、个人护理用品支出	3494.53	1000

资料来源：云南大学中国乡村社会大调查问卷。

四 乡村生态环境有效改善

《乡村振兴战略规划（2018—2022年）》要求"按照主体功能定位，对国土空间的开发、保护和整治进行全面安排和总体布局，推进'多规合一'，加快形成城乡融合发展的空间格局"。盐津县按照国家、省、市国土空间规划有关要求，编制了《盐津县国土空间总体规划（2021—2035年）》。规划目标是2025年全县实现产业转型与生态保育相协调，服务供给与职住平衡相匹配，建成环境优美、宜居宜业、幸福和谐的峡谷城市；2035年基本形成生产空间集约高效、生活空间宜居适度、生态空间山清水秀，安全和谐、富有竞争力和可持续发展的国土空间格局。具体做法是构建"一屏、两河、三廊"生态空间格局：一屏，以云南铜锣坝森林公园构筑县域西部生态保护屏障；两河，以横江与白水江作为主要生态景观廊道，构筑金沙江干热河谷特色景观；三廊，以落雁乡、兴隆乡、牛寨乡主要山脉构筑生态廊道，加强与宜宾市的高县、筠连县生态功能的联通。构建"三片区"农业空间格局：东北片区的牛寨乡、落雁乡、兴隆乡、滩头乡农业集中区，重点发展粮食、果蔬、花卉等特色农产品及绿色食品工业原料基地；西北片区的中和镇、普洱镇农业集中区，重点发展盐津乌骨鸡、肉牛、竹产业；东南片区的豆沙镇、柿子镇、庙坝镇农业集中区，主要发展白酒、盐津乌骨鸡、肉牛、竹产业。

"十三五"时期，盐津县被列入国家重点生态功能区。"十三五"时期，盐津县实施新一轮退耕还林工程，新造林29万亩，完成重点天保工

山地生态农业产业赋能
乡村建设——云南省盐津县乡村振兴调查报告

程森林管护90.71万亩，全县林地总面积达219.88万亩，森林覆盖率达到64.62%。"散乱污"企业基本清除，黄标车全部淘汰，污染物削减化学需氧量（COD）1684.6吨、削减氨氮225.22吨，空气质量优良率达98.48%，连续5年达到国家二级标准。全面落实"长江十年禁渔"系列部署，拆除网箱养鱼5976平方米、整治中小水电站38座，711处饮用水水源地水质全部达标，集中式饮用水水源地水质达标率100%，村镇饮用水卫生合格率100%。盐津县根据省、市畜禽粪污资源化利用工作方案要求，制定了《盐津县2023年畜禽粪污资源化利用工作方案》。2023年，盐津县畜禽粪污资源化利用率目标达80%以上，畜禽养殖场设施装备配套率稳定在97%以上。2023年1~7月，全县畜禽粪污产生量为34.3万吨，综合利用量为28.36万吨，综合利用率达到82%，初步实现了养殖业的粪污循环利用，大大降低了养殖业对生态环境造成的负面影响。

第二次全国污染源普查、盐津县81个行政村黑臭水体排查等工作全面完成，2020年盐津横江断面水环境质量状况全国排名27位。盐津县加快补齐"一水两污"设施短板，新增污水处理扩容2000立方米，9个乡镇垃圾热解无害化处理特许经营项目投入运行，垃圾处理设施实现集镇全覆盖。"百村示范、千村整治"行动全面实施，生态文明建设持续推进，盐津县成功创建省级生态文明乡镇9个、市级生态文明村73个，省级绿色学校1所，荣获第三批"国家生态文明建设示范县"称号。2021年6月，盐津县人民政府制定发布《2021年盐津县推进爱国卫生专项行动工作方案》，要求清理农村生活垃圾、治理水塘沟渠、清理畜禽粪污等农业生产废弃物，改变影响人居环境的不良习惯等。2023年，盐津县委、县政府继续抓好环境综合治理，全面落实"河湖长制"和"长江十年禁渔"，境内的撒鱼沱电站库区江景大道项目荣获市级"绿美河湖"称号；畜禽粪污综合利用率达81%，农药化肥施用率保持零增长；盐津县持续推动"林长制""绿美行动"三年计划，全县栽种绿植29.6万株，建成口袋公园10个。滩头乡荣获市级"绿美乡镇"称号，普洱镇正沟村龙塘自然村、庙坝镇石笋村柏杨自然村等5个自然村荣获市级"绿美村庄"称号。

乡村生态文明提升除了加强农村突出环境问题综合治理，让良好生态成为乡村振兴支撑点，还应该提升村民的生态环保意识，以保护自然、顺应自然、敬畏自然的生态文明理念纠正单纯以人工生态系统替代自然生态系统的错误做法。农民生态环境保护意识的提升，不能仅仅依靠正式的制度政策。如何在尊重人民意愿和乡土传统的基础上，探究契合乡村社会情境的治理模式，成为推进乡村治理现代化亟待思考的重要问题（康芳，2023）。村规民约是乡土文化的重要组成部分，推进乡村柔性治理要重建乡土文化价值认同。以庙坝镇的麻柳村为例来看，村"两委"拟定了《麻柳村人居环境整治方案》，并在此基础上拟定了《麻柳村村规民约》、《环境卫生整治承诺书》和《麻柳村生活垃圾收费拖运处理办法》。《麻柳村村规民约》中就规定：宣传爱国卫生的方针政策，严格执行卫生管理条例。加强环境与资源、人与自然的宣传教育，提高居民环境保护意识。盐津县经过中央、省市环保督察，开展爱国卫生运动后，乡村生态文明建设已初见成效，农民生活环境得到很大改善。乡村生态文明提升既包括看得见的居住环境整治，也包括看不见的生态环境保护意识提升，而生态环境保护意识提升是一个漫长的过程。因此，盐津县未来的乡村生态文明建设重点是进一步提升农民的生态环境保护意识。

从表 2-7 的调查数据中可以看到，盐津县经过长期的人居环境整治后，乡村人口聚居处均已设置固定垃圾堆放点，149 户受访家庭中，有 131 户家庭经常将生活垃圾倾倒到固定垃圾堆放点。农村居民在丢弃生活垃圾时，大部分村民能够做到经常进行垃圾分类。在种植农作物时，接近一半的村民从不大量使用化肥农药。由于地方政府为了防止火灾发生，对在田地里焚烧秸秆管控严格，大部分的村民从来不焚烧秸秆。问及村民"相比五年前，您觉得您所在自然村内的人居环境变化程度如何？"时，有 128 位受访者认为变好了很多，有 20 位受访者认为有所变化，只有 1 位受访者认为没有变化。当问及"相比五年前，您觉得您所在自然村周围的生态环境变化程度如何？"时，有 110 位受访者认为变好了很多，有 32 位受访者认为有所变好，有 6 位受访者认为没有变化，有 1 位受访者认为变差了一些。从调查问卷中可以认为，盐津县的人居环境治理、生态环境保护取得了良好成效。

表 2-7 盐津县 149 户受访家庭生态环境保护意识状况

单位：户

问题	经常	偶尔	有时	从不	未回答
生活垃圾倾倒到固定垃圾堆放点	131	6	1	11	0
丢弃生活垃圾时会先进行分类处理	81	8	5	35	20
为了提高农作物产量会大量使用化肥农药	19	37	7	69	17
在田地里焚烧秸秆	2	10	2	118	17

资料来源：云南大学中国乡村社会大调查问卷。

五 乡风文明治理初见成效

《乡村振兴战略规划（2018—2022 年）》强调："坚持以社会主义核心价值观为引领，以传承发展中华优秀传统文化为核心，以乡村公共文化服务体系建设为载体，培育文明乡风、良好家风、淳朴民风，推动乡村文化振兴，建设邻里守望、诚信重礼、勤俭节约的文明乡村。"一个地区的乡风状况，不仅反映了当地居民的生活习俗，更反映了当地居民的社会交往状况、价值观念、思想状况等，乡风对当地居民的社会行动具有很强的规范引导作用。鉴于过去的乡村发展政策常常导致农民成为"被发展"对象，新时期的乡村振兴工作特别强调了农民主体地位，要振兴的是农民自己的乡村。要在乡村振兴工作中坚持农民主体地位，农民的价值观念、思想状况、行为习惯、社会行动就要有助于实现乡村产业兴旺、生态宜居、乡风文明、治理有效、生活富裕。但现实情况是，随着中国乡村社会文化发生的变迁，乡村文化日渐衰落，对村民的约束力已经十分微弱，在农民的日常生活中已经难以发挥实质性的作用。

在玛格丽特·米德看来，传统社会中也存在着社会变迁现象，但总体来看人们的生活道路是因循前人的，人数少的长者对他们生活于其中的文化了解最深。在传统社会中，年龄最大的长者掌握的知识最多，也最受尊敬，社会认可的生活方式体现在长者的一言一行和举手投足之中。为了维系群体社会文化的绵延不断，每一代长者都会把将自己的生活方式传递给下一代当作自己的职责（米德，1987：66~70）。这种生活方式的传递也塑造了不同年龄段村民对村落日常生活、价值理念的认同，构成了村落共同体的文化边界。但是，这种纵向的文化传递机制是建立在村落缺乏流动性、较为封闭和社会变迁缓慢的基础上的。一旦村落受到国家权力、市场观念的影响流动性加剧，从较为封闭走向开放，村落的社会文化变迁就会加剧，纵向的文化传递机制难以再在村民之间形成共同的价值观念，村落文化对村落社会的整合作用就将走向式微。

改革开放以后，中国乡村居民社会行动背后的价值取向发生了明显变化，从传统社会嵌入群体生活中的价值理性向现代社会自己为自己争取利益的工具理性过渡，这种变化对村落共同体互惠体系产生了显著影响。对于乡村居民而言，社会行动从价值理性转向工具理性的主要表现是村民之间的人情往来变得功利化。办酒席和吃酒席的背后体现了乡村居民之间的人情往来，通过人情礼金的送与收来实现村民之间的社会关系构建与维系。在血缘关系较为淡薄、人际关系先赋性不强的地方，后天通过人情构建起来的社会关系，对于农民来说就尤为重要，所谓"远亲不如近邻"就是这个道理（杨华，2022：139）。

过去村落较为封闭，人口流动性不强，也较少受到国家权力、市场观念的影响，村民之间对于如何进行人情往来已经达成共识。这种共识以村民家庭收入的平均水平、承受能力为标准，所以村民不会被人情活动所累。当村落缺乏社会整合能力、某些村民受到外界的影响率先突破了过去达成的共识，而村落社会又无法有效制止突破共识的人时，少数人的意愿就会影响到其他村民的人情活动。从工具理性的角度来看，村民会倾向于降低酒席的档次，增加办酒的次数，以便收取更多的人情礼金。在贵州、四川、重庆、云南、安徽等地，人情活动名目繁多，人情礼金不断上涨，在脱贫攻坚时期被地方政府认定为农民的致贫原因之一。在乡村振兴战略实施以后，乡风文明建设的重点工作就是整治滥办酒席问题。为巩固拓展全省农村移风易俗重点领域突出问题专项治理成果，云南省乡村振兴局、云南省文明办在2023年10月31日联合印发《关于推进脱贫地区移风易俗的指导意见》，要求强化村规民约作用、抵制高价彩礼、拒绝人情攀比、倡导厚养薄葬、遏制大操大办、丰富农村群众文体生活、传承发扬优秀传统文化。

盐津县乡村人情活动名目繁多，除红白喜事之外，孩子满月、子女升学、开业、搬新家、老人祝寿等一般也会请客办酒。除此之外，有的村民还会办一种"无事酒"。所谓"无事酒"是指，当某个家庭在3~5年的时间里没有发生可以请客办酒的事情时，就会以长期没有请亲戚朋友吃酒为由办"无事酒"。村民普遍认为别人请了就应该去，如果哪一次不去，大家的关系就断了，以后见面自己会觉得对不起别人。村民普遍认为，某个村民办"无事酒"的目的就是收钱。因为，自己送出去的礼钱太多，如果自己办酒的次数少了，送出去的钱就收不回来，也是一种经济损失。在盐津县的149户受访家庭中，有63户家庭的人情负担在2001~6000元，有32户家庭的人情负担在6001~10000元，有21户家庭的人情负担超过1万元。从表2-8的数据中可以看到，盐津县农村居民在日常生中的人情负担较为沉重。

表2-8 盐津县149户受访家庭全年人情负担状况

单位：户，%

人情花费区间	户数	占比
0~2000元	33	22.15
2001~4000元	37	24.83
4001~6000元	26	17.45
6001~8000元	12	8.06
8001~10000元	20	13.42
10001~60000元	21	14.09

资料来源：云南大学中国乡村社会大调查问卷。

尽管办酒席增加了村民交往互动的机会，对于维系熟人社会的运转具有不可替代的作用，但每个家庭办酒席的次数太多，会造成沉重的人情负担,导致乡村攀比之风盛行(朱晓莹,2003),人与人之间的关系变得功利化。脱贫攻坚时期,为了村民家庭经济收入符合脱贫要求,盐津县曾大力整治过滥办酒席问题。庙坝镇麻柳村在2020年10月25日正式实施的《麻柳村村规民约》中详细规定:提倡移风易俗,喜事新办,丧事从俭,不搞陈规旧俗,反对铺张浪费。婚丧嫁娶(婚礼办理双方必须有一方为初婚)之外的酒席一律禁止办理。其中,100岁及以上老人祝寿统一由政府民政部门组织办理。严禁乔迁新居、小孩满月、生日请客、学生升学、店铺开业等事项对外请客,党员干部不能借由婚丧嫁娶变相敛财。符合申办条件的婚丧嫁娶酒席必须向村委会书面报备,酒席上的食品必须符合庙坝镇食品安全委员会制定的《农村家庭自办酒席食品安全须知事项》规定。

虽然地方政府出台了诸多整治措施,但人情活动作为一种社会规范,已经嵌入一个地方的社会文化、社会结构体系之中,个人作为社会体系中的一员只能接受。只有社会治理社会化,通过党政引领、社会协同、公众参与的社会治理方式增加治理资源,才能整治滥办酒席问题(刘升,2019)。盐津县在治理滥办酒席问题时,不仅在村规民约中劝告村民,还整合多种治理资源对滥办酒席的村民进行"硬约束"。尽管乡村过疏化问题严重,但留守村落的村民仍然生活在熟人社会之中,还是多多少少会顾及公共舆论,害怕在熟人面前丢面子。《麻柳村村规民约》中规定:凡属于巧立名目滥办酒席的,按相关规定从严、从重、从快追究相关责任人的责任,并将其恶劣行为进行公开通报。在国家资源下乡的时代背景下,借助福利资源分配进行乡村治理已是一种普遍现象(李迎生等,2017)。因此,《麻柳村村规民约》中也规定:凡是本村内违规办理酒席的村民或担任滥办酒席的大管家、内管、司仪、厨师、采买等职务的人员,一律停止其享受国家给予的一系列优惠政策(低保、住房补贴、廉租房分配、农业综合补贴、教育补贴、项目建设和农村危房改造补助、各类贴息贷款等)。经过这些综合性治理,盐津县乡村滥办酒席现象有所减少。

当研究者问及"您觉得您村里有没有特色的文化?"时,在149位受访者中,有89位受访者认为本村没有特色文化,60位受访者认为本村存在特色文化。表2-9中的数据显示，认为本村存在特色文化的受访者中，非常了解本村特色文化的有18人，比较了解本村特色文化的有23人，一般了解和不了解本村特色文化的19人。非常同意本村特色文化很有价值的有25人，比较同意本村特色文化很有价值的有27人，对本村特色文化很有价值不太同意、非常不同意和一般的有8人。非常同意本村的特色文化发展得很好的有24人，比较同意本村的特色文化发展得很好的有24人，对本村的特色文化发展得很好不太同意、非常不同意和一般的有12人。总的来看，大部分受访者认为本村不存在特色文化，少部分认为本村存在特色文化的受访者中，又只有大部分的受访者认为自己了解本村的特色文化、认为本村的特色文化很有价值、认为本村的特色文化发展得很好。结合盐津县149位受访者对几个问题的回答情况来看，盐津县乡村缺乏特色文化，村民对本村的文化状况并不是十分关心。因此，乡风文明建设除了关注移风易俗外，还应该重视和建设乡村文化。

表2-9 受访者对本村文化状况掌握程度

单位：人

问题	非常同意	比较同意	一般	不太同意	非常不同意
我了解本村的特色文化	18	23	7	11	1
我认为本村的特色文化很有价值	25	27	5	1	2
我认为本村的特色文化发展得很好	24	24	9	2	1

资料来源：云南大学中国乡村社会大调查问卷。

农民价值观发生的变迁在挑战乡村社会秩序，乡村建设要特别关注农民的精神生活，加强乡村公共文化建设（贺雪峰，2007）。2018年的中央一号文件《中共中央 国务院关于实施乡村振兴战略的意见》指出："发挥县级公共文化机构辐射作用，推进基层综合性文化服务中心建设，实现乡村两级公共文化服务全覆盖，提升服务效能。"让农民有条件、有机会参与到乡村文化活动中，从文化活动中体验乐趣和享受生活。2017年3月20日，盐津县委、县政府发布《关于加快构建现代公共文化服务体系的实施意见》，主要目标是到2020年，全县基本建成覆盖城乡、便捷高效、保基本、促公平的现代公共文化服务体系。2020年，全县99个行政村、社区建成社会文体活动场所129处，全县村社区体育基础设施覆盖率达到97%（昭通市地方志编纂委员会，2021：379）。2023年，成功申遗代表性项目24项，开展惠民文化服务153场。目前，盐津县文化和旅游局正在加紧编制《盐津县文物保护利用总体规划》，将历史文化遗产利用结合与乡风文明培育有机融合在一起。

盐津县依托本土文化资源，以文化馆、文化站为平台，开展文化下乡、文化培训等工作。打造金丽剪纸、王清烙画创意产品，编排《拓荒牛》《背山的女人》《关河船工号子》《雄关倩影》等一批盐津特色舞台艺术作品，深受观众喜欢，多个作品获得央视展演和省内巡演，20余个作品荣获省市级奖励。搭建完成盐津融媒、水田新区电商直播实训基地等平台，展示、宣传金丽剪纸等本地传统文化作品，出售相关文创产品。盐津县积极推进"非遗"申报工作，"昭通端公戏"申报为国家级非物质文化遗产代表性项目，"兴隆高竿狮舞""打鼓草""传统粑粑制作技艺"申报为省级项目，还有市级"非遗"13项，县级"非遗"5项。借助元宵节、苗族花山节、豆沙美食节等节假日搭建"非遗"展示平台，一些优秀的、具有浓郁地方特色的民间文艺精品得以重现舞台。盐津县组织民间艺人传授"打鼓草""牛灯""关河号子"等民间艺术形式并将其搬上舞台，使一些濒临失传的非物质文化遗产逐渐得以恢复，活跃于城乡群众文化舞台，得到有效的保护和传承。依托盐津特色舞台艺术作品和乡村旅游资源，盐津县先后举办"五尺道杯"全国象棋公开赛、山地自行车越野赛、庙坝油菜花文化旅游节、牛寨玫瑰花文化旅游节、兴隆茶花文化旅游节，彰显了盐津县的乡村文化特色，丰富了乡村文化内涵。

《盐津县国民经济和社会发展第十四个五年规划和二〇三五年远景目标纲要》要求，加大政府投入力度，创新公共文化服务方式，大力推进文化、体育、广播电视等社会事业发展。加快水田市民活动中心和乡镇文化站、村文化室为重点的公共文化服务体系建设，新建改造一批文化休闲广场，

山地生态农业产业赋能
乡村建设——云南省盐津县乡村振兴调查报告

构建现代公共文化服务体系。实施文化惠民工程，巩固送戏下乡、送文化下乡、农家书屋的成果，保障人民群众享有文化权益。推进数字图书馆、数字文化馆和非遗项目数据库建设，全面实现文化信息资源共享工程村级终端站点行政村全覆盖。"十四五"时期，盐津县重点推进水田新区文化馆、图书馆、博物馆、科技馆、郁文书院、乡村文化服务中心及基层综合文化服务中心、影剧院等项目建设，并完善基础配套设施，满足人民群众对文化的需求。重点推进水田新区综合体育馆、20个校园足球场、7个社会足球场，6个乡镇全民健身中心建设；新建、改建全县24个村级体育活动场所，逐步补齐体育设施短板。到2025年，实现人均体育场地面积1.5平方米，城乡居民《国民体质测定标准》合格率达91%，行政村体育设施覆盖率达100%。

第三章　盐津县生态农业产业发展面临的困难

农业农村部印发的《全国乡村产业发展规划（2020—2025年）》开篇即指出："产业兴旺是乡村振兴的重点，是解决农村一切问题的前提。"生态农业产业是指充分运用先进科学技术、先进工业装备和先进管理理念，以促进农产品安全、生态安全、资源安全和提高农业综合效益，以农产品标准化生产为手段，推动人类社会和经济全面、协调、可持续发展的农业发展模式（袁建伟等，2018：3）。2024年的中央一号文件强调："持续打好农业农村污染治理攻坚战，一体化推进乡村生态保护修复。扎实推进化肥农药减量增效，推广种养循环模式。"乡村振兴战略实施后，着力推进生态农业产业发展，向全社会提供安全、健康、高效、高产、优质的生态型农产品，是实现乡村振兴、生态文明、产业兴旺，推进农业农村实现现代化的重要举措。

《盐津县国民经济和社会发展第十四个五年规划和二〇三五年远景目标纲要》提出：立足盐津资源禀赋、产业基础和发展潜力，用新理念新机制新模式推动农业产业发展，不断调整农业产业结构，因地制宜发展以"鸡、牛、竹"为支撑的"3+N"特色农林产业，加快推进农业产业化进程，夯实农业产业发展基础，着力打造特色农业品牌，推进现代农业发展。但盐津县在推进农业产业化时，面临着农民的小农思想根深蒂固、山地土地细碎化严重、农民专业合作社作用不明显、缺乏科技人才支撑、农业产业资金匮乏等问题。此外，全国农村都在强调农业产业发展，农业产业同质性高，导致农产品价格一年比一年低，农户的积极性也因此受到打击，产业发展明显受挫（蒋辉、吴永清，2021：169）。经过多年的努力，盐津县

"鸡、牛、竹"三大特色农业产业的规模有所提升，但在三产融合发展方面还面临着很多困难。

一 盐津乌骨鸡产业发展实践和面临的困难

20世纪90年代以后，盐津县委、县政府就开始重视盐津乌骨鸡的产业化发展。但长期以来，盐津乌骨鸡的养殖方式基本上是野外放养和利用家庭庭院散养，公鸡和母鸡长期同群饲养，导致养殖鸡群个体大小不一、日龄参差不齐，难以精准控制养殖时间和养殖成本，经济效益低下。过去盐津乌骨鸡放养和散养的场地多崎岖不平，难以对养殖场地定期进行消毒处理，再加上盐津县山高坡陡，灌木丛生，需要接种疫苗时白天抓鸡困难，晚上又太麻烦，疫苗接种不到位增大了疫病暴发风险。传统产业模式下盐津乌骨鸡的饲养规模小，无配套产业和深加工能力，销售方式多是活鸡销售，消费市场是以本县为中心的周边几个县，市场需求量小。尽管盐津县委、县政府很早就重视乌骨鸡的产业化发展，但诸多制约因素的存在，使得养殖乌骨鸡的经济效益低下、难以扩大养殖规模。

脱贫攻坚工作开始后，"发展生产脱贫一批"是提高农民家庭经济收入的重要途径。乡村振兴战略实施后，乡村产业兴旺又被摆在突出位置。为了促进盐津乌骨鸡实现规模化和产业化发展，盐津县委、县政府将历史悠久的盐津乌骨鸡确定为"一县一业"的重点发展产业。盐津县委、县政府在2019年制定发布了《盐津县乌骨鸡产业发展实施意见（试行）》，成立盐津县乌骨鸡产业发展专项组办公室，专项实施盐津乌骨鸡产业发展项目，每年投入7000万元财政资金扶持乌骨鸡产业发展。在此之后，修订完善了《盐津乌骨鸡地方标准》《盐津县乌骨鸡养殖技术规程》《盐津县乌骨鸡疫病防控技术规范》，又相继制定《盐津乌骨鸡》团体标准、《盐津乌骨鸡营销奖补办法》、《盐津县"十四五"特色产业发展规划（2021—2025年）》、《盐津县2022年乌骨鸡全产业链发展实施方案》、《盐津乌骨鸡育雏期养殖技术规程》地方标准等，力争把盐津乌骨鸡产业作为全县"一县一业"和3

个产值达到10亿元的富民产业之一。盐津县以做优种源、做实基地、做大市场为主要任务，进一步补齐产业发展中的短板，解决制约乌骨鸡产业发展的难题，促进产业标准化、规模化、组织化、品牌化，努力实现乌骨鸡全产业链发展，打响盐津乌骨鸡品牌。

（一）提高种源质量

云南地方鸡品种肉质好、营养丰富、所产鸡蛋品质优异，但大多数品种存在生长速度慢、选育程度低、生长整齐度差、产蛋量低、产肉性能差、疾病净化急需加强等问题（王坤、葛长荣，2023）。畜禽的养殖收益受到养殖成本限制，出栏时间又决定了养殖成本。从生物及遗传学的角度上讲，鸡的成长期是随着育种科学、饲料营养、养殖技术的综合发展而变化的。随着现代育种理论在肉鸡育种中的应用，肉鸡生产水平不断提高，肉鸡从出壳到上市的生长周期逐渐缩短。例如，1940年肉鸡上市需要12周，体重1.6千克，在21世纪初期时仅需6周，上市时体重可以达到2千克以上。除了改进营养和养殖管理因素外，遗传育种因素是不可忽视的。盐津乌骨鸡养殖长期处于粗放发展阶段，2019年以前盐津县存在3家乌骨鸡育种场，有的育种场从四川买鸡蛋孵化，有的到本地农户家优选鸡蛋孵化，导致市场上销售的盐津乌骨鸡真假难辨，品质也参差不齐，严重影响了盐津乌骨鸡这个地方鸡种的美誉度。

种源是农业产业发展的"芯片"，只有对盐津乌骨鸡种源进行选育提升，才能促进盐津乌骨鸡的产业化，进而促进地方品种的长期保护。2019年，盐津县委、县政府整合了原有的3家小、散型育种场，采取社会资本与国有资本股份合作方式，新组建了育种龙头企业盐津县滇凤乌鸡育种场，为养殖示范场点提供优质鸡苗。盐津县滇凤乌鸡育种场位于牛寨乡牛塘村，在2020年8月正式投产。该大型育种场占地近100亩，总投资3800万元。年饲养乌骨鸡祖代鸡可达14400套，培育父母代种鸡5万套，年生产商品乌骨鸡苗1000万羽，完全建成后将成为西南地区规模最大的家禽育种场。建设费用由地方政府平台公司入股资金到育种公司，占40%的股份，"五通一平"费用则由盐津县政府全额补助。育种场运行后，由盐津县滇凤乌鸡育

山地生态农业产业赋能

乡村建设——云南省盐津县乡村振兴调查报告

种场聘请中国农业科学院家禽研究所的专家团队负责选育保种和提供疾病净化技术,每年政府根据实际选育数量再确定奖补资金。

2022年8月13日,云南省发展和改革委员会批准了盐津县乌骨鸡产业智慧农业溯源体系建设项目,项目总投资4800万元。该项目应用最新的智慧农业技术,搭建"5G应用+大数据+物联网+云计算"监控管理平台,具有对乌骨鸡的远程监控、养殖环境监控、养殖溯源管理、疫病防控直报、标签追溯等功能。智慧农业溯源体系,实现了盐津乌骨鸡种源、脱温、生态养殖、屠宰深加工、食品消费等各环节全程可溯源,相关数据直接上传到中国农业科学院家禽研究所,企业可以通过数据可视化方式实时查看种源数据、养殖存栏数据、出栏数据、销售数据,以"不让一只鸡游离于组织化之外"为目标。通过积累的大数据和人工智能算法,该平台可以满足企业生产经营决策、农民养殖技术提高、政府监管等功能需求。通过数字技术赋能乌骨鸡产业,盐津县滇凤乌鸡育种场按照"1只公鸡配10只母鸡"的比例,搭建了3万多套家系,仅祖代鸡就有1.44万套,培育出第三代乌骨鸡鸡苗。2022年时,盐津县滇凤乌鸡育种场达到年孵化600万羽鸡苗的规模,鸡苗的抗病能力、整齐度、早期生长速度明显提高,在缩短养殖时间的同时也降低了养殖成本。鸡苗在40天脱温期的成活率达到98.19%,平均体重增至440克以上,盐津乌骨鸡种源质量得到了很大提高。

(二)规范饲养环节

乌骨鸡养殖场布局以落雁乡、牛寨乡、兴隆乡为核心区域,全县10个乡镇均有所分布。盐津县委、县政府按照"抓种源育种和加工销售两头、带动中间养殖环节"的产业发展思路,实行乌骨鸡圈舍、品种、饲养、防疫、带贫减贫机制"五规范",屠宰及加工销售"两统一"。在饲养环节,盐津县采取了"党支部+公司+合作社+大户+农户"的模式,乌骨鸡圈舍建设实行以奖代补、先建后补激励机制。乌骨鸡圈舍分布在山林之中,圈舍由竹子做成围栏,面积在60平方米左右,从远处看上去就像是鸡住的别墅,这样的一个标准化圈舍可以养殖300只乌骨鸡。圈舍内部铺满锯木面和发酵剂制成的"地毯",可以保证鸡苗脱温到这里后成活率在95%以上,降低了养殖风险。同时，鸡粪掉在这样特制的"地毯"上面，鸡在地上刨食发挥了搅拌的作用，鸡粪也就得到了发酵。充分发酵后的鸡粪每半年更换一次倒入地里，就成了很好的有机肥，具有生态养殖效益。每一个圈舍还配套1亩土地作为乌骨鸡的散养活动场地，充足的活动量可以提高乌骨鸡品质，增加乌骨鸡的市场竞争力。

标准化圈舍是对乌骨鸡进行标准化、规范化养殖的基础，提高了乌骨鸡养殖效率，也可以减少家禽粪便对环境造成污染，但建造标准化圈舍对于养殖户来说也是一笔不小的支出。盐津县委、县政府制定了详细的奖补政策：一是建养殖示范园的农户，按其规划设计总投入的30%给予奖补。农户如果是贷款建造标准化圈舍，按照贷款利息的50%给予不超过3年的贴息奖补。二是建养殖示范场的农户，按规划建设完成设施设备安装和养殖场内圈舍间道路修建等，每个鸡舍给予0.6万元的奖补。三是建设养殖（代养）点的，每个圈舍给予0.5万元的奖补，每户最多不超过2万元奖补。四是养殖示范场业主、养殖（代养）点农户的所需贷款资金用于建设鸡舍、养殖乌骨鸡的，以每个鸡舍3万元的贷款额度，给予不超过3年的贷款利息50%的贴息奖补。五是养殖示范园（场）的进场道路按总投资的50%给予奖补。这些针对养殖户的高强度奖补政策，解决了村民发展乌骨鸡养殖产业面临的资金难题，提高了村民标准化、规范化养殖乌骨鸡的积极性。

家禽养殖属于风险较高的产业，主要是因为随着家禽养殖的规模扩大，饲养的集约化程度提高，暴发疫病的风险也随之增加。在田野调查时，养殖乌骨鸡的村民就感叹，一旦养殖规模超过300只，防疫不规范、不及时就可能导致乌骨鸡大量死亡。也正是因为家禽疫病多，养殖户容易遭受经济损失，村民的养殖意愿才难以提高。2019年10月12日，财政部等四部门印发《关于加快农业保险高质量发展的指导意见》，要求"到2022年，基本建成功能完善、运行规范、基础完备，与农业农村现代化发展阶段相适应、与农户风险保障需求相契合、中央与地方分工负责的多层次农业保险体系"。盐津县委、县政府为了降低村民养殖风险和在发生疫病后减少村民的经济损失，也制定了相应的保险补贴政策。由农民专业合作社组建的养殖（代养）点养殖的乌骨鸡，按每只鸡保险费用的50%给予保险补贴，农民专业合作社负责20%的保险费用，养殖（代养）点农户承担30%的保险费用。除了通过保险补贴政策降低养殖风险外，盐津县还采取了能人大户带动易地扶贫搬迁人口、易返贫低收入群体联动发展模式，以此降低低收入群体参与乌骨鸡养殖面临的风险。

2021年3月15日，农业农村部办公厅印发《农业生产"三品一标"提升行动实施方案》，强调，发展绿色食品、有机农产品、地理标志农产品生产，推行食用农产品达标合格证制度（"三品一标"），是提高农产品质量品质的有效途径，是提高农业竞争力的重要载体。《盐津县乌骨鸡产业发展实施意见（试行）》中规定：加大盐津乌骨鸡"三品"认证和农民专业养殖合作社示范社创建的支持力度。对获得"绿色"认证、"有机"认证的，一次性分别奖励30万元、35万元；对获得产品质量体系ISO9001、ISO2200认证的，一次性分别给予20万元的奖励；对获得"富硒"产品认证的给予一次性奖励10万元。对获得县级、市级、省级、国家级农民专业养殖合作社示范社的，分别给予一次性1万元、3万元、5万元、10万元的奖励。盐津乌骨鸡先后获得国家"地理标志商标""农产品地理标志""全国名特优新农产品"等称号，培育了盐津康和家禽养殖专业合作社、盐津零距离养殖专业合作社等市级农民专业合作社示范社，云南本城农业科技有限公司养殖的"禾丰深山乌鸡"通过有机认证和GAP（良好农业规范）认证，有效促进了盐津乌骨鸡的规范化养殖、品牌化经营。

（三）完善加工和销售环节

2019年以前，盐津乌骨鸡养殖规模小，县内无配套的深加工工厂，主要将活鸡销售到本县和周边的几个县。无深加工能力、市场范围狭小，又反过来制约了盐津乌骨鸡的养殖规模。如果在政府干预之下，扩大了养殖规模，但加工和销售问题没有解决，盐津县又会面临农产品滞销的困境。2019年以后，盐津县委、县政府按照"抓种源育种和加工销售两头、带动中间养殖环节"的产业发展思路，努力解决加工和销售方面存在的问题。加工和销售之间有着紧密联系，只有对乌骨鸡进行屠宰加工，才能解决过去的活鸡销售导致市场狭小的问题；只有通过冷链物流运输到更为广阔的市场上销售，才能拓展乌骨鸡销售渠道，解决规模化养殖后的市场销售难题。同时，只有对乌骨鸡进行深加工，丰富乌骨鸡产品类型，才能提升盐津乌骨鸡品牌的知名度和美誉度。乌骨鸡深加工还突破了活鸡销售的时间限制，解决了乌骨鸡大规模上市时市场需求不足的问题，最终也有助于解决规模化养殖后的市场销售难题。

为鼓励屠宰加工企业到盐津投资建工厂，《盐津县乌骨鸡产业发展实施意见（试行）》规定：屠宰加工厂厂房及设施设备建成后，可由国有平台公司按照设施设备总投入的40%给予回购并占股，回购资金作为平台公司的股份与屠宰加工企业按股分红。2022年，云南绿源食品科技集团有限公司在盐津县牛寨乡新华村建设了乌骨鸡屠宰加工厂，总投资8000余万元。厂房占地面积为1.3万平方米，厂内设有浸烫脱毛间、宰杀清洗间、内脏净膛间、螺旋预冷间、分装车间、冷藏车间，生产污水经过处理后可以达到农田灌溉标准。绿源乌鸡屠宰加工厂是目前云南省唯一一家家禽集中屠宰厂，每年可屠宰乌骨鸡1000万只，生产自热罐头1600万罐。自热罐头共开发了5个品种，配有天麻、当归、山药等中药材。一只乌骨鸡可加工成6罐鸡汤，50元一罐的售价提高了乌骨鸡的产品附加值，还便于远距离运输和长期保存。加工厂也创新推出了冰鲜鸡、乌骨鸡蛋、乌骨鸡豆豉、冷吃乌骨鸡丁等特色产品。随着屠宰加工厂建成投产，盐津乌骨鸡产业由活鸡销售转向冷链流通及精深加工产品流通，产业链进一步延伸，产业抗风险能力也得到进一步保障。

农业品牌是农业高质量发展的重要标志。除了"三品一标"认证外，不同地方的品牌推介能力、品牌营销创新也影响到农业品牌形成。盐津县借助国家和省级相关单位定点帮扶，采用了"线上+线下"双线联动营销方式，推动盐津乌骨鸡相关产品走向全国市场。2023年5月12日，盐津县委、县政府和中国国家品牌网合作，在浙江省海宁市、德清县，云南省昆明市、四川省成都市、宜宾市5个县市同时发力，县委书记带队开展盐津乌骨鸡品牌宣传推介活动。盐津乌骨鸡获得中国品牌网颁发的"2023我喜爱的中国品牌"证书，盐津县获得"品牌产业园示范基地"授牌。盐津县在帮扶单位的支持下，开拓上海、武汉、深圳等市场，支持引导有实力的农业企业、农民专业合作社开设专卖店和店中店。2023年，已在县内外建设销售专卖店（店中店）300个。2024年1月3~7日，盐津县第四招商组到四川成都、安徽六安、浙江嘉兴、浙江海宁等地进行招商考察，并开展了以盐津乌骨鸡产品为主的宣传推介工作，参观盐津农特产品销售线下旗舰店、专卖店和联营合作店，调研区域布局情况。2024年5月，盐津县农业农村局制定了《盐津县2024年乌鸡产业发展奖补政策》，目标是在省会及以上城市建设10个旗舰店，省会以下旗舰店4个；建立100个专卖店（包括餐饮店、中转场），建立联营合作店500个。多种形式的品牌推介，如在大的消费市场建专卖店等，有力提高了盐津乌骨鸡的品牌知名度，在一定程度上拓展了销售渠道。

（四）盐津乌骨鸡产业发展面临的困难

从盐津县乌骨鸡产业发展进程来看，2019年以后盐津县委、县政府已经在乌骨鸡种源、饲养、加工、销售方面做了大量工作，产业化、规范化程度大为提高。2024年2月4日，盐津县统计局对外发布《盐津县2023年全年经济运行情况》，2023年盐津县家禽出栏280.49万只，相比2022年的出栏量下降2.6%。在《盐津县"十四五"特色产业发展规划（2021—2025年）》中，计划2023年出栏乌骨鸡600万只，实际出栏280.49万只，2023年只完成了原计划的46.75%。肉鸡产业是我国农业产业化最早、市场化程度最高的行业，市场竞争十分激烈，激烈的竞争最终反映在养殖成本和市场价格上（朱信凯等，2007：52）。如果说盐津县2022年的乌骨鸡产业受到新冠疫情影响，2023年在没有受到新冠疫情影响的情况下出栏量还有所下滑，说明还有其他深层次的因素在制约盐津乌骨鸡产业发展。根据笔者在盐津县开展的田野调查，盐津乌骨鸡产业发展面临的困难主要体现在以下几个方面。

一是云南地方鸡品种众多，降低了盐津乌骨鸡的独特性。"质量兴农、绿色兴农、品牌强农"已经成为转变农业发展方式、提升农业竞争力和实现乡村振兴的重要路径。各个地方政府在推进农业产业化时，无一例外地会强调挖掘地方优势资源、加强品牌建设、讲好品牌故事，提高农产品附加值。当各个地方政府都这样做时，农产品品牌建设很容易变得同质化，地方政府之间就陷入了同质竞争。云南省是中国地方鸡资源较丰富的省份之一，列入《云南省畜禽遗传资源志（2015版）》的地方鸡资源有21个，数量位居全国第一（王坤、葛长荣，2023）。武定鸡、茶花鸡、盐津乌骨鸡、大围山微型鸡、南涧绿耳乌骨鸡、普洱毛脚乌骨鸡入选云南省"六大名鸡"，每一种地方鸡品种背后都有着独特的故事。盐津县委、县政府在2019年将盐津乌骨鸡确定为"一县一业"重点发展产业后，根据盐津乌骨鸡品质、生长特点，决定盐津乌骨鸡产业要走品牌化、高端化发展路线。经过多种形式的长期宣传推介，在重要消费市场建立专卖店后，盐津乌骨鸡在消费市场上的知名度得到一定程度提高，但还是远远没有达到在众多地方鸡中脱颖而出的程度。可以说，云南地方鸡品种众多降低了盐津乌骨鸡的独特性，制约了盐津乌骨鸡品牌化、高端化发展进程，乌骨鸡产业仍然面临着市场销售问题。

二是最佳养殖出栏时间与市场需求不匹配。家禽的养殖出栏时间决定了养殖成本，养殖成本越低则养殖利润越高。盐津乌骨鸡脱温后养殖105天左右就可以长到2.25千克，继续养殖体重并不会增加多少，只会提升鸡肉口味。从理论层面来看，盐津乌骨鸡脱温后养殖105天左右出栏时养殖成本最低。但是，养殖105天左右的盐津乌骨鸡太嫩，肉的腥味很重，口味并不好，不受市场欢迎。商贩、超市等在购买盐津乌骨鸡时，一般要求养殖时间超过180天，最好是养殖时间能够达到240天。盐津乌骨鸡的养殖时间越长，养殖成本、疫病风险就越高，严重影响养殖户的养殖利润，进而影响村民参与盐津乌骨鸡养殖的积极性。根据养殖户探索出来的养殖经验，盐津乌骨鸡在120天的养殖期内疫病风险很小，如果养殖期超过180天疫病风险就会变得很大。某个养殖点一旦发生疫病，就意味着整个养殖点的乌骨鸡都会受到影响。虽然养殖期超过180天或是更长时间的盐津乌骨鸡市场价格会更高，但小、散型养殖户出于养殖成本、防范疫病风险考虑，希望在养殖120天时就能够出栏。与小、散型养殖户形成对比的是，云南本城农业科技有限公司作为龙头企业，在养殖和防疫技术方面的实力雄厚，发展了自有的盐津乌骨鸡品牌"禾丰深山鸡"。公司为了获取更多的养殖利润，主要销售养殖期在210~240天的乌骨鸡。

三是小、散型养殖户过多导致难以全进全出。依托新型农业经营主体进行规模化、订单式生产，可以降低生产成本、市场交易成本，在"有利可图"的情况下才可能促进农业产业的可持续发展。盐津乌骨鸡产业被定位为富民产业，发挥着防止规模性返贫的作用，盐津县委、县政府采取了"党支部+龙头企业+农民专业合作社+大户+农户"的产业发展模式。然而，由于参与乌骨鸡产业的主体过多，不同主体之间的沟通成本增加，养殖时间、养殖标准、养殖规范难以协调统一，最终会导致养殖成本高和养殖质量难以保证。此外，农户中有大量的易地扶贫搬迁户、易返贫的低收入群体，这部分人的"可行能力"低（虞崇胜、余扬，2016），过去导致他们贫困的主要因素就是缺资金、缺技术、缺人力资本、因病致贫等，能力所限难以完全按照相关养殖规范参与乌骨鸡养殖。这就导致了同一批脱温后的鸡苗分发到小、散型养殖户后，由于没有严格遵守相关养殖规范，同一批饲养的乌骨鸡难以实现全进全出。在田野调查时，一些乡镇干部指出，有时候市场上需要一定数量的乌骨鸡，养殖户却无法在同一时间提供相应数量的乌骨鸡，严重的会导致客户流失和合作中断。

四是村民认为外出打工比养殖乌骨鸡省力省心。2023年盐津县家禽出栏量相比2022年下降了2.6%，其中一个原因是部分小、散型养殖户退出了乌骨鸡养殖。鸡的疫病风险在整个养殖业中都比较高，但单只鸡的价值却比较小。村民认为，家里养殖一两头猪的价值就抵得上养殖一大群鸡，但养殖一两头猪基本上不存在疫病风险，规模化养殖一大群鸡的风险却很高。与其贷款建标准化鸡舍，克服困难学习新的养殖技术，不如按照老传统养猪。打工经济兴起后，村民普遍认为外出打工获取的工资收入更为可观，又不像规模化养鸡面临着诸多不确定性，外出打工比养殖乌骨鸡省力省心。盐津县委、县政府基于长远考虑，认为乡村产业发展了才能聚集人气，解决"三留守"问题，但村民更多地基于眼前利益考虑和惧怕养殖风险，参与盐津乌骨鸡养殖的内生动力并不强。

二 盐津县肉牛养殖产业发展实践和面临的困难

不同于盐津乌骨鸡养殖有着历史传统，盐津县的肉牛产业是在脱贫攻坚工作开始后才得到快速发展，2019 年时又被盐津县委、县政府确定为三大富民产业之一。2015 年，盐津县牛存栏 22574 头，出栏 5519 头（聂顺荣，2016：423）。村民主要饲养本地小黄牛，但因胴体重低，经济效益也比较低。牛是反刍动物，吃草、省粮、对粗饲料的利用率高，粮食作物的根、茎、叶、秸秆等不能直接被人类利用，经过科学处理后却可以作为牛的饲料来源，养牛可以提高资源的综合使用效率，也是生态循环农业的主要实践形式。在我国既要解决粮食问题又要满足畜产品供应问题的情况下，必须走秸秆畜牧业的道路，这使得肉牛养殖业发展潜力巨大，常常成为中西部地区在推进农业产业化时选择的主导产业。盐津县委、县政府正是看到了肉牛养殖与生态环境保护可以兼顾，加之肉牛养殖有着较高经济效益，才决定大力推进肉牛养殖产业化，将肉牛产业确立为全县的三大主导产业之一。

2019 年，盐津县委、县政府根据《昭通市肉牛产业发展规划（2019—2025 年）》及县委十三届六次全会精神，制定了《盐津县肉牛养殖产业发展实施意见（2020—2025）（试行）》，提出基于市场主导、政府扶持原则，以提高盐津县的肉牛养殖产业综合生产能力和市场竞争力为目标，以产业增效和农民增收为最终目标。在肉牛品种选择上，以市场销售价格较高的安格斯牛、云岭牛为主要品种。盐津县以市场化、组织化、规模化、品牌化为发展要求，通过扩大养殖规模、做强龙头企业、做精产品加工、强化生态环保、健全政策体系，在养殖规模、养殖质量、养殖效益三个方面全面提升,将盐津县打造成西南地区高端肉牛主产区,形成"盐津肉牛"区域公共品牌。盐津县按照"一年打基础、三年见成效、五年成规模、十年树品牌"的总体发展思路,走"千家万户齐参与壮大基础母牛群、能人大户强带动集中育肥商品牛"的肉牛产业发展道路。

(一)完善肉牛养殖基础设施

肉牛养殖场可以分为繁殖牛场、育肥牛场和种牛场,盐津县肉牛养殖产业主要产出能繁母牛和商品肉牛。肉牛养殖场的饲料、产品和粪污运输量大,选址应在交通方便的地方。盐津县在全县10个乡镇79个行政村内选择交通便捷、饲草资源丰富、有一定饲养经验、群众积极性高的自然村建设193个代养场,带动发展3470个能繁母牛代养点。代养场面积按照饲养规模50~200头的标准进行规划设计,代养点面积按照饲养规模5~50头的标准进行规划设计。商品肉牛圈舍按每头肉牛6平方米的标准进行建设,能繁母牛圈舍按每头母牛8平方米的标准进行建设。每头牛配备草饲料基地1亩,配套建设青贮窖1立方米、草料储藏室2平方米、粪污处理设施0.5立方米、堆粪场0.3立方米。每个养牛场配备兽医室15平方米、消毒室10平方米、消毒池10平方米、隔离舍100平方米。2023年,盐津县新发展肉牛养殖户5903户,成立肉牛养殖农民专业合作社113个;新建养殖规模在50头以上的标准化养殖场252个,现代肉牛养殖标准化圈舍从无到有。除了肉牛养殖场、代养点建设外,盐津县建成肉牛冻精改良服务中心1个、改良站14个。自主设计开发了"盐津县肉牛溯源"管理系统,建立肉牛养殖管理基础档案,实行肉牛养殖的精准管理。

在肉牛养殖过程中,刨除前期的圈舍建设费用后,购买牛犊和饲料是肉牛养殖的主要成本,而饲料成本又占据了肉牛养殖成本的大部分,因此通过增加专用饲料作物种植,确保优质特别是青绿多汁饲料常年均衡供应,能够降低养殖成本。盐津县以193个养殖场为中心,沿着交通方便的公路就近建立草饲料基地5万亩,粮改饲8万亩,重点发展皇竹草(海拔850米以下区域种植)、巨菌草、黑麦草等牧草种植。将饲料进行青贮处理,可以较长时间保存营养物质,青贮处理所损失的营养物质要比晒制干草时损失的营养物质少得多。青贮饲料能保持其多叶性，加上发酵后气味酸香，牛很爱吃。因此，青贮饲料是解决肉牛冬季青饲料缺乏的有效方法。盐津县引导和鼓励代养场、代养点推广青贮饲料玉米与绿肥或黑麦草轮作，尽量在本地解决肉牛养殖所需饲料，降低养殖成本。2023年，已推广粮改饲5.02万亩，秸秆青贮16.8万吨。

（二）健全肉牛养殖奖补政策

不管是进行能繁母牛还是商品肉牛养殖，都存在一次性投入大、生产周期长、投资回收慢的突出问题。新建或扩建的肉牛养殖场，一般需要2年以上才能产生经济效益。肉牛养殖产业中，资金缺乏是最常见的问题，但肉牛养殖的贷款融资难度又比较大。受母牛养殖周期长、繁殖率不高的影响，经济效益并不高，村民宁愿外出打工，也不愿意饲养母牛。同时，由于饲养方式改变，特别是自退耕还林还草、全面封山禁牧以来，肉牛的饲养方式由放牧转为舍饲或温棚养殖，圈舍由土木结构转为水泥地面塑料温棚。生存环境的变化，以及种植业结构调整以后饲草、饲料的单一，使肉牛出现了许多带有明显地方性特征的流行病和营养代谢病，增加了养殖风险。以上这些因素的存在，严重制约了肉牛养殖的产业化、规模化。2019年后，盐津县委、县政府为了提高肉牛养殖规模，提升村民参与肉牛养殖的积极性，在圈舍建设、养殖保险、退耕还草及粮改饲方面制定了详细的补贴政策。

在代养场建设方面，采取了县政府出资建设和能人大户自建相结合的模式。县政府出资建设代养场的数量根据各个乡镇能够规划的草山面积确定，如果乡镇规划3000亩草山则县政府出资建2个代养场，乡镇规划5000亩草山则县政府出资建3个代养场。政府出资建设的代养场要满足有新型农业经营主体、开拓了稳定的市场、引进优良品种、有针对村民的利益联结机制、有建设的土地资源等条件，由乡镇人民政府进行项目申报，建成后固定资产归集体所有，出租运营管理。由能人大户自建的代养场，实行基础设施建设"先建后补"模式，经检查验收合格，按基础设施投入的30%分三次予以补助，每个养殖场的建设补助不超过30万元。县政府出资和能人大户出资的代养场，正常运行后均可以按照相关政策享受"见犊补母"、"养牛贷"贴息、养殖保险、退耕还草及粮改饲、冻精改良点等补助。

在代养点建设方面，因代养点的养殖规模较小，采取个人自建模式，由养殖户自行建设基础设施。养殖期间实行梯级补助政策，代养点第一年养殖达 5 头以上即可享受"见犊补母"、"养牛贷"贴息、养殖保险、退耕还草及粮改饲补助政策，第二年及以后养殖规模需达 20 头以上才能继续享受"见犊补母"、"养牛贷"贴息、养殖保险、退耕还草及粮改饲补助。梯级补助政策实施后，可以达到鼓励新建代养点扩大养殖规模并长期保持一定养殖规模的目的。代养点所产牛犊既可以销售到盐津县之外的市场，也可以卖给本县规模较大的代养场，作为商品肉牛育肥后出售。为了鼓励代养点将所产牛犊优先出售给本县规模较大的代养场，补贴政策中规定代养点每产一头安格斯牛或云岭牛犊牛，补助母牛 500 元，同时签订协议借款 500 元，待犊牛断奶出售给县内代养场后扣回借款。

在冻精改良点补助方面，代养场和代养点每建设 1 个冻精改良点，经检查验收合格后，每个冻精改良点补助 1 万元。在"养牛贷"贴息方面，根据代养场和代养点饲养规模，最高给予代养场 50 万元、代养点 10 万元的 3 年期贷款贴息。在养殖保险方面，支持保险公司开发养殖保险品种，养殖户自行购买养殖保险时，按每头保费的 50% 进行补贴。在退耕还草及粮改饲补贴方面，根据每年退耕还草、粮改饲政策执行。发达国家的肉牛养殖产业已经形成完善的补贴政策体系，有效促进了肉牛养殖产业高质量发展（王明利等，2016：26）。肉牛养殖产业是我国的弱势产业，既面临着自然灾害风险，又面临着市场风险。同时，肉牛产业是一个高技术含量行业，还是一个高风险和低利润的行业。只有地方政府完善相关环节的补贴政策，对产业加以正确引导，将一家一户分散养殖、低效益生产的养殖户组织起来，统一进行市场信息提供、良种供应、疾病防控、技术指导、产品销售等，才可能促进肉牛养殖向产业化、规模化转型。

（三）建立生态循环种养体系

2021 年 2 月，《国务院关于加快建立健全绿色低碳循环发展经济体系的指导意见》要求发展生态循环农业，提高畜禽粪污资源化利用水平，推进农作物秸秆综合利用。盐津县委、县政府认为，大力发展肉牛养殖产业，具有良好的生态效益。群众因养牛需要，将会在一些不适宜种植粮食的土地上大面积种植皇竹草、巨菌草和黑麦草等牧草，由此可以大幅度提高植被覆盖率，既能绿化荒山和解决水土流失问题，也能发挥净化空气、涵养水源的作用，形成产业发展与生态建设同步推进格局，促进人与自然和谐发展，实现自然生态系统与社会经济系统的良性循环，践行"绿水青山就是金山银山"的理念。与此同时，通过秸秆青贮、粮改饲种植青贮玉米等方式，可以减少农作物秸秆焚烧及废弃带来的环境污染。通过将肉牛养殖后的粪污还田，可以实现粪污资源利用化，有效改善土壤质量。通过牛厩及配套设施建设，可以改善养牛户周边居住环境，提升人居环境质量。

盐津县在肉牛养殖过程中建立生态循环种养体系时，综合考虑各个乡镇的生态环境承载能力，严格执行禁养区、限养区规定和养殖污染防治制度，坚持"以草定养、种养循环、生态养殖、绿色发展"，严格根据草山规模布局代养场、代养点，将代养场、代养点建在草山周围，降低饲养过程中的饲料成本。养殖产生的粪污处理实施干湿分离、雨污分流，建污水处理设施（沉淀/过滤池）分三级梯级过滤后，采用粪污管道输送到消纳粪便地块蓄粪池储存。以沼气为纽带，盐津县大力推广"牛—沼—饲"循环经济模式，即肉牛养殖粪便通过沼气处理，还田种植饲草，构建种养平衡、农牧互动、生态循环的畜牧产业发展体系。盐津县鼓励有能力的新型农业经营主体开展有机肥加工，在肉牛集中养殖区建立有机肥生产加工厂，利用粪污开发商品有机肥，实现肉牛养殖粪污资源化利用。

（四）探索建立利益联结机制

改革开放以后，中国农业生产经营主体已经发生很大变化，小农户在对接大市场方面存在很多困难，规模化发展的新型农业经营主体迅速崛起。在中国乡村人口数量持续减少的情况下，仍然有数量庞大的小农户存在。没有小农户的现代化，就不可能有中国农业农村的现代化（吴重庆、张慧鹏，2019）。盐津县委、县政府在推动肉牛养殖产业化时，按照"政府主

山地生态农业产业赋能
乡村建设——云南省盐津县乡村振兴调查报告

导、龙头带动、大户组织、群众参与"的模式,积极探索"公司+基地+农户"的合作方式和利益联结机制。引导促进规模较小的代养点与规模较大的代养场之间展开深度合作,构建代养点繁育犊牛、代养场集中育肥商品肉牛的互动发展机制。

  肉牛养殖产业对于盐津县巩固脱贫攻坚成效和有效衔接乡村振兴工作具有重要意义,带贫机制的设计必须慎重。盐津县各乡镇在发展肉牛养殖产业时,普遍采取了"农户+农民专业合作社+村集体经济组织+公司"的发展模式,实现个体农户在发展肉牛产业时绑定农民专业合作社、绑定龙头企业的"双绑",农村集体经济也由此获得发展。农户购买牛之后,请村集体经济组织领导的农民专业合作社代为养殖。只有采取农户购买牛再交给代养点养殖的方式,改变农户分散养殖现状,才能做到规范圈舍、规范品种、规范饲养、规范防疫。同时,农户在不懂肉牛养殖技术的情况下也可以参与肉牛产业发展,真正做到让农民在乡村产业发展中有所受益。具体到养殖利润分配,培育肥牛与能繁母牛的利润分配方式存在差异。在培育肥牛方面,肉牛出栏时村集体经济组织的收入计算方式为:(出栏肉牛体重×单价-认购金)×(出栏时肉牛体重-认购时肉牛体重)÷出栏时肉牛体重。农户收入的计算方式为:认购金+(出栏肉牛体重×单价-认购成本)×认购时肉牛体重÷出栏时肉牛体重。按照上述利润分成计算方式,无论是农户交给代养场的肉牛盈利还是亏本或是死亡,代养场都得归还养殖户的认购金。

  例如,某一位农户在代养场以10000元认购了一头450斤重的架子牛,出栏时有1200斤,以19元/斤的价格在市场上出售获得22800元,则该农户的收入为:10000元+(1200斤×19元/斤-10000元)×450÷1200=14800元。村集体经济组织领导的农民专业合作社的收入则为:(1200斤×19元/斤-10000元)×(1200斤-450斤)÷1200斤=8000元。扣除代养场的相关养殖成本后,剩下的部分属于村集体经济收入。育肥肉牛养殖周期一般约为5个月,肉牛繁育周期则约为一年,肉牛繁育收益低于育肥肉牛收益。因此,盐津县对能繁母牛实施"见犊补母"政策,农户按每头母牛2

万元的认购金进行认购，母牛每产一头牛犊后可以获得 2000 元收益分成，县政府补助的 500 元"见犊补母"由农民专业合作社享受。由地方政府主导建立的带贫机制一方面尽量降低农户参与肉牛养殖所遭遇的风险，使农户在没有掌握肉牛养殖技术的情况下也可以参与肉牛产业发展；另一方面将不同主体整合在一起，实现了村集体经济发展，最终有利于推动乡村建设。

（五）盐津县肉牛养殖产业发展面临的困难

《盐津县"十四五"特色产业发展规划（2021—2025 年）》中计划，到"十四五"末期肉牛存栏 10.72 万头，肉牛出栏 5.36 万头，实现产值 20 亿元以上。《盐津县 2023 年全年经济运行情况》中的统计表明，2023 年盐津县肉牛实际出栏 1.44 万头，出栏量比 2022 年下降了 4.9%。也就是说，盐津县要在 2 年后的 2025 年达到出栏 5.36 万头肉牛的规划目标是不可能的。盐津县 2023 年肉牛出栏数量相比 2022 年下降的主要原因是，中国肉牛市场受进口牛肉数量增长冲击，云岭牛、安格斯牛肉牛出栏价格从 2022 年的 18 元/斤降低到 2023 年的 12 元/斤。在此情况下，养殖户向市场出售已经达到出栏时间的肉牛会面临大幅度亏损，只好继续养殖等待市场价格回升。但养殖户继续养殖肉牛后，饲料成本、劳动力成本、水电成本等也随之增加，即便肉牛市场价格回升也难以获取养殖利润。盐津县在肉牛养殖产业方面并没有比较优势，肉牛养殖技术、防疫技术、饲料供应等严重依赖外界，主要面临着以下突出困难。

一是肉牛市场价格波动增加了养殖风险。牛肉的蛋白质丰富，含有多种维生素和矿物质成分，营养价值很高，脂肪含量又远远低于猪肉，是猪肉的完美替代品。诸多地方政府正是看到了人们越来越重视饮食健康、会增加牛肉消费量，肉牛养殖有着广阔的市场前景，才将肉牛养殖作为主导产业发展。但牛肉作为一种商品，其价格除了受到本身价值的影响，更会受到市场供求关系的影响而出现波动。2019 年，盐津县委、县政府决定大力发展肉牛养殖时，肉牛市场价格总体保持平稳并有小幅上涨。2022 年，盐津县云岭牛、安格斯牛的出栏价格是 18 元/斤，2023 年出栏价格降到 12

元/斤，西门塔尔牛的出栏价格更是降到 10 元/斤，导致养殖户大量亏损。究其原因是国内肉牛存栏量持续增加，2022 年时中国成为继印度、巴西之后的世界上第三大肉牛养殖国。2023 年全国牛肉产量 753 万吨，同比增长 4.8%，国内牛肉供应充足；同时，近几年中国牛肉进口量呈现增长趋势，由 2018 年的 104 万吨增长到 2023 年的 274 万吨。进口牛肉通常具有价格优势和品质优势，更容易受到消费者的青睐。进口牛肉数量持续增长，将会对国内牛肉市场形成冲击。盐津县肉牛养殖产业还处于起步阶段，如果牛肉市场价格长期处于低位，势必会影响到养殖户的积极性，进一步影响到盐津县肉牛养殖的产业化、规模化进程。

二是生态循环种养体系难以发挥作用，提高了肉牛养殖成本。仔畜费、饲料费、人工费是肉牛养殖过程中的三大成本项目，其占肉牛养殖总成本的比重在 90% 以上（王明利等，2016：117）。因此，大力发展牧草产业，就近就地解决牧草供应问题可以降低肉牛养殖成本。盐津县发展肉牛养殖产业所建立的生态循环种养体系，通过玉米秸秆青贮处理和粮改饲种植牧草就近解决肉牛养殖的青粗饲料问题。在盐津县的肉牛养殖产业规划中，结合肉牛产业发展，推动鲜食玉米秸秆资源化综合利用，将秸秆全部进行饲料化处理，每亩玉米可产饲料 1.8 吨，可实现经济收益 1440 元。由于盐津县位于山区，很多地方山高坡陡，难以使用大型机械，即便是专门为山区环境设计的小型机械也难以代替人力。进行玉米秸秆青贮时需要大量劳动力，劳动力成本太高导致本地生产的玉米秸秆青贮饲料价格远高于从外地购买。笔者在田野调查时就发现，2023 年肉牛代养场和代养点宁愿以 650 元/吨的价格从河南购买青贮饲料运到盐津县，也不愿意就地进行玉米秸秆青贮处理，玉米秸秆并未得到有效利用。而通过粮改饲解决肉牛养殖牧草问题时，部分粮改饲土地又存在不符合国家粮食安全相关政策规定的问题，也限制了牧草种植面积和本地的牧草供应能力。这些因素的存在，提高了盐津县肉牛养殖产业的生产成本，降低了村民养殖肉牛能够获得的收益。

三是盐津县肉牛饲养无突出特点，难以形成区域公共品牌。2019 年，盐津县委、县政府在确定肉牛养殖为全县主导产业时，计划用 10 年时间形成"盐津肉牛"区域公共品牌，提高肉牛产业的附加值。一般而言，肉牛养殖过程中的科技水平决定了牛肉品质，牛肉品质又在根本上决定了能否形成"盐津肉牛"的区域公共品牌。发达国家的牛肉品质高，养殖成本又比较低，主要就是得益于长期的科技投入。盐津县大量养殖的云岭牛、安格斯牛在云南省内属于养殖量很大的两个品种，因而在良种选育方面并无突出特点。盐津县在专业育肥技术、母牛繁殖成活技术、肉牛养殖饲料优化配置利用技术以及母牛人工放牧地建植利用技术等方面也还处于引进学习和消化吸收阶段，同样没有形成自己的特色。也就是说，只有进行大量科技投入才可能降低肉牛养殖成本和提高牛肉品质，从而获取养殖利润。但盐津县作为欠发达地区，肉牛养殖科技水平低又恰好是一个长期难以解决的问题。盐津县的肉牛养殖无突出特点，难以形成区域公共品牌，也就难以通过品牌提升产品附加值。再加上养殖成本高，造成了养殖户的利润微薄，乃至亏本养殖，最终会影响到肉牛养殖产业的可持续发展。

四是村民更偏好外出打工。尽管肉牛养殖比猪、鸡、羊等其他禽畜养殖产业的利润要高，但与外出打工相比，仍然属于高风险低收益的农业产业。我们从盐津县所建立的肉牛养殖奖补政策中可以看到，这些奖补政策有力地解决了肉牛养殖面临的资金、技术、土地等问题，农业保险补贴降低了村民的养殖风险。相关政策所设计的利益联结机制还解决了村民不懂养殖技术难以参与肉牛养殖的难题，有利于通过农业产业发展助推农村共同富裕。然而这些奖补政策仍然无法解决出栏肉牛的市场价格波动问题，村民参与肉牛养殖还是会面临市场风险。很多村民认为肉牛养殖所需资金多、周期长、风险大、技术要求高，可能辛苦几年却卖不到一个好价格，外出打工的收益要比肉牛养殖高，风险又比肉牛养殖低。因此，很多村民宁愿外出打工，也不愿意冒风险参与肉牛养殖。盐津县乡村的大量青壮年劳动力长期外出务工，从后果来看是乡村劳动力匮乏造成了乡村劳动力成本高，发展农业产业时已经没有低劳动力成本的优势可言；从成因来看是全国劳动力市场形成后为农村居民提供了更多选择机会，村民在理性计算之后更偏好外出打工获取家庭经济收入。

三 盐津县竹产业发展实践和面临的困难

我国是世界上最主要的产竹国，竹类资源丰富、竹林面积、竹材蓄积和产量均居世界首位。我国也是全球最大的竹产品生产国和出口国，在竹加工技术研发创新方面，我国整体处于世界先进水平（杨宇明等，2019：215）。盐津县方竹资源丰富，采摘方竹笋历史十分悠久。早在清末民初时期，就有方竹加工后的笋干出口国外的记录。20世纪80年代盐津县生产的方竹笋罐头和咸笋畅销昆明、重庆、四川等地，20世纪90年代开始向日本市场出口鲜竹笋。盐津县的方竹以"笋肉丰厚、质地细腻、脆嫩鲜美"著称，含有丰富的氨基酸、多种维生素和微量元素。2022年，盐津县被中国林业学会授予"中国方竹之乡"的荣誉称号。虽然盐津县方竹资源丰富，但竹产业在农村地区长期被当作副业看待，村民只是在秋季的一个月左右时间里采摘自然生长的新鲜竹笋到市场上出售。再加上盐津县缺乏竹笋深加工能力，以及方竹只分布在海拔较高地区，交通条件限制了方竹的产业化、规模化。

云南是世界竹类植物的起源和现代分布中心之一，有"竹类故乡"之美誉，发展竹产业不仅是云南省开发生物资源的重要途径之一，也有利于探索实践"绿水青山就是金山银山"的绿色发展理念。2019年，盐津县委、县政府紧扣云南省委提出的"三张牌"、昭通市委提出的"六大高原特色产业"战略定位，把竹产业作为盐津县的三大富民产业之一全力推进。2019年，盐津县委、县政府根据昭通市委、市政府在2018年出台的《关于做大做强竹产业助推脱贫攻坚的意见》和盐津县委十三届六次全会精神，制定了《盐津县竹产业融合发展实施意见（试行）》，促进全县竹产业深度融合发展，助推脱贫攻坚。《盐津县"十四五"特色产业发展规划（2021—2025年）》继续将竹产业确定为全县三大农业产业之一。

（一）生态建设产业化和产业发展生态化

竹子非草非木，是世界上生长速度最快的一种植物，且四季常青。现代科学技术的发展，快速推动了人们对竹材的开发利用，竹材的工业化加工利用领域已经特别广泛，特别是在建筑、造纸、家具、装饰等领域，已经成为代替木材、钢材或塑料的重要原材料。近年来，随着党中央提出的绿色发展理念不断普及，生态环境保护力度不断加大，竹子作为可再生的低碳环保材料越来越受到社会各界的青睐，竹类资源的开发利用已经成为我国南方广大农村农业产业发展的重要方面。盐津县方竹资源丰富，但长期以来对竹资源的利用主要是采集竹笋和自给自足的消耗性利用，还没有利用现代的培育与加工利用技术来开发利用大面积的丛生竹林资源，没有进一步挖掘大面积分布的丛生竹林资源的经济效益。"绿水青山就是金山银山"的绿色发展理念提出后，盐津县委、县政府在推动经济发展方式转型时，开始聚焦方竹资源的开发利用，大力扩大方竹种植面积，实现"生态建设产业化，产业发展生态化"。

  竹产业属于可再生的生态绿色产业，盐津县积极用好用活生态扶贫项目，新建标准化竹基地，扩大种植规模。在扩大竹产业的种植规模时，坚持"因地制宜、适地适竹"的原则，按照"高山、二半山、河谷、试验区"四种不同生态空间进行布局，科学规划竹产业基地。在海拔高度1200~2200米的高山区，重点打造以"筇竹+本地方竹+槐树"为主的笋用竹与蜜源植物间种生产基地，普洱、中和、豆沙、柿子、庙坝、盐井六个乡镇符合海拔要求。在海拔高度800~1200米的二半山区，重点打造以"本地茨方竹+槐树"为主的笋用竹与蜜源植物间种基地，各乡镇海拔适宜区域均可种植。在横江、白水江流域海拔高度800米以下江边河谷区域，在沿路、沿河、沿集镇已有材用竹林中间种植槐树，建设优质材用竹与蜜源植物间种基地，方便附近村民养殖蜂蜜。涵盖全县10个乡镇，在海拔高度1200米以下区域开展竹林经营管理以及丰产栽培技术研究，突破海拔高度对竹产业的规模限制。通过竹产业的合理空间布局，到2022年时盐津县竹种植规模已经达到118万亩，新建标准化竹产业基地54万亩。其中，笋用竹102万亩，材用竹16万亩。

  在西南林业大学等高校的专家指导下，盐津县推广竹子的丰产栽培技术，对过去自然生长的低效竹林进行改造，2022年完成低效竹林改造21.5

山地生态农业产业赋能
乡村建设——云南省盐津县乡村振兴调查报告

万亩。盐津县鼓励有资质的育苗经营主体与村集体公司合作联营，采取"公司（大户）+专业合作社+村集体公司+农户"模式经营发展，大力建造以保障县内自主消化为主、县外消化为辅的方竹（含刺方竹）、筇竹、槐树种苗繁育基地。按照规范、标准、科学的原则，做好种苗保障体系建设。到2022年，繁育竹苗1340亩、槐树苗200亩，分别培育出成品苗5000万株、1000万株，在保障全县竹产业基地的种苗需求后，可以向周边区域销售种苗，拓宽农民增收渠道。全县着力打造高标准竹产业融合发展示范基地20万亩，在示范区分块分区域由专人负责，实现精细化经营管理，彰显竹产业融合发展示范基地示范效应。同时，通过优选竹种、科学采伐、测土施肥、病虫防治、竹林高效培育、低效竹林改造、间种槐树、放养蜜蜂等综合技术措施，大力发展多元化经济，切实提高竹产业综合效益。竹、槐间种一方面可以提供优质蜜源，将养蜂业发展成为当地村民的一种主要副业，另一方面可以增加竹基地的观赏价值，打造乡村旅游，助推农旅融合发展。

（二）提升竹产业深加工能力

虽然竹子被誉为最优良的非木材森林资源，但由于竹竿中空，不能够像加工木材一样进行深加工，必须专门设计制造竹竿材的专用加工机械设备，并且需要二次或三次加工，在此过程中会产生较多的剩余物，因此工业化生产利用竹材会大幅增加加工生产成本，在很大程度上限制了竹材的使用范围和经济效益，直接影响到竹产业发展。盐津县的128万亩竹资源中，有20万亩是材用竹，108万亩是笋用竹，在竹产业发展进程中都面临着如何对竹笋和竹材料进行深加工的问题。盐津县在扶持县内已有的天竹园食品有限公司、林森农业投资有限公司、竹银华山野菜有限公司、云南惠康美食品有限公司、盐津伟能食品加工有限公司等经营主体对竹笋进行深加工销售的基础上，进一步引进实力雄厚、技术过硬的龙头企业入驻盐津，重点发展营养丰富、方便快捷的调味型竹笋加工产品。

新鲜竹笋从采下到加工最多不能超过8个小时，不能长途运输。如果超过了8个小时，竹笋就会变质，必须在8小时以内进行初步的加工处理。由于竹笋纤维老化速度较快，而竹笋生长时间又比较集中，如何防止竹笋纤维老化或延缓老化时间是竹笋加工生产中急需解决的难题。竹笋保鲜的意义在于延长加工时间或适应长距离运输，在减少机械损伤、减弱呼吸作用和防止病原体感染的前提下一般是采用缓冻法、速冻法、密封法、温水法、蒸煮法等。盐津县的竹笋属于冬笋，过去主要是采用硫黄熏蒸法进行保鲜处理。在硫黄熏蒸过程中产生的二氧化硫是强还原剂，能起到漂白、保鲜食品的作用，同时也使竹笋表面颜色显得白亮、鲜艳。但硫黄熏蒸会产生有害物质，也会影响竹笋口感和市场价值。盐津县委、县政府在2019年将竹产业确定为全县的三大主导农业产业之一之后，要重点解决的问题就是鲜笋保鲜工艺落后的问题。通过建立多元化科技投入机制，搭建产学研合作平台，聘请相关专家进行技术指导，突破竹笋保鲜加工技术瓶颈，计划用三年时间逐步消化"硫黄笋"。

在盐津县已投产的40万亩笋用竹中，获得绿色有机认证的有28.8万亩。盐津县委、县政府积极引导企业开展"三品一标"创建，已经有"百年传奇""七彩梦""罗锅铲""竹九乡""摩崖"等鲜笋产品的注册商标，企业自主创建获得有机产品认证1个。盐津县在中和镇规划竹产业生物科技园区1个，可容纳各类竹笋产品、竹材产品加工企业5家左右。盐津县计划分期打造集园区管理、精深加工、产品研发、科技攻关、品牌创优、产品销售、商贸物流于一体的新型现代竹产业生物科技园区。槐树叶含有高蛋白成分，盐津县与高校和科研机构合作，探索研究香花槐、大叶红花槐加工优质饲料技术，为全县乌骨鸡及肉牛养殖提供一定的优质饲料，形成鸡、牛、竹三大产业联动发展格局。此外，竹笋加工过程一般只取其幼嫩的笋体尖部，会产生大量的笋节、笋壳等剩余物。将笋壳剩余物加工成牛等反刍动物用植物营养蛋白饲料，气味酸香、质地柔软、适口性强，可显著提高奶牛的牛奶品质或肉牛的增重速度，减少精饲料用量，并可以有效解决冬季饲料不足的问题。

（三）以利益联结实现农民组织化

过去村民从事鲜笋采集、加工生产时，存在主体分散，经济实力弱的问题。竹产业规模化经营后，第一、第二、第三产业融合发展，可以把分散的村民家庭生产经营同集中的国内外市场需求有机地结合起来，通过延长产业链条，提高竹产品的附加值。各种社会组织可为村民提供产前、产中和产后服务，帮助其提高经营效益，促使其走上专业化和商品化经营道路。竹产业规模化经营，还可以拓宽当地村民的就业渠道。随着一体化生产组织的日益完善，生产、加工、运输、仓储、销售等环节逐步建立，产业化、规模化所带来的生产能力扩大和生产领域扩展，必将吸纳更多的农村剩余劳动力就地就近就业，推动城镇化水平提升，促进县域内的城乡融合发展。而且，村民独自经营的模式因土地分割细碎，竹产品布局不统一，难以实现规范化生产，也难以推广使用林业机械和林业科学技术。竹产业规模化经营后，有利于解决小农因担心风险和成本不敢采用新技术的问题，有利于加快新生产技术的推广速度。

2019年后，盐津县委、县政府整合产业扶贫项目，通过大力扶持龙头企业、村集体公司组织化发展，加大了对种植大户、专业合作社等新型经营主体的培育力度。盐津县支持新型农业经营主体根据初、深加工及市场方向，以自主承包建立标准化竹基地示范为引领，引导合作社和农户打造规模化生产基地，对接大客户和打通大市场。盐津县引导扶持农民专业合作社及村集体经济公司发挥组织农民的优势，围绕竹产业的各个环节从事生产经营和服务，农民专业合作社及村集体经济公司可以代表农民与龙头企业积极对接、签订协议、捆绑发展。盐津县引导鼓励村民发挥自身的资源优势，将财政扶持性资金汇聚整合于农民专业合作社，通过土地流转、竹林和土地入股方式与农民专业合作社及村集体经济公司展开深度合作。对全户外出户、无劳动力户及搬迁后的易地扶贫搬迁户等不便经营管理自家竹林的，农民专业合作社和村集体经济公司可通过引导他们以土地流转、入股或托管等方式参与合作，充分调动适宜种植地块区域村民参与竹产业融合发展的积极性。在全县全面推广"农民专业合作社+村集体经济公司+农户""保底分红""二次返利"的利益联结机制。

（四）完善竹产业融合发展配套政策

我国虽然是产竹大国，但政府对竹林的生产扶持资金投入十分有限，在很大程度上影响了竹林的改造、竹产品加工技术改造和相关产品的深度开发。地方政府对竹产业的管理相对薄弱，有必要出台相关管理措施，加强对竹资源培育、保护、发展和利用的统一规划和指导，以促进竹产业培育和加工利用向规模化、规范化方向发展。盐津县委、县政府在支持竹产业发展时，积极发挥市场配置资源的决定性作用，遵循市场发展规律，发挥政府引导、政策支持、资金扶持、金融支持、政府部门服务的作用，以全县的10个乡镇为实施主体，鼓励和引导社会资本参与标准化竹基地建设，参与竹产品、蜂蜜的加工和营销。新型农业经营主体新建集中连片竹产业融合发展基地1000亩以上，带动农户50户以上（其中：建档立卡贫困户15户以上）的，县政府整合涉农资金给予600元/亩补助。其中，第一年启动种植时兑现200元/亩，第二年按照政府制定的标准验收合格后兑现200元/亩，第三年经检查达到竹产业的管护要求后兑现200元/亩。除此之外，政府还会优先考虑新建竹产业基地的水、电、交通、通信、网络等基础设施建设。

鲜笋采摘需要耗费人力，又需要在最短时间内运输到就近加工点进行保鲜处理，再通过冷链物流设施运输到外地市场。因此，分布在竹林内部的营林生产管护道、通往外界的产业路和冷链烘干设施是竹产业发展的基础设施。在冷链或烘干设施建设奖励补助方面，盐津县规定，新型农业经营主体在竹产业基地建设冷链或烘干设施，冷链储存能力达到200吨以上或年烘干能力达到20吨以上的，按总投资的20%给予所属村集体经济公司一次性奖补，奖补最高可以达到16万元。村集体经济公司需要将政府给予的奖补资金作为资本金注入设施建设方，按资金比例占相应股份，村集体经济公司通过分红的形式壮大村集体经济。在营林生产管护道和产业路建设奖励补助方面，全县10个乡镇按照"一事一议"办法，动员当地村民参与投工投劳，由县林草局会同县交运局按"一路一方案"的原则勘测设计后，县级涉农资金给予水泥、砂石料、机械、运输费用补助。盐津县同步推进适宜区域的营林生产管护道窄改宽工程，切实解决竹笋下山难、运输难、成本高、资源可及度低等问题，提高竹产业资源利用率，也可同时改善竹

山地生态农业产业赋能
乡村建设——云南省盐津县乡村振兴调查报告

产区村民的交通通行条件。

当前，竹产品营销的发展方向主要是品牌营销、超市营销和电商营销。在买方市场条件下的竹产品竞争实质上是品牌的竞争，而林业标准化则是竹产品创品牌的必由之路。在很多地方，由品牌带动一个产业发展的例子并不鲜见。因此，将"产地+品种"的名特优竹产品资源培育为品牌竹产品十分重要。盐津县在2022年获得了"中国方竹之乡"的荣誉，在一定程度上提升了盐津方竹的知名度和美誉度。盐津县委、县政府在竹产业发展过程中，鼓励新型农业经营主体加大竹产业标准制定、基础研究、实用技术培训推广、"三品一标"报审认定、品牌打造力度，通过贷款贴息的形式给予支持。盐津县加大专家服务、科技下乡等科技扶持力度，开展竹林培育、病虫害防治、竹产品初加工、蜜蜂养殖、饲料加工、产品市场营销等培训，培训一批行业能手和林业职业经纪人，提高竹林基地建设者和竹产品融合加工者的整体素质。盐津县着力突破实用技术培训推广、新成果引进示范、优良品种培育、高产丰产基地建设、竹笋保鲜加工储运、市场营销、资源综合利用、竹蜜文化培育宣传等方面的瓶颈。

（五）盐津县竹产业发展面临的困难

《盐津县2024年政府工作报告》指出，2023年笋用竹种植面积达到102万亩，产鲜笋达到6万吨。鲜笋平均亩产值2000元左右，已成为盐津县37000余户村民家庭经济收入的重要支撑。根据盐津县统计局发布的《盐津县2023年全年经济运行情况》，2023年相比2022年，家禽出栏下降2.6个百分点，牛出栏下降4.9个百分点，以竹产业为核心的林业产值增长6.8个百分点。也就是说，在盐津县鸡、牛、竹三大农业产业中，2023年时只有竹产业实现增长。笔者在田野调查时也发现，不管是当地村民还是乡镇干部，均认为盐津县的三大农业产业中，竹产业发展最好，农民从竹产业发展中获得的实惠最多，农民发展竹产业的内生动力也最强。之所以盐津县的竹产业发展最好，根本原因是鲜笋生产成本低，面临的自然风险最小。目前，村民在生产鲜笋时，只需要在春季对竹林进行一次除草，平时不需要施用任何的化肥和农药，秋季短期雇用若干个劳动力帮忙采摘鲜笋即可，商贩会到笋山收购村民初加工后的鲜笋,村民生产鲜笋的成本很低。竹产业受海拔、生态环境决定,不是任何地方都可以产竹笋,鲜笋在市场上长期供不应求。因此,相比鸡和牛两大产业生产成本高和面临巨大的市场风险,鲜笋的生产成本最低、市场风险最小。同时,鲜笋生产成本低、市场风险小,意味着当地农民在较低生产成本投入和较低市场风险的情况下,就可以获取比较稳定的收益。尽管如此,盐津县的竹产业发展仍然面临一些困难。

一是以鲜笋销售为主难以惠及更多村民。盐津县竹产业以鲜笋销售为主和产业链太短是一个硬币的两面,鲜笋的市场需求旺盛,村民销售鲜笋就可以获取稳定收益,降低了村民对鲜笋进行深加工的动力和意愿。同时,盐津县缺乏竹产业深加工能力,又强化了村民依靠销售鲜笋获取经济收益的竹产业发展路径。由于鲜笋生产受海拔高度限制,全县只有部分村民能够从鲜笋生产中受益,造成了不同区域农民的贫富分化。例如,位于海拔1200~2200米的一些行政村,大力发展竹产业后,大部分的村民家庭每年可以通过销售鲜笋获益4万~6万元,少量土地较多的家庭在发展竹产业后家庭年收入甚至能够达到50万元左右。而生活在低海拔地区的村民,很难通过发展鸡和牛养殖业获取同等水平的家庭经济收入。从理论层面来看,竹产业涉及种植、生产、加工、运输、仓储、销售等诸多环节,通过合理的产业布局规划,可以使生活在不同海拔的村民都参与竹产业发展,从中分享竹产业发展收益,但目前盐津县的竹产业以鲜笋销售为主,产业链太短,无法创造更多的就业机会,难以带动生活在低海拔区域的村民家庭经济收入增长。因此,盐津县的竹产业还不具备带动整个县域经济社会发展的能力。

二是深加工能力不足难以建立生态循环经济。盐津县人工种植的方竹,3年时间可以见到收益,5年时间就可以达到丰产状态。但要对竹林资源进行综合利用,需要具备竹产业的深加工能力。只从鲜笋加工环节来看,鲜笋的实际利用率不到1/3,笋节、笋壳等下脚料被废弃,不仅造成竹笋资源的极大浪费,而且还会造成环境污染。如果在笋节、笋壳等生产垃圾中添

山地生态农业产业赋能
乡村建设——云南省盐津县乡村振兴调查报告

加某些元素，使之发酵成为食用菌栽培基料或植物蛋白饲料，将饲料通过猪、牛、羊过腹转化为优质的有机肥，在运输竹笋时顺便把这些有机肥带到竹林中用于施肥，不仅可以达到降低生产成本的目的，还可以达到处理生产垃圾和建立循环经济体系的目的。但现实情况是，盐津县的竹产业生物科技园区还处于规划阶段，竹笋深加工集中在竹笋的可食用部分，还缺乏对笋节、笋壳、竹叶、竹材等资源的综合开发应用能力，难以建立竹产业生态循环经济体系。

三是以竹产业为基础的旅游业还未形成。近年来，基于竹资源的旅游开发逐渐被人们所重视。浩瀚的竹海，清幽的竹谷，色彩斑斓的竹山，山水相依的竹岛成为独具魅力的自然生态景观。大片的竹林资源可开发成为观光旅游、度假休闲、保健养生、购物美食、研学科普、节庆会展等多种不同类型的旅游产品。2019年，盐津县委、县政府制定的《盐津县竹产业融合发展实施意见（试行）》明确要求竹产业与旅游业融合发展，提高竹产业的附加值。竹产业与乡村旅游融合发展，意味着要兴建大量旅游基础设施，做好产品营销、品牌推广、服务团队培训管理等工作。目前，盐津县的竹产业还处于打基础阶段，重点推进的是扩大竹林规模，完善与鲜笋生产采摘紧密相关的道路、水、电等产业基础设施，竹林基地尚缺乏旅游观光价值。因此，从短期来看，盐津县竹产业与旅游业融合发展的格局还难以形成，制约了竹产业综合效益的发挥。

四是"半工半耕"农村社会结构限制了竹产业发展。盐津县的乡村人口参与竹产业发展的内生动力最强，根本原因是鲜笋生产契合了中国农村早已形成的"半工半耕"社会结构。盐津县的竹产业以鲜笋生产销售为主，当地村民在生产鲜笋时只需要在春季除草和秋季采摘，其余时间都可以外出打工。村民普遍认为，竹产业对劳动力的需求少，扩大竹林种植面积与外出打工并不冲突，也不需要学习很多新的种植知识。如果是养鸡和牛，不仅全年需要劳动力照管，还需要学习很多新的养殖知识，更会面临变幻莫测的市场风险。养鸡和牛难以做到收益稳定，还经常面临着亏损风险，养鸡和牛也必须放弃外出打工。在村民看来，发展竹产业和外出打工的收益最为稳定，两者又可以兼顾，一个家庭在合理配置劳动力资源后就可以获得两份收入，有利于家庭的经济安全。然而，一旦村民习惯了"半工半耕"的社会结构，认为两者兼顾有利于家庭经济安全，就会削弱他们在竹产业加大劳动力投入、学习新的种植技术、延长产业链等方面的内生动力，使得竹产业长期停留在鲜笋生产销售这样的简单环节，竹产业难以真正实现产业化、规模化经营，从而陷入"有增长无发展"的困境。

第四章　盐津县农业产业发展与新型农村集体经济实践

随着农村经济由自给半自给经济向市场经济转变，建立在分工与合作基础上的新型合作经济组织必然得到发展，农村集体经济在合作与联合过程中获得了时代发展机遇（许经勇，2017）。一些研究发现，农村集体经济收入与乡村振兴水平之间呈显著的正相关关系。集体经济收入比较可观的行政村，其乡村振兴水平较高；集体经济收入低的行政村，其乡村振兴水平则较低。因为，农村集体经济的强大为基础设施建设以及高效农业的发展提供有利条件，同时帮助农民获得更多的工资性收入与财产性收入，农民不需要外出务工就可以维持家庭生计安全，对于缩小城乡发展差距与促进城乡基本公共服务均等化具有重要作用（蒋辉、吴永清，2021：147）。

近年来，随着党和国家大力推动新型农村集体经济发展，诸多研究探讨了新型农村集体经济与村落共同体重建之间的关系。盐津县委、县政府在制定政策推动盐津县的农业产业发展的过程中，也有意识地探索新型农村集体经济的有效实现形式，目的是解决乡村治理难题和实现农民共同富裕，最终有利于乡村建设。本章将聚焦盐津县在发展农业产业时的新型农村集体经济探索实践，分析制约盐津县发展壮大新型农村集体经济的主要因素。

一　新型农村集体经济发展助推乡土社会重建

在人民公社时期，村民在共同产权、共同劳动和共同收益三位一体的集体经济组织中缺乏劳动积极性，但村民的生产生活也得到集体经济组织的庇护，进而塑造了村民的村落共同体意识。土地改革和人民公社制度实施以后，地缘关系在村落社会整合中的作用超过了血缘关系，中国的村落开始具有了村落共同体的典型特征（张乐天，2005：6）。家庭联产承包责任制实施以后，村民分户经营超过了村落统一经营，再加上农村集体经济改制，乡村发展集体经济的能力大为削弱，很多村落沦为集体经济的"空壳村"。村民经济活动由人民公社时期的联合劳作向土地承包分户经营转型后，经济活动性质发生的变化直接影响到村民之间的交往互动和社会关联。2006年国家正式取消农业税，乡村在缺乏集体经济收入的情况下，村"两委"无法向村民提供公共服务、解决村民在生产生活中遇到的困难，村民对村落进一步失去认同感和归属感。乡村流动性增强，大量青壮年劳动力长期外出务工，造成了村落过疏化和村落日常居住人口为"三留守"人员等问题，乡村组织走向衰败，对乡村治理构成了诸多挑战。

国家为了解决乡村治理问题，开展和推进了农村社区建设。但是，国家开展农村社区建设的主要目的是解决乡村社会治理和农村基本公共服务能力滞后问题（任强、毛丹，2015），并没有将村落共同体重建作为政策目标之一。农村政策的总体构想是通过在农村发展新型农村集体经济夯实社区公共财力，不但可以支持乡村治理工作，也能够减轻乡村运行对国家财政的依赖。我们可以看到，党中央决定在2006年取消农业税，2007年党的十七大报告明确提出要"探索集体经济有效实现形式，发展农民专业合作组织"。在2012年以后，连续3年的中央一号文件都强调要发展和壮大农村集体经济，各个地方可以结合自身实际情况，探索新型农村集体经济的有效实现形式。乡村振兴战略提出后，《乡村振兴战略规划（2018—2022年）》要求"发展壮大农村集体经济，提高农业的集约化、专业化、组织化、社会化水平，有效带动小农户发展"，2022年中共中央办公厅、国务院办公厅印发的《乡村建设行动实施方案》要求"强化县级党委统筹和乡镇、村党组织引领，推动发展壮大村级集体经济"，党的二十大报告提出"巩固和完善农村基本经营制度，发展新型农村集体经济"。可以说，家庭联产承包责任制实施后，"由统到分"的过程极大地提高了广大农民的生产积极性，解决了过去农民吃不饱、穿不暖的问题。现在是"由分到统"，通过发展新型农村集体经济将分散的农民组织起来抱团发展，才能做大做强农村经济，推动农业农村的现代化。

党的十七大报告首次明确鼓励发展农村集体经济，这种农村集体经济不同于人民公社时期政社合一的传统农村集体经济，因而被称为新型农村集体经济（徐勇、赵德健，2015）。多年以来，尽管诸多的政策文件经常提到鼓励发展新型农村集体经济，各个地方可以结合实际情况探索新型农村集体经济的多样化实现形式，但一直没有对什么是新型农村集体经济做出官方的权威定义，也没有明确规定新型农村集体经济的实现形式。2023年的中央一号文件《中共中央 国务院关于做好2023年全面推进乡村振兴重点工作的意见》首次将新型农村集体经济明确表述为"巩固提升农村集体产权制度改革成果，构建产权关系明晰、治理架构科学、经营方式稳健、收益分配合理的运行机制，探索资源发包、物业出租、居间服务、资产参股等多样化途径发展新型农村集体经济"。2023年2月14日，国务院新闻办公室召开2023年全面推进乡村振兴重点工作新闻发布会，发言人在会上表示新型农村集体经济"就是产权关系明晰、治理架构科学、经营方式稳健、收益分配合理，这四句话"；新型农村集体经济有资源发包、物业出租、居间服务、资产参股四种实现形式。

已有研究指出，不管是增强农村集体经济政策的针对性，还是进一步推进农村集体经济发展的体制机制改革，都要明晰农村集体经济的范围，明确区分集体经济和乡村社会中以农民专业合作社为主的合作经济（高鸣、芦千文，2019）。因此，2024年6月通过的《中华人民共和国农村集体经济组织法》对农村集体经济组织的性质和范围做出明确界定：农村集体经济组织，是指以土地集体所有为基础，依法代表集体成员行使所有权，实行家庭承包经营为基础、统分结合双层经营体制的区域性经济组织，包括乡镇级农村集体经济组织、村级农村集体经济组织、组级农村集体经济组织。《中华人民共和国农村集体经济组织法》还规定：村一般应当设立农村集体经济组织，村民小组可以根据情况设立农村集体经济组织。农村集体经

第四章　盐津县农业产业发展与新型农村集体经济实践

组织是发展壮大农村集体经济、巩固社会主义公有制、促进共同富裕的重要主体，是健全乡村治理体系、实现乡村善治的重要力量，是提升党组织凝聚力、巩固农村执政根基的重要保障。从这部立法中可以看到，农村集体经济组织是发展新型农村集体经济的载体，新型农村集体经济被赋予了提升基层党组织凝聚力、实现乡村善治的乡村治理功能。

在实践层面，各个地方政府围绕着如何发展和壮大新型农村集体经济出台了很多政策文件，以前所未有的力度推进新型农村集体经济发展，核心目标是为乡村治理工作服务。2019年发布的《中国共产党农村工作条例》要求加强党对农村经济建设的领导，其中一项任务是发展壮大农村集体经济。因为，乡村治理首先需要解决"谁来治理乡村"的问题。农业税取消后，村干部待遇和开展相关工作的经费不再通过农业税提留解决，不仅加大了地方财政负担，村干部的待遇和工作经费也常常因为地方财政困难而难以得到保障。同时，农业税取消后，国家权力以资源下乡的形式再次深入乡村社会，村"两委"开始承接越来越多的行政工作，村干部从过去的兼职变成全职。《云南省"十四五"农业农村现代化发展规划》就要求"推动乡村治理重心下移，尽可能把资源、服务、管理下放到基层"。乡村治理重心下移意味着村"两委"干部要承担大量行政工作，如何保障村干部待遇和工作经费关乎"谁来治理乡村"的问题。在此情况下，推动新型农村集体经济发展，既可以促进乡村经济发展，也可以在一定程度上解决村干部待遇和相关工作经费问题。

中共昭通市委办公室在2018年印发的《关于发展壮大村级集体经济增强基层组织活力 逐步提高村组干部待遇的办法（试行）》就强调："发展壮大村级集体经济是支撑农村经济发展和打赢脱贫攻坚战的基础，是增强基层组织活力和逐步提高村组干部待遇的重要保证。……依托村级集体经济收益，探索建立健全与之相适应的村组干部激励机制。"要求全市建档立卡贫困村按照脱贫出列考核要求，同步消除村集体经济"空壳村"；非建档立卡贫困村要加快发展村级集体经济，到2020年实现村级集体经济全覆盖。各个地方探索发展新型农村集体经济，除了解决村干部待遇问题，还可以

111

山地生态农业产业赋能

乡村建设——云南省盐津县乡村振兴调查报告

积累社区公共财力，更好地为村民提供基本公共服务。黄宗智的研究就观察到，"即便是仅仅一年上万元的社区收入，应该也起码可以部分解决目前村庄内部、个别农户住宅和院子范围之外的'满地垃圾'与泥泞路等公共服务真空的问题"（黄宗智，2021）。乡村振兴战略的政策目标是实现农业农村的现代化，只有通过提供基本公共服务，改善农民的生产生活环境，不断满足农民对美好生活的向往和需要，提升农民的生活质量，才能重新构建村民对村落的认同感和归属感，在此基础上解决乡村治理难题。

因此，发展新型农村集体经济，还可以将农民组织起来，确立农民在乡村发展中的主体性地位。在国内主流的发展理念和发展模式中，乡村不是发展的主体，而是为城市经济发展提供廉价劳动力资源的"蓄水池"，以及城市发生危机以后的国家现代化的稳定器，具有丰富社会文化内涵的"农民"被简化为经济发展的劳动力资源。由于乡村不是发展的主体，农民的主体性地位没有确立，国家解决"三农"问题的新农村建设、美丽乡村建设也没有改变家庭联产承包责任制实施后导致的农民个体化和功利化问题。在国家资源大量输入乡村的情况下，因村民之间只存在松散联系，个体化和功利化的村民无法有效对接国家向乡村输入的大量建设资源，导致乡村经济社会发展过程中的"精英俘获"（邢成举、李小云，2013）现象和"乡村治理内卷化"（李祖佩，2017）问题长期存在。党的十九大报告提出的乡村振兴战略注意到了在乡村振兴战略实施过程中确立农民主体地位的重要意义。乡村的去主体性主要表现在农民的去组织化，村落共同体逐渐解体，乡村社会丧失凝聚力和内生发展动力（吴重庆、张慧鹏，2018）。要确立农民在乡村振兴中的主体地位，就需要将农民重新组织起来，只有组织起来的农民才能更好地对接国家向乡村输入的建设资源，将这些资源转化为建设美好生活的能力。

在人民公社时期形成的农村土地集体所有制至今未发生改变，是当前乡村振兴战略实施的制度基础。中共云南省委办公厅、云南省人民政府办公厅印发的《云南省农村居民持续增收三年行动方案（2022—2024年）》指出："支持村集体探索利用集体土地、林地、'四荒地'、水面、滩涂等资源，建设农业生产、加工、经营、服务设施和乡村旅游项目，通过发包或自主经营增加农民收入。"以农村土地集体所有制为依托发展新型农村集体经济，不同于外来的工商资本进入乡村时面临着如何嵌入乡土社会的问题，产生于村落内部的新型农村集体经济一开始就嵌入于乡土社会之中，是一种兼具经济属性和社会属性的"社会经济"（杜园园，2019），对乡土社会重建会产生明显而直接的影响。新型农村集体经济可以化解乡村发展面临的资源配置、成员权利、利益分配等难题，还对构成乡村公共性的组织要素、资源要素、关系要素、空间要素进行重新配置，进而重塑了乡村公共性（谢治菊，2023）。

各个地方探索发展新型农村集体经济的主要政策目标是解决村干部待遇问题和村集体为村民提供基本公共服务缺乏财力的问题，但新型农村集体经济发展也促进了乡村治理方式变革，将对乡村社会产生更为深远的影响。乡村振兴战略的五个总要求之一是乡村治理有效，要求健全和完善农村基层党组织领导的村民自治、德治和法治相结合的乡村治理共同体。2019年8月19日起开始施行的《中国共产党农村工作条例》要求，村党组织书记应当通过法定程序担任村民委员会主任和村级集体经济组织、合作经济组织负责人。这样的制度设计进一步将新型农村集体经济发展与乡村治理紧密结合起来。一些先行探索发展新型农村集体经济的地方经验表明，新型农村集体经济的发展壮大有助于在村级组织内部、村集体与农民个体之间、社区与居民之间建构更为紧密的利益联结机制（马良灿、李净净，2022）。在利益联结的驱动之下，个体化和分散化的农民实现了一定程度的组织化，在村落内部重建了村民之间的社会关联。因此，以新型农村集体经济作为利益联结点，推动村民之间基于契约关系、合同协作关系展开深层次交往互动，利于形成一种符合现代社会发展趋势的新型村落共同体。

二 盐津县推动新型农村集体经济发展的主要做法

2016年，《中共中央 国务院关于稳步推进农村集体产权制度改革的意

山地生态农业产业赋能
乡村建设——云南省盐津县乡村振兴调查报告

见》提出,"科学确认农村集体经济组织成员身份,明晰集体所有产权关系,发展新型集体经济"。2018年,习近平总书记在十九届中央政治局第八次集体学习时指出:"要把好乡村振兴战略的政治方向,坚持农村土地集体所有制性质,发展新型集体经济,走共同富裕道路。"推动新型农村集体经济发展不只关系到乡村经济发展,还能够增强基层党组织凝聚力,提高村"两委"组织群众、服务群众的能力,是关系到党在农村执政基础和执政地位的政治决定。在脱贫攻坚时期,为了增强村级组织的"造血"功能,消除农村集体经济"空壳村"是其中一项考核指标。为了如期完成脱贫攻坚任务,中共昭通市委办公室在2018年印发的《关于发展壮大村级集体经济增强基层组织活力 逐步提高村组干部待遇的办法(试行)》要求,着力解决昭通市的村集体经济"无"和"弱"的问题,每个行政村的村集体经济收入不得低于2万元。

为积极支持发展壮大村集体经济,《关于发展壮大村级集体经济增强基层组织活力 逐步提高村组干部待遇的办法(试行)》要求健全完善"党支部+合作社"发展机制,放宽村级集体注册公司或合作社条件,鼓励村集体以可支配的资源、资产、资金等要素为依托,以村为单位组建劳务服务公司、成立专业合作社、协会等各类合作经济组织,鼓励村组干部个人领办创办集体经济。鼓励村组把集体资产折价、固定资产划拨、财政直接投入、集体自筹等作为股份来源,通过全资入股、控股经营、参股经营等形式,与企业、专业合作社、协会、致富能人等开展股份合作,实现资源变股权,按股份参与分红。允许村级集体经济组织在规范合同签订、约定服务内容的前提下,通过流转土地、协调群众等形式,向第三方提供服务收取相关服务费,纳入集体经济收入。在确保资金投向和基本用途不变的前提下,统筹各类支农惠农项目资金支持村级集体经济发展特色产业,以资金变股金的形式,提供给龙头企业、专业合作社、协会等经济组织捆绑使用,经济组织、村集体、村民严格按照章程和协议建立利益联结机制,明确股份比例,利益共享。

虽然行政村的集体经济收入突破2万元的要求并不高,但对于欠发达地区的偏远乡村而言，仍然是一个不容易达到的目标。昭通市一些县、区的做法是在每一个村成立一家村集体经济公司，由县财政拨款到村集体经济公司作为发展村集体经济的启动资金，村集体经济公司再把资金入股到当地企业，然后企业按合同约定给村集体公司分红。每个村的村集体经济公司每年可以获得2万~3万元的分红，作为村集体经济收入完成上级政府考核要求。通过村集体经济公司入股企业获得分红，实质上是借钱给企业获取利息。有些地方的做法是以农民专业合作社代替村集体经济公司，有些地方是县财政给村集体经济公司一笔钱在城里买商铺，出租商铺获取租金作为村集体经济收入。这些做法在短期内可以满足上级政府考核要求，从长远来看并没有达到通过发展村集体经济提高基层党组织战斗力、凝聚力的政策目标，更不可能通过发展村集体经济提高为村民办实事和发展公益事业的能力。这些做法也没有严格按照农村集体经济的定义开展工作，存在农村集体经济与以农民专业合作社为代表的合作经济、股份经济等相混淆的情况，产权不清晰为以后的产权纠纷、利益分配分歧埋下了隐患。盐津县在促进新型农村集体经济发展时，不只是通过向集体经济薄弱村注入财政资金在短期内提高集体经济收入①，还采取了一系列改革措施并完善体制机制，希望促进新型农村集体经济的可持续发展。

早在2017年初，盐津县委、县政府就根据中央关于村级集体经济发展的有关文件精神，启动了集体经济强村工程，着力破解农村集体经济资产闲置、农业生产低效、农民分散经营和农村基层党建引领乏力的困局。结合盐津县的实际情况，由县委组织部牵头实行"一改三化五统一"，组建符合新型农村集体经济定义的村级集体公司。

"一改"是按照《中共中央 国务院关于稳步推进农村集体产权制度改革的意见》要求，深化农村集体产权制度改革，明确农村集体经济组织市场主体地位，充分发挥市场在资源配置中的决定性作用。"一改"的重点工作一是清产核资，摸清楚每个村的经营性资产和非经营性资产，明晰产权

---

① 例如，《盐津县各乡镇2021年扶持壮大村级集体经济项目实施方案的批复》给26个集体经济薄弱村702万元的财政扶持资金，每个村获得27万元资助。

115

山地生态农业产业赋能
乡村建设——云南省盐津县乡村振兴调查报告

归属;二是还权赋能,集体财产依法由农村集体经济组织成员集体所有,由农村集体经济组织负责管理;三是在确认农村集体经济组织成员方面统筹兼顾,按照尊重历史、兼顾现实、程序规范、群众认可的原则,统筹考虑户籍关系、农村土地承包关系、生产生活状况等。以落雁乡的龙塘村为例,一个不到5000人的中等规模行政村,经过清产核资后确认,全村的集体经济总资产达到4246万元。其中,经营性资产996万元,非经营性资产2918万元,资源性资产332万元。清产核资的目的是摸清楚集体经济家底,明晰集体经济资产和非集体经济资产,为集体经济资产增值奠定基础。

"三化"是指实施公司化运营、推进股份化改造、坚持多元化发展。在2018年以前,盐津县各个行政村的集体经济资产经常处于"沉睡"状态,根本原因是促进集体经济发展方面的体制机制不健全,难以挖掘集体经济资产潜力增加集体经济收入。盐津县将农村集体经济经营性资产划拨进入村集体经济公司,再将集体经济的经营性资产以股份或者份额形式量化到农村集体经济组织成员,作为其成员参与集体经济收益分配的基本依据。同时,只有充分发挥市场在资源配置中的决定性作用,将集体经济资产放入市场中运营,才能达到集体经济资产保值增值的目的。盐津县委、县政府鼓励各个行政村的村集体经济公司结合本村实际情况和资源禀赋,以资源发包、物业出租、居间服务、资产参股等形式开展多元化经营。

"五统一"是统一注册、统一章程、统一架构、统一挂牌、统一培训。新型农村集体经济发展是一个系统性工程,需要大量的专业知识才能胜任。如果将注册村集体经济公司、制定村集体经济公司章程、培训人员等工作交由村"两委"干部完成,村干部日常工作已经十分繁忙,也缺乏相应知识储备,最终结果可能流于形式,不可能真正推动新型农村集体经济发展。盐津县委、县政府充分考虑到行政村存在的实际困难,由县政府采取"五统一"工作方法推动村集体经济发展。例如,《盐津县中和镇艾田村股份经济合作联合社章程》载明:本社系农村集体经济的一种新型组织形式,按照计划管理和民主管理的原则,实行独立核算,自主经营,自负盈亏。股东以其出资额为限对合作社承担责任,合作社以其全部资产对本社的债务承担

第四章 盐津县农业产业发展与新型农村集体经济实践

责任。本社的基本职能：资产经营、资产管理、资产积累和收益分配。本社正确处理国家、集体、个人之间的关系，实行同股同利，搞好收益分配。每年艾田村股份经济合作联合社净收益分配的顺序和比例如下：（一）提取公积公益金 10%～20%；（二）提取福利费 20%～30%；（三）股东分配 50%～70%。

盐津县在完成"一改三化五统一"工作后，开启了农村集体经济新的发展历程。为了切实推动农村集体经济正常运转，发挥实际作用，盐津县委、县政府又设计了一套农村集体经济运行机制，就是"三变"促"四有"增"四效"。"三变"是指资源变资产、资金变股金、农民变股东。盐津县通过清产核资，各个村、社区对村集体经济资产进行评估，把可以用于日常经营的经营性资产单独剥离，再将经营性资产进行折股量化，并将这些股份划分为集体股、社员股、扶贫股，比例按照 3：2：1 执行，具体的划分方式和比例也可以由村集体经济公司和股东成员共同商议决定。根据村集体经济公司发展要求，对农户承包土地的经营权、宅基地使用权等以亩为单位折价量化，入股到村集体经济公司，再按股份分红使农户获取收益。集体股分红归村集体经济公司所有，分红收益主要用于支持扩大再生产、建设维护村里的基础设施、开展公益事业等。社员股分红归股东成员所有，经村集体经济公司成员同意，也可有偿将社员股份分红投入村集体经济公司扩大再生产、建设基础设施等。扶贫股用于设立村（社区）扶贫公益金，村（社区）根据实际情况，拟定分配方案，支持帮助贫困户发展。

"四有"是指通过"三变"改革，调动村民参与乡村经济发展的积极性，实现人人有就业、户户有股份、村村有产业、乡乡有支柱。"四效"是指政治效益、经济效益、生态效益、社会效益。政治效益是通过农村集体经济股份制改革，以划分集体股的方式增加村、社区公共财力，解决为群众办事的工作经费问题，提高基层党组织在群众中的威信，增加群众对村"两委"的认同感。同时，只有具有一定的公共财力，才能更好地对基层干部进行绩效考核，提高基层干部待遇，提升基层干部学习积极性、工作积极性，高质量开展乡村治理工作。经济效益和生态效益是指，盐津县在发

山地生态农业产业赋能
乡村建设——云南省盐津县乡村振兴调查报告

展生态农业产业时，创新组织形式，以村集体经济发展助推生态农业产业发展，既实现乡村经济发展，又实践新时代的绿色发展理念。社会效益则集中体现在将经营性资产进行折股量化后划分为集体股、社员股、扶贫股，集体股收益主要用于基础设施建设维护、开展公益事业等，扶贫股用于设立村（社区）扶贫公益金，帮助低收入群体发展，走共同富裕道路。盐津县在发展新型农村集体经济时设置集体股、社员股、扶贫股的做法，实质上兼顾了乡村经济发展和社会建设，有助于乡土社会重建。

需要指出的是，盐津县在发展新型农村集体经济时，"一改三化五统一"和"三变"促"四有"增"四效"是嵌入在农业产业发展过程中的。盐津县参与农业产业发展的主体有龙头企业、地方政府（村集体经济公司）、农民专业合作社、村民等，需要设计一套利益联结机制将不同主体整合在一起进行分工和合作。例如，普洱镇箭坝村在发展盐津乌骨鸡产业时，采取"党建+龙头企业+村集体经济+农民专业合作社+农户（易地扶贫搬迁户、'三类对象'）"的发展模式，形成了"1126"利益联结机制。即：村集体经济分红10%用于公益事业或巩固脱贫攻坚推进乡村振兴补短板，10%为易地扶贫搬迁户和"三类对象"分红，20%为龙头企业利益分成，60%为养殖合作社的利益分红。柿子镇三河村在发展肉牛养殖产业时，采取"农户+农民专业合作社+村集体经济+养殖公司"的利益联结机制。新型农村集体经济有资源发包、物业出租、居间服务、资产参股四种实现形式，在盐津县发展农业产业的几种利益联结机制中，村集体经济主要是通过提供居间服务获取收益，如组织村民开展基础设施建设、组织村民劳务输出等。

盐津县新型农村集体经济实现形式复杂，以股份制将龙头公司、农民专业合作社、农民、村集体经济联结在一起后，村集体经济收入如何分配变成了一个十分复杂的问题，再加上2019年发布的《中国共产党农村工作条例》要求，村党组织书记应当通过法定程序担任村民委员会主任和村级集体经济组织、合作经济组织负责人，村务合规难度更大。在田野调查时，有村支书就反映村集体经济收入怎么用是一个很复杂的问题，稍微不注意就会踩到政策、法律红线,甚至会涉及贪污罪、职务侵占罪。[①] 因村支书在村级集体经济发展过程中的责任重大,这些法律风险降低了村支书带领村民发展壮大新型农村集体经济的意愿。针对集体经济组织负责人不知道、不敢、不愿意使用村集体经济收入的问题,2022 年盐津县委组织部制定了《盐津县村级集体经济组织收益分配使用指导意见(试行)》,进一步规范村级集体经济收益分配管理,推动村级集体经济健康有序发展。该文件明确划分了村级集体经济可分配收益、不应一次性分配收益及不可分配收益,规定了村级集体经济收益的分配方向应当限于弥补以前年度亏损、提取公积公益金、提取福利费、向集体经济组织成员分配和其他分配情况。

三 盐津县发展新型农村集体经济面临的困难

从盐津县探索实践新型农村集体经济的历程来看,盐津县委、县政府积极贯彻落实党中央关于发展新型农村集体经济的相关要求,主要采取了"一改三化五统一"和"三变"促"四有"增"四效"的做法,并在农业产业发展过程中构建推动新型农村集体经济发展的利益联结机制。综合来看,盐津县通过农村集体经济产权制度改革,使农村集体经济组织的资产变为股权,使农民成为股东,实现了由集体共同共有到成员按股份共有的根本性变革。传统的农村集体经济组织经过产权制度改革后,要想真正成为具有强大竞争能力的社会主义市场经济主体,必须继续深化改革,强化经营管理,完善法人治理结构。实际上,推进农村集体经济产权制度改革,完善法人治理结构,人为设计一套利益联结机制、利益分配机制等做法并不难,困难之处在于如何"做大"新型农村集体经济这个蛋糕,切实推动新型农村集体经济在激烈的市场经济竞争中获取收益。因为,只有新型农村集体经济组织自身具有一定的财力资源,才谈得上分配这些资源,更好发挥新型农村集体经济组织的职能,实现"四有"和"四效"。从中我们可

---

① 新型农村集体经济职务犯罪的客观要件主要有三种形式:一是利用职务之便侵占集体财物;二是滥用职权;三是严重不负责任,不履行或不正确履行职务。参见黄延中(2012:208)。

119

山地生态农业产业赋能

乡村建设——云南省盐津县乡村振兴调查报告

以发现,关于新型农村集体经济发展的讨论最终又回到了新型农村集体经济有效实现形式的老问题上去。

自党的十七大报告明确提出"探索集体经济有效实现形式"以来,人们已经认识到发展新型农村集体经济是实现乡村经济发展的重要路径,也有利于推动乡村社会的全面进步和乡土社会重建。但新型农村集体经济是一种经济活动的组织方式,新型农村集体经济能否获益,取决于具体的经济活动。长三角、珠三角地区的农村集体经济发展较好,村集体经济收入高,根本原因是这些地方的土地早已非农化利用,以物业出租、发展工业企业为主要土地利用形式,高价值土地带来了丰厚的集体经济收益(苑鹏、刘同山,2016)。然而,在现实的新型农村集体经济发展过程中,中西部地区乡村的农村集体经济"空壳化"问题一直存在,农村集体经济效益低下也成为阻碍城乡经济发展差距进一步缩小的重要因素。

当前,中西部地区乡村的新型农村集体经济实现形式主要是依托于农业产业发展,农村集体经济发展离不开农业生产过程支持。农业生产过程需要土地、劳动力、资本、科学技术、组织、企业家才能等生产要素,而且是各类生产要素的有机组合和互相支持(张应良、徐亚东,2019)。也就是说,中西部地区乡村的新型农村集体经济发展是建立在农业产业发展的基础上,只有农业产业有所发展,新型农村集体经济也才能随之发展。中西部地区乡村农业产业发展面临困境,最终会导致新型农村集体经济发展面临困境,也就难以通过发展新型农村集体经济推动乡土社会重建。例如,2022年期间,豆沙镇依托"鸡、牛、竹"三大农业产业发展新型农村集体经济,以"龙头企业+村集体经济公司+农户"组织模式,全镇6个村的集体经济收入达到29.478万元,黑喜村13.1万元,万古村5.35万元,石门村5.13万元,石缸村3.69万元,银厂村0.2万元,长胜村2万元,平均每个村的村集体经济收入只有4.9万元。① 在对149户家庭的问卷调查中,有146户家庭从村集体经济中的分红为零,说明村民尚未因发展新型农村集体

---

① 《豆沙镇巩固脱贫攻坚推进乡村振兴工作》,豆沙镇党政办公室。

经济获益。根据笔者在田野调查中的观察，盐津县发展新型农村集体经济面临的困难主要体现在以下几个方面。

（一）"资源变资产"并未有效解决资产市场价值低的问题

2014年，贵州省六盘水开始探索"资源变资产、资金变股金、农民变股东"的"三变"改革，于2017年写入中央一号文件。"资源变资产"是让"沉睡的资源活起来"，利用市场化的机制将分散的各类资源要素进行整合，再通过企业、农民专业合作社等模式进行经营管理，实现资源收益共享。"资源变资产"的核心是实施资源要素的股权化改造，构建归属清晰、权责明确、保护严格、流转顺畅的现代农村产权体系。尽管农村资源类型多样，但最有价值的资源是土地资源，"资源变资产"的核心还是土地问题。农村土地属于集体所有，中国的土地制度决定了土地产权不能进入市场交易。党的十八届三中全会提出，实施土地所有权、承包权、经营权"三权"分置，土地所有权归集体所有，农民的承包权和经营权可以进入市场流转。农村土地"三权"分置制度赋予了"三变"改革合法性，农民在享有承包权的前提下可以自由处置经营权，以土地入股新型农业经营主体获取相应收益，从农民变成股东。

"资源变资产"如果用政治经济学的术语来说，就是价值运动或者价值形态的转化，这种运动或转化不能离开市场过程（陈林，2018）。农村最有价值的土地资源要能够真正转变为资产，使农民从中获取收益，关键问题就是如何对这些土地资源进行开发利用。农村土地资源价值存在梯度递减情况，越是靠近城市的土地价值越高，越是远离城市的土地价值越低。城郊区域的土地资源在城市化进程中快速增值，城郊区域的农民也在城市化进程中快速致富，已经形成一个依靠土地增值致富的食利阶层（贺雪峰，2011）。远离城市的土地因为价值低，农民不愿意耕种，以至于出现撂荒的现象。"三变"改革发源于过去的贫困地区，目的是破解贫困地区乡村经济发展面临的困境（王永平、周丕东，2018）。我们从这里可以看到，非城郊区域的农村土地资源价值在于发展农业产业，能否把农业产业发展好直接影响到"三变"改革的成败。

121

山地生态农业产业赋能
乡村建设——云南省盐津县乡村振兴调查报告

盐津县发展新型农村集体经济时也采取了"三变"改革措施，试图挖掘农村沉睡资源潜力，将资源转变为资产促进乡村经济发展。但盐津县"资源变资产"并未有效解决资产市场价值低的问题，在促进乡村经济发展方面尚未取得明显成效。根本原因在于，区域经济的市场过程决定了"资源变资产"之后的价值。盐津县地处西部欠发达地区，第二产业在地区生产总值中比重较低，城镇化率也远远低于全国同期平均水平，这决定了盐津县土地资源只具有较低的市场价值。盐津县即便是通过"三变"改革，农村最为重要的土地资源也只能用于农业产业发展，而农业产业发展面临的自然风险、市场风险、政策风险导致农业产业普遍存在效益低下的问题（梁栋、吴惠芳，2019），发展农业产业的经济收益低又进一步降低了土地资源的市场价值。农村土地"三权"分置后的"三变"改革只是为农村土地资源流转和进入市场交易构建了制度通道，至于资源变资产之后的市场价值则仍然取决于区域经济的市场过程，也就是土地用途决定了土地的市场价值，并在根本上决定了基于土地利用的新型农村集体经济发展状况（崔超，2019）。正如《全国乡村产业发展规划（2020—2025年）》中指出的，"产业兴旺是乡村振兴的重点，是解决农村一切问题的前提"，只有推动农业产业高质量发展，才能提升农村土地资源的市场价值，农民才可能从土地资源中获取更多收益。

（二）新型农村集体经济发展依附于农业产业发展

从新型农村集体经济产生历程来看，家庭联产承包责任制实施后造成中国乡村"分"有余"合"不足，乡村公共性逐步丧失后阻碍了乡村经济发展，一些地方开始在新的历史条件下探索发展农村集体经济。2006年农业税取消后，如何解决村"两委"干部待遇成为突出问题。2007年党的十七大报告明确提出鼓励发展农村集体经济，目的在于通过发展农村集体经济积累社区公共财力，解决乡村治理难题。脱贫攻坚开始后，产业扶贫是解决农村贫困问题的重要手段，面对农业产业发展过程中农民组织化程度低的问题，探索发展农村集体经济又被赋予提高农民组织化程度的功能。乡村振兴战略实施后，探索发展农村集体经济又被认为有利于确保农民在乡村振兴中的主体性地位。2023年的中央一号文件才明确界定什么是新型农村集体经济、新型农村集体经济有哪些有效实现形式。由于新型农村集体经济在不同时期的定位和被赋予的功能不同，新型农村集体经济的运行和发展缺乏独立性。

发达国家的农业产业化是一种在专业化和合作化基础上，用现代科学技术把与农业有关的工业、商业、金融和科技等部门联系在一起形成的相互制约、相互影响并促进共同发展的经济体制。与发达国家不同，我国新型农村集体经济组织起步晚于农业产业化，新型农村集体经济组织主要是为解决农业产业化问题而存在和发展的。自20世纪90年代以来，我国农村在农业产业化经营过程中所遇到的种种困难，使得人们认识到，只有发展以农业专业合作经济组织为主要形式的组织载体，才能有效解决其中存在的种种问题，这一点在东部发达地区农业产业化进程中体现得尤为明显（周晓东，2011：22）。中国农村先通过农业产业化实现纵向一体化，再通过鼓励支持新型农村集体经济组织发展实现横向一体化的做法，必然会导致新型农村集体经济组织建立较晚、建立时的外部环境复杂、极易受到农业产业发展影响，导致新型农村集体经济依附于农业产业发展。

盐津县在发展新型农村集体经济时，"一改三化五统一"和"三变"促"四有"增"四效"是嵌入在农业产业发展过程中的，主要为龙头公司、农民专业合作社提供居间服务获取收益，具有股份制特征。盐津县所设计的利益联结机制，也是为了将分散的农民组织起来合力发展农业产业。在普洱镇箭坝村的"1126"利益联结机制中，乌骨鸡养殖获取的收益中村集体经济占10%，易地扶贫搬迁户和"三类对象"占10%，龙头企业占20%，农民专业合作社占60%。这种股份制的特征会产生以下问题。一是村集体经济组织仅提供居间服务，持有的股份占比低，使得农村集体经济组织更容易受到龙头企业、农民专业合作社等产业资本的控制，会在一定程度上改变自身的战略、结构乃至行为，从而削弱农村集体经济组织的设立是为成员提供服务的这一初衷（杨团，2018）。二是盐津县的农村集体经济组织主要是为龙头企业、农民专业合作社等新型农业经营主体提供居间服务，

山地生态农业产业赋能
乡村建设——云南省盐津县乡村振兴调查报告

农村集体经济组织缺乏独立性，新型农村集体经济依附于新型农业经营主体所主导的农业产业，这种依附性会阻碍新型农村集体经济作为市场主体的形成，阻碍农村集体经济自身的发展壮大。

（三）新型农村集体经济发展缺乏专业人才支撑

盐津县在推进乡村振兴工作时，也非常重视人才振兴，为此制定了《乡土人才培养工程实施办法》《县委联系专家服务管理办法》等政策，并采取"双向挂职、进出平衡"的方式大规模开展挂职锻炼，自2015年以来，盐津县外派70余人到成都、华西村等挂职，引进东华大学教授范金辉等10位优秀人才挂任副县长或重点项目技术顾问。县委组织部和人力资源保障局拟定《盐津县"兴盐人才"引进培养管理办法》，通过柔性引进高校、科研院所的专家团队在盐津县建立基层科研工作站，助力农业产业发展。盐津县系统摸排农村致富带头人、返乡创业人员、电商达人、大学毕业生、"土专家"等各类人才，由各职能部门牵头建立行业人才库，进行跟踪培养、规范管理。根据各村（社区）在农业生产、劳动力就业等方面的需求，建立村级人才需求清单，乡镇派出人才工作组进行指导，县委人才工作领导小组办公室整合调度数据库中的人才到村（社区）开展帮扶。盐津县调整优化驻村工作队员，选派农技人才到行政村，在全县推动建立99个村级集体经济合作社，解决村集体经济"空壳化"问题。尽管盐津县委、县政府十分重视人才振兴问题，但现阶段的做法主要是选拔、培养行政管理方面人才，以及柔性引进科技人才以解决"鸡、牛、竹"三大农业产业发展面临的各种技术难题，较少关注新型农村集体经济发展方面的人才。

新型农村集体经济组织与传统农村集体经济组织的主要区别在于是否实行企业化管理。传统农村集体经济是政社合一，村集体经济组织往往与村民委员会混为一谈，集体经济活动与乡村治理活动混为一谈，公益性投资与生产性投资混在一起，村民福利与集体经济收益分配难以区分，集体经济缺乏严格的经济核算。新型农村集体经济组织虽然在一定时期、一定范围内对村内基础设施建设、对村内集体福利事业给予一定支持，但是这些都需要经过股东代表会议民主决策决定。新型农村集体经济组织完善法人治理结构，按照现代企业管理要求，建立成本核算体系，实行公司化管理，并按照市场经济要求，结合本村实际情况，扬长避短，因地制宜，确立农村集体经济经营战略和主导产业。同时，新型农村集体经济组织在进行产权制度改革时，也需要改革内部劳动用工制度和人事管理制度，建立健全激励机制和约束机制，实行专业化管理。但新型农村集体经济在实行公司化经营过程中，在集体资产管理、人力资源管理、预决算与财务分析、会计核算、产业发展项目决策等方面都需要用到相应的专业知识，最终会表现为对专业人才的需求。

盐津县中和镇艾田村是新型农村集体经济发展的示范村，以"三变六合"改革着力破解制约新型农村集体经济发展过程中资金、人才等要素匮乏的问题。特别是"六合"改革成立村级股份经济合作联合社，由其承担管理职能，股份经济合作联合社下面又分别成立土地股份合作社负责土地流转，劳务股份合作社负责劳务输出，旅游股份合作社负责发展乡村旅游业，置业股份合作社负责经营管理农民专业合作社资产，农村合作经济联合会负责沟通合作社、信用社和供销社。在过去，农民专业合作社沦为"空壳社"的一个原因是合作社由当地农民发起成立，既缺乏相关专业人才，业务范围又太宽泛，农民专业合作社难以实际运行。"三变六合"改革的初衷是实现农民专业合作社向专业化方向发展，增强农民专业合作社实力，现实情况却是很难找到具有相关专业能力的村民担任几个专业合作社的理事长，乡村专业人才的匮乏制约了农民专业合作社的专业化发展。也使得艾田村的"三变六合"改革和村集体经济发展还是由过去的村"两委"班子成员负责，难以通过完善村集体经济组织治理结构促进村股份经济合作联合社的公司化运营。盐津县其他的非新型农村集体经济发展示范村也同样面临着人才匮乏问题。

（四）新型农村集体经济组织的剩余索取权决定了激励机制难以发挥作用

剩余索取权是指谁有资格索取收益或承担损失（韩松、段程旭，

2024）。2018年，中共昭通市委办公室印发的《关于发展壮大村级集体经济 增强基层组织活力 逐步提高村组干部待遇的办法（试行）》要求各县区强化村级集体经济的运营管理，促进集体经济快速、健康发展，依托村级集体经济收益，切实提高村组干部的待遇保障水平。该办法明确规定：村级集体经济收益年收入不超过2万元（含2万元）的，全部用于补充村级组织运转经费；年收入2万元以上的，实行村组干部待遇补贴，按年度分段提取、累计补贴方式计算。补贴指导标准为：2万元以上10万元（含10万元）以下的，最高可按60%的比例提取。昭通市在支持鼓励新型农村集体经济发展时，农村集体经济收益分配是优先保障村干部待遇，村级集体经济收益年收入不超过2万元（含2万元）的，全部用于补充村级组织运转经费。这种收益分配方案解决了村干部待遇过低问题，可以产生激励村干部干事创业积极性、带领村民发展新型农村集体经济的政治效益，但与新型农村集体经济组织的本质所决定的剩余索取权产生矛盾冲突，按剩余索取权的优先级顺序，新型农村集体经济组织的管理者不能获得优先的收益分配权。

2021年12月7日，财政部、农业农村部印发的《农村集体经济组织财务制度》中规定，农村集体经济组织可分配收益按以下顺序进行分配：（一）弥补以前年度亏损；（二）提取公积公益金；（三）向成员分配收益；（四）其他。2022年，盐津县委组织部制定的《盐津县村级集体经济组织收益分配使用指导意见（试行）》也规定，村级集体经济组织当年可分配收益应按照"可弥补亏损、提取公积公益金、提取福利费、向成员分配、其他分配"的顺序进行分配。在"其他分配"情况中，可提取村级集体经济组织收益用于村级组织运转经费、开展村级集体经济创收奖励等。从这里可以看出，盐津县的村级集体经济组织收益分配方案是严格按照《农村集体经济组织财务制度》制定的，理顺了村级集体经济组织收益分配顺序，优先保障农村集体经济组织可持续运转，其次是提取公积公益金支持乡村公益事业，然后是面向所有农村集体经济组织成员分配收益，用于激励村干部的分配属于最末位的"其他"。盐津县的新型农村集体经济发展时间短、实力弱，还处于地方财政输血支持发展阶段，可用于分配的收益少，最终难以实现通过发展新型农村集体经济增加村干部待遇，激励村干部更好发挥作用、解决乡村治理难题、带领村民发展壮大新型农村集体经济等相关措施的政策目标。

第五章　盐津县农业产业发展与乡村社会变迁

"变"是事物存在的一种方式，对于乡村社会而言也是如此。社会学、人类学在探讨乡村社会变迁的动力机制时，认为乡村社会变迁大致上可以被划分为规划性社会变迁和自然发生的社会变迁。自从现代民族国家出现以后，国家力量就一直是推动乡村社会变迁的核心力量，乡村所经历的是一种规划性的社会变迁。对乡村社会变迁的观察可以从多个方面着手，如生产生活、衣食住行、乡风民俗、交往互动等在时间维度发生的变化。西方现代化理论认为，社会变迁是社会系统发生的变化，广义的社会系统包括经济、政治、狭义的社会和文化四个子系统（富永健一，2004：25）。而马克思主义理论认为，那些改变经济结构的变迁过程才是决定性的（普查夫，2000：6）。家庭联产承包责任制实施后，一家一户经营的弊端日益显现，农业产业化是中国农业发展的一种长期趋势，国家围绕着农业产业化展开的政策制度设计和实践必然成为推动中国乡村社会变迁的核心力量。

《全国乡村产业发展规划（2020—2025 年）》指出发展乡村产业是推进农业农村现代化的重要引擎，农业农村现代化不仅体现在技术装备升级和组织方式创新之中，更体现在构建完备的现代农业产业体系、生产体系、经营体系之中。农业产业化经营超出一家一户的小生产经营方式，需要在全社会范围内配置资源，通过周密的分工协作来维持农业生产的正常运转。地方政府在推动农业产业化经营过程中，必然伴随着大量基础设施的建设，如交通、通信技术的改善等，这些基础设施的建设极大方便了外界向乡村输入物资、信息，也进一步促进了乡村人口流动。地方政府也会引导社会资本下乡，以利益联结机制提高农民组织化程度，使市场经济进一步向乡村渗透，这些做法在整体上加强了乡村与外部世界的联系，加速推动了中国乡村社会的变迁。而农业产业发展所推动的乡村社会变迁，有可能会造成村落共同体的进一步崩解，影响到乡村振兴背景下的乡村建设。因此，探讨农业产业发展与乡村社会变迁之间的关系，对于促进乡村建设具有重要意义。本章将聚焦盐津县发展农业产业时的一些典型做法，考察农业产业发展如何推动了盐津县的乡村社会变迁。

一　乡村交通条件改善与村落互惠体系变迁

众所周知，社会科学研究对象所具有的特点，能够影响到社会科学的理论建构。马林诺夫斯基和拉德克利夫·布朗的研究对象均属于海岛社会，具有清晰和封闭的边界，因此他们对海岛社会内部的各种构成要素进行精细研究之后提出了结构主义和功能主义理论（李文钢，2014）。而两位人类学者提出的结构-功能主义理论在人类学的学科史上占有重要地位，对后世的人类学研究产生了持久和深刻的影响。但马林诺夫斯基也看到了人类学在研究文明社会中的农村时的不足，因此在给《江村经济》写作序言时才会认为"研究人的科学必须首先离开对所谓未开化状态的研究，而应该进入对世界上为数众多的、在经济和政治上占重要地位的民族的较先进文化的研究"（费孝通，2007：5）。即便马林诺夫斯基已经认识到理论上的局限性，中国早期的社会学、人类学研究受到英国结构-功能主义的深刻影响，还是将村民生活的乡村或区域理解为是和谐一致、内部各要素具有整合性、与外界存在着清晰边界的实体。费孝通在确定中国乡土社会的基本研究单位时，就将村落看成有着明确的地域边界和社会边界的社区。中国乡土社会的单位是村落，小到只有几户人的村落，大的可以达到几千户，人口流动率小，村落之间的往来稀少。乡土中国的地域性和封闭性，决定了乡土社会的性质是一个熟人社会（费孝通，2018：5~6）。大家居住生活在一起，并不是为了某些目的和任务，而只是因为在一起生长自然而然发生的社会。

滕尼斯的共同体理论建立在西方经验之上，他认为地缘共同体是共同

山地生态农业产业赋能

乡村建设——云南省盐津县乡村振兴调查报告

体的一种具体存在形式,但作为一种现实存在形态的村落共同体产生于日本江户时代。由于水稻种植业的发展,水利灌溉设施建设促进了村民比较稳定地居住在自己的村落之内,每个家庭、每个成员为了提高生产效率并获得稳定的生活秩序,相互合作从而形成了村民之间生死与共的共同体理念(李国庆,2001:71~72)。在20世纪30年代,一些日本学者在中国乡村研究中引入了村落共同体理论。20世纪40年代,日本学者以"满铁惯行调查"资料为基础,围绕着中国乡村社会是否存在村落共同体产生了长期争论,后人将此次争论称为"戒能—平野论战"(李国庆,2005)。正如上文指出的,费孝通对中国乡土社会性质的看法,契合了村落共同体理论的含义,使得诸多国内学者在研究中国传统村落所具有的特征时,普遍将村落的社会空间视为一个守望相助、紧密团结的村落共同体。中国学者对村落共同体研究考察的重点不在于论证中国村落是否具有共同体性质,更多的是关注中国村落的社会结合基础(蔡磊,2016),即自然形成的村庄和作为行政单位的村庄依靠什么样的社会整合机制才能联结成为一个紧密的村落共同体。

然而,村落是一个地方性的微观世界,站在村落看整个世界说来容易做到难,需要借助某种中介力量才可能观察到微观的村落与宏观的国家、市场发生联系和互动的过程。在人类学看来,道路是流通的基本条件和主要表现形式,道路促成了人、物、资金、信息等的流动,对国家或地方政治、经济、文化的整合和发展都发挥着重要作用,并因其基础性、日常性、方向性的特征,不断调整着乡村社会与外部世界的关系(朱凌飞、吉娜,2022)。具有连通意义的道路并非自然存在的,一旦乡村因道路交通基础设施的建设与外界的沟通交流变得容易时,就可以很容易地观察到乡村在道路形成前后发生的社会变迁。以道路为一种中介力量来审视微观的村落与宏观的国家、市场发生联系和互动的过程,可以避免陷入中国乡村是封闭还是开放这种静态的二元对立判断。因为,真实的中国乡村既非封闭也非开放,而是一直在经历着社会变迁。对中国乡村社会变迁的考察,比讨论中国乡村的封闭性和开放性更有意义。而道路建设对于中国乡村产生的影响是显而易见的,它加速了乡村社会变迁,使乡村社会变迁变得容易观察。因此,可以将道路建设作为坐标,考察道路建设所引发的中国乡村社会变化。

在田野调查期间,笔者经常听到盐津县的村民情不自禁地比较村里道路修通前后乡村社会发生的种种变迁。有的村民甚至会将村里道路修通时间作为坐标,用于表述自己生命历程中某件事情的发生时间,如"我家的房子是路修通的第二年建的""孩子是路修通的前一年出生的"。盐津县的一位村干部在谈起交通基础设施建设与乡村社会变迁时感叹:过去村里只有一条烂泥路,与外界的联系少,村民宁愿闲在家里也不愿意外出打工;村民养的猪、种的粮食很难运出去,无法拿到市场上销售换取现金,再用现金购买生产生活物资;因交通条件差,村里的女人想方设法嫁出去,外面的女人又不愿意嫁进来,娶媳妇成了一个老大难问题。村子与外界的路修通后,闲置劳动力很容易外出打工,村民自己生产的农产品可以很容易地运到乡里的集市销售,具备了发展农业产业的基本条件。村民的生活有起色后,村里开始有外来媳妇。由于盐津县独特的自然生态环境,乡村基础设施建设难度大,村与村之间、村与县城之间的沟通交流长期不便。盐津县的乡村既谈不上封闭,也谈不上开放,与外界存在的有限联系,在一定程度上塑造了村落的内聚性。脱贫攻坚工作开始后,盐津县乡村大范围的道路建设显而易见地打破了这种内聚性,在乡村与外部世界建立广泛联系的过程中,乡村发生了明显的社会变迁。

中国的城乡二元结构长期存在,使得中国社会形成了"重城市轻农村、重工业轻农业、重市民轻农民"的传统观念(陈庆立,2008:5)。农村基础设施建设长期存在财政资金投入不足的问题,农民需要通过"一事一议"自己筹集部分资金和劳动力改善乡村基础设施,导致农村基础设施建设长期存在短板,最终制约了乡村经济社会发展和农民生活水平改善。在脱贫攻坚时期,加强乡村基础设施建设力度,改善农村生产生活条件,发展乡村产业,促进农民家庭经济收入增长,是重点工作。2019年4月26日发布的《中共云南省委办公厅 云南省人民政府办公厅关于进一步完善贫困退出

山地生态农业产业赋能
乡村建设——云南省盐津县乡村振兴调查报告

机制的通知》规定贫困村退出标准之一是交通，建制村到乡镇或县城通硬化路，且危险路段有必要的安全防护设施。《盐津县国民经济和社会发展第十四个五年规划和二〇三五年远景目标纲要》中统计，盐津县在"十三五"时期累计争取、整合投入各类资金82.75亿元，分类实施12大类768个项目。其中，硬化乡村道路1531.4公里，全县23万人的出行条件得到有效改善。2023年11月3日，昭通市人民政府印发《昭通市千亿级高原特色农业重点产业发展三年行动方案（2023—2025年）》，重点工作之一是继续提升交通基础设施建设水平，新建产业路2000公里以上，完善采笋道等产业基础设施。因此，在"十四五"时期，随着促进农业产业发展的产业路建设，盐津县各个乡村的交通基础设施还将进一步改善，促进村民与外界的沟通交流。

乡村交通条件改善对乡村社会产生的影响是全方位的，从村落共同体变迁与维系视角来看，这种影响导致传统的村落共同体进一步走向崩解。李培林在回顾和总结有关中国传统村落共同体的研究后认为，一个完整的村落共同体具有五种可以识别的边界：文化边界、社会边界、自然边界、行政边界和经济边界。对于中国传统的村落共同体来说，五种边界基本上是重合在一起，五种重合在一起的边界所划定的范围，也就是农民终其一生的活动范围。在中国乡村社会变迁过程中，村落共同体多种边界的变化并不是同步发生的，经济边界最先走向开放，文化边界、自然边界和行政边界也经常发生变动，只有社会边界最为稳定。社会边界是基于村民之间存在的血缘关系和地缘关系而形成的社会关系圈子，具体表现为乡土社会中的人情、面子、交往互动等构成的互惠体系（李培林，2010：39）。尽管中西部地区乡村大量村民长期外出务工，但春节前返乡与家人团聚、走亲访友仍然是生活中的温馨时刻。只有村民之间的社会关系性质彻底发生改变，从乡村熟人社会转变为像都市一样"原子化"的陌生人社会时，才可以说村落共同体走向崩解。笔者在这里要讨论的是，盐津县乡村交通条件的改善，如何影响到村民之间的社会关系性质。

在中国的乡村研究中，村民在生产生活中的互帮互助行为促进了不同村民之间广泛而深入的交往互动、有助于维系村落共同体的存续,已经是一种常识。盐津县地处滇东北斜坡地带,受横江深切,重峦叠嶂,山势十分陡峭,地势南高北低,"七山一水二分地"生动形象地概括了盐津县的地形地势和农业生产条件。盐津县的乡村不是位于山区就是位于河谷地带,长期的交通不便阻碍了村民与外界的沟通交流。相比于平原地区的乡村,山区和河谷地带的乡村更难从外部世界获取生存资源,这反过来又强化了乡村内部村民之间互帮互助的交往互动行为,进而塑造了乡村的内聚性。在山区和河谷地带,因为地形地势的原因,当生产生活中需要更多的劳动力支持、村民又无法通过雇用外村村民的方式解决劳动力需求时,不同村民家庭之间通过互帮互助换工等形式解决劳动力需求就是一种理性选择。例如,过去盐津县的乡村居民在遇到修建房屋、婚丧嫁娶等家庭重要事务时,一般是依靠亲戚朋友邻居帮忙完成,以后再通过帮忙、换工等形式还人情,由此强化了乡村居民之间的交往互动。但村民互帮互助也造成了一种消极后果,即村民的人情负担很重,劳动力交换、人情往来占用了村民大量时间,将村民束缚在土地之上。

村民之间的互帮互助行为限制了山区劳动力外出,阻碍了村民家庭经济收入增长,在一定程度上造成了山区村民的贫困(刘升,2021)。例如,一些村民想外出打工,但又害怕外出打工后不能与亲戚朋友邻居进行劳动力交换,当自己家里遇到事情时会找不到人帮忙,就可能放弃外出务工机会。在乡村流动性小、村民缺乏外出务工机会、家庭劳动力也还未商品化的情况下,村民并不会考虑熟人之间互帮互助所隐含的成本。但交通条件的改善,在很大程度上降低了山区农村的空间阻隔程度,加速了各种要素的流动和对外的经济交往,村民由此融入了更为广泛的外部市场之中(张俊良、闫东东,2016)。交通不便意味着市场经济进入乡村的成本很高,当通过市场经济交易劳动力的成本超过村民依靠亲戚朋友邻居帮忙解决生产生活问题时需要付出的成本时,村民就会选择与亲戚朋友邻居通过换工形式解决问题,这就维系了乡村的内聚性。当乡村交通条件改善后,乡村居民接入市场的成本大大降低了,市场经济开始向乡村深入渗透,村民在生

山地生态农业产业赋能
乡村建设——云南省盐津县乡村振兴调查报告

产生活中遇到的问题可以通过市场途径解决,不再需要依靠亲戚邻居帮忙,这种变化便激励着越来越多的村民长期在城市中打工,也潜移默化地改变着村民在生产生活中的决策,具体表现为村民行为的功利化和个体化。

在乡村社会,房屋是面子和财富的象征,承载了乡村居民的一部分人生意义。修建房屋对村民而言是一件大事,既需要花费大量金钱,也需要付出很多劳动力。在交通不便时期,村民修建房屋时通常会自己准备建筑材料,再请亲戚邻居朋友帮忙建造。一个重要原因是村里通往外界的交通不便,如果请专门的建筑施工队建造房屋,承包费用将是一大笔开销,还不如请亲戚朋友邻居帮忙,可以减少建房时的现金支出,以后再慢慢地还人情。交通条件改善后,建筑队可以较为容易地来到村里,承包费用有所下降,村民开始以"包工不包料"的形式请县城专业的建筑施工队到村里建房,很少再请亲戚朋友邻居帮忙建房。很多村民认为,尽管建房时请亲戚朋友帮忙不用支付工资,减少了建房时的现金支出,但自己以后也要不断地归还欠下的人情,导致没有多少时间外出打工,在很大程度上影响到了家庭经济收入,人情往来背后也隐含着经济成本。也有的村民认为,平时村子里已经没有什么年轻人,如果是因为自己家里要建房,把亲戚朋友邻居请回来,会耽误他们外出打工赚钱,他们会觉得麻烦,自己心里也会觉得不好意思,花钱从县里请人来建房则要简单便捷得多。从这里可以看出,交通条件改善后,市场经济进入乡村后为村民优化配置家庭劳动力资源提供了可能性。村民从过去只能依靠亲戚朋友邻居帮忙解决生产生活问题,到现在可以通过外出打工获取家庭经济收入,再通过雇用市场服务主体解决自己生产生活中遇到的问题,乡村互惠体系范围大为缩小。

综合来看,交通条件改善后,村民的日常生活范围已经超越村落范围,从乡镇逐渐延伸到县域社会。乡村在城乡融合发展进程中承载的功能日益缩小,从过去是村民生产生活的全部,到现在只残留部分功能。因为,即使是在远离县城的乡村,市场经济都可以满足村民大部分生产生活需求,传统的乡村互惠体系功能正在被市场经济中的不同市场主体所取代。除上文论述的村民过去修建房屋请亲戚朋友邻居帮忙,到现在请专业的建筑施工队负责外，还可以举出很多市场经济改变乡村生活的例子。流动摊贩每天会用客货两用车拉着蔬菜、水果、猪肉从县城出发，深入那些远离乡镇集市的村子临时摆摊，村民不再需要自己种植蔬菜和养猪满足日常消费需求。村民在养殖乌骨鸡和肉牛时，购买运输饲料、防疫、禽畜销售等均有专业人员提供服务。村民在采摘竹笋时，短期内需要大量劳动力，村民除了求助亲戚邻居朋友，更常见的是花钱从附近的几个县雇用劳动力。村民办各种酒席时，乡村有专门的酒席团队提供服务。甚至乡村的丧葬事务，也由过去请亲戚朋友邻居帮忙到现在可以花钱请专门的丧葬团队负责。盐津县乡村发生的这些变化，无不是在道路修通之后。可以看出，乡村交通改善降低了市场经济进入乡村的门槛，村民可以低成本地获取社会化服务。

交通条件的改善，改变了村民的互惠体系，村民在生产生活中的决策行为变得功利化和个体化，村民之间的人情往来也开始悬浮于乡土社会，人情往来成为一种真正的负担。在过去的乡村社会生活中，人情往来嵌入在日常生产生活之中，具有社会整合的功能。村民在日常生产生活中本来就存在着频繁的互帮互助等交往互动行为，若是家里遇到红白喜事，邀请亲戚朋友邻居参加是一件再正常不过的事情。但随着交通条件改善，村民可以依靠市场力量解决生产生活中遇到的问题，且大量村民外出务工后，村民在日常生产生活中已经很少再发生互帮互助等交往互动行为，而以各种名目邀请亲戚朋友邻居"吃酒"的行为却没有相应减少。当村民之间的人情往来从生产生活中"脱嵌"，人情往来不再具有维系村落互惠体系的功能时，人情往来对村民而言更多地成为人情负担，反而会进一步破坏本已脆弱的互惠体系。田野调查时，笔者经常听到村民抱怨，很多亲戚朋友邻居在平时是各过各的日子，只有吃酒的时候才有机会聊上几句。要是去的话，人情负担重，对自己的日常生产生活也没多大帮助；要是不去的话，可能关系从此就断了，又害怕有朝一日需要请他们帮忙，就像是进入了死循环。乡村人情往来也与乡村社会变迁相适应，很多村民将生孩子、祝寿等要办的酒席安排到年底筹办，这个时候正是大量外出务工村民返乡时期。因此，也有村民抱怨，在年底的时候天天有酒吃，有时候一天要吃几家人的酒，关系一般的送个红包就走，只有关系好的才会留下来吃饭。地方政府也会选择在年底，通过发布公告、制定村规民约、村干部上门督促等形式整治村民滥办酒席问题。

二 农业产业化经营与农民组织化程度提高

村落终结的进程往往与长时间的村庄衰落，尤其是组织衰落相伴随（田毅鹏，2012a）。中西部地区乡村衰败的主要表征是乡村组织衰败，包括正式的行政组织衰败和在乡村居民经历功利化、个体化变化之后乡村社会自我组织能力缺乏。农业税取消后，乡镇、村级组织运转依靠国家自上而下的财政转移支付，乡村财政状况发生的变化使得乡镇和村级组织无力为村民提供基本公共服务和发展乡村公益事业。从"汲取型政权"转变为"悬浮型政权"（周飞舟，2006）后，乡镇政府、村级组织、村民小组与农民之间没有强有力的联系纽带，乡村社会也缺乏社区组织等中间性力量将农民组织起来（吕方，2013），整个乡村社会趋于原子化和离散化，给乡村治理带来很大挑战。党的十八大以后，基层治理体系不断创新完善，构建了党和政府服务纵向到底和社会组织横向到边的治理体系，希望将农民重新组织起来。

在纵向治理体系构建方面，我国通过加强党对基层工作的全面领导，将党的组织体系纵向延伸到最接近家户的楼栋、村民小组等，以村干部职业化推动基本公共服务向行政村以下的村民小组延伸；在横向治理体系构建方面，我国推动群团组织的基层建设增强其联系和服务特定对象的能力，提升经济和社会组织的组织服务能力，以基本治理单元下沉和灵活形式提升自治组织的治理效力（陈军亚，2023）。然而，西部欠发达地区在完善乡村治理的组织体系时，常常面临着地方财政支持不足问题，只能勉强配齐村"两委"班子成员，无力支持和引导乡村自治组织发展，各类社会组织也面临因资金匮乏难以长期深入乡村开展活动等问题。例如，豆沙镇的长胜村已经不存在任何的传统民间组织，也没有社会组织到村里开展相关服务活动。目前，长胜村只存在村"两委"正式组织和农民合作组织。村"两委"负责村务管理、服务村民，农民专业合作社负责组织村民发展农业产业。对于盐津县而言，通过村"两委"与农民专业合作社密切配合，再引入龙头企业等其他市场主体，将一家一户经营的小农户组织起来发展农业产业，是提高农民组织化程度的一条现实途径。

不管是在脱贫攻坚时期，还是在巩固拓展脱贫攻坚成果同乡村振兴有效衔接时期，大力发展乡村产业都是中西部地区基层政府的核心工作。《盐津县国民经济和社会发展第十四个五年规划和二〇三五年远景目标纲要》确定了盐津县将在未来五年实施"生态立县、工业富县、农业稳县"三大战略，打造"鸡、牛、竹"三大富民产业。盐津县委、县政府在发展乌骨鸡养殖业时，提出盐津县的乌骨鸡养殖要实现产业化、标准化、规模化、组织化、品牌化；在发展肉牛养殖业时，提出盐津县的肉牛养殖按照"一年打基础、三年见成效、五年成规模、十年树品牌"的总体发展思路，走"千家万户齐参与壮大基础母牛群、能人大户强带动集中育肥商品牛"的发展道路；在促进竹产业融合发展时，通过引导扶持农民专业合作社及村集体经济公司发挥组织农民的优势，围绕产前、产中、产后的各个环节从事生产经营和服务；在发展新型农村集体经济时，构建了"三变"促"四有"增"四效"实践方式，提出人人有就业、户户有股份、村村有产业、乡乡有支柱。盐津县发展"鸡、牛、竹"三大农业产业和推进新型农村集体经济发展时，具有共性的做法是在推动农业产业发展的过程中将分散的农民组织起来，而组织起来的农民又有助于推动农业产业进一步发展。盐津县还经常以通俗易懂的方式宣传农业产业组织模式的优越性，如宣传鸡、牛、竹三大产业组织模式时，经常会提到不让一只鸡、一根竹子、一头牛游离于组织之外。言下之意是村民不再是一家一户经营，发展三大产业时已经被整合进入了农业产业组织模式所设定的分工体系之中。

农业产业的组织模式是推动农业产业化发展的制度载体，也是影响农业产业综合效益的关键因素。自20世纪90年代山东省潍坊市开启了农业产业化探索历程后，到目前已经形成了多种类型的农业产业化组织模式。在

山地生态农业产业赋能
乡村建设——云南省盐津县乡村振兴调查报告

农业产业化早期，因农业产业链条较短，分工不健全，不同市场主体之间的联结较为松散和粗放，主要有"龙头企业+农户"和"龙头企业+合作社+农户"两种模式。随着经济的发展，农业产业化经营主体自身资本积累，农村金融机构更加完善，农村土地产权制度逐渐优化，"龙头企业+基地+农户"、"股份制合作企业+农场"、农业产业化联合体等更加高效合理的组织模式开始形成和普及。中国区域经济类型多样，不同区域的经济发展水平不同，生产要素市场体系完善程度不同。同时，我国农业产业的细分行业众多，在不同细分行业中农业产业化经营相关资产的专用性程度不同（戚振宇等，2020）。各个地方在推进农业产业发展时，应当根据区域经济发展水平，要素市场健全程度，农业产业行业特点，因地制宜地选择合适的组织模式，充分挖掘农业产业组织模式的综合效益。

盐津县在发展乌骨鸡养殖业时，普遍采取了"党支部+龙头企业+农民专业合作社+大户+农户"的组织模式。在发展肉牛养殖产业时，按照"政府主导、龙头带动、大户组织、群众参与"原则，采取"公司+基地+农户"的组织模式。在发展竹产业时，普遍采取了"党支部+村集体经济公司+农户"的组织模式。2017年，盐津县开始推行新型农村集体经济改革，2019年确立鸡、牛、竹三大农业产业。因此，盐津县在设计农业产业组织模式时又嵌入了股份制的新型农村集体经济实现形式。例如，普洱镇箭坝村结合本村人口数量多和保证易地扶贫搬迁人口、"三类对象"不返贫任务重的村情，设计了"党建+龙头企业+村集体经济+农民专业合作社+农户（易地扶贫搬迁户、'三类对象'）"的组织模式，形成了"1126"利益联结机制。柿子镇三河村在发展肉牛养殖业时，采取"农户+农民专业合作社+村集体经济+龙头企业"的组织模式。普洱镇正沟村在发展竹产业时，采取"党支部+村集体经济公司+农户"的组织模式。盐津县在设计三大农业产业组织模式时，普遍嵌入了新型农村集体经济实现形式，是试图在农业产业发展过程中兼顾社会效益，解决长期以来村集体经济薄弱造成的村"两委"无力为村民提供基本公共服务、无力发展乡村公益事业等问题。盐津县的三大农业产业组织模式，是基于不同农业产业的行业特点所设计，兼顾了区域经济发展水平,也兼顾了当前乡村社会建设的现实需求。

已有研究指出,农业产业组织创新在实现不同市场主体交易费用节约、农业产业经营规模扩大、新型农业经营主体培育等多个目标后,也出现了农业产业组织渐渐成为少数成员间深度联合的现象,与现代农业经营体系应建立在小农户基础上的组织联合宗旨相左(尚旭东、吴蓓蓓,2020)。在国家的政策制度设计中,发展农业产业化不仅要扩大经营规模、培育新型农业经营主体,更要"实现小农户和现代农业发展有机衔接并走向共同富裕"。2019年2月21日,中共中央办公厅、国务院办公厅印发的《关于促进小农户和现代农业发展有机衔接的意见》强调"促进小农户和现代农业发展有机衔接是巩固完善农村基本经营制度的重大举措""促进小农户和现代农业发展有机衔接是推进中国特色农业现代化的必然选择""促进小农户和现代农业发展有机衔接是实施乡村振兴战略的客观要求""促进小农户和现代农业发展有机衔接是巩固党的执政基础的现实需要"。也就是说,发展农业产业只是手段,目的是通过农业产业化发展提高农民组织化程度,提升小农户综合素质和对接大市场能力,使小农户有效融入市场经济体系。以这样的标准来看,盐津县所设计的三大农业产业组织模式多少存在一些有待改进的地方。根据笔者的田野调查,盐津县三大农业产业组织模式在真正提高农民组织化程度方面存在以下不足之处。

肉牛养殖产业的特点是养殖场圈舍建设投资巨大、养殖技术要求高、养殖周期长导致见效慢,小农户在发展肉牛养殖产业时举步维艰。因此,只有依靠新型农业经营主体带动,才可能快速扩大养殖规模,推广规范化养殖技术。盐津县发展肉牛养殖产业时,采取了"公司+基地+农户"的组织模式。养殖基地根据规模大小划分为代养场和代养点,代养场面积按照饲养规模50~200头的标准进行规划设计,代养点面积按照饲养规模5~50头的标准进行规划设计。在代养场建设方面,采取了县政府出资建设和能人大户自建相结合的模式,每个代养场可以获得不超过30万元的财政补助。在代养点建设方面,因代养点的养殖规模较小,采取个人自建模式,由养殖户自行建设基础设施。养殖期间实行梯级补助政策,代养点第一年养殖

山地生态农业产业赋能
乡村建设——云南省盐津县乡村振兴调查报告

达 5 头以上享受"见犊补母"、"养牛贷"贴息、养殖保险、退耕还草及粮改饲等补助政策，第二年及以后养殖规模需达 20 头以上才能继续享受"见犊补母"、"养牛贷"贴息、养殖保险、退耕还草及粮改饲等补助。从盐津县关于肉牛养殖基地的补贴政策来看，政府的政策设计首先考虑的是如何扩大肉牛养殖产业规模，能人大户建设的大规模代养场优先获得最多 30 万元的财政补贴，而小农户建设的代养点在第二年如果达不到 20 头的养殖规模，将停止享受政策补贴。

除了养殖基地补贴政策有利于利用能人大户快速提高养殖规模外，政府设计的"代养"利益联结机制也是为了快速提高养殖规模。所谓代养场和代养点，就是要解决"村民不懂肉牛养殖技术，如何参与肉牛养殖"的难题。发展肉牛养殖业的基本条件是资金和技术，以财政补贴政策建设代养场和代养点解决了主要的资金问题，鼓励不懂肉牛养殖技术的村民出资购买能繁母牛和架子牛交给代养场和代养点帮忙养殖，则是解决了肉牛养殖技术难以快速在村民中普及、因此肉牛养殖规模难以快速提高的问题。在第三章中已经详细论述，村民购买牛之后，请村集体经济组织领导的农民专业合作社代为养殖，村民平时就可以外出打工，或是做自己的其他事情。具体到养殖利润分配时，培育肥牛与能繁母牛的利润分配方式存在差异。村民出资购买牛，再交给代养场或代养点帮忙养殖，平时可以不参与肉牛养殖，按照约定方式进行利润分配的做法，本质上是村民借钱给代养场和代养点，肉牛养殖后的利润分配是出借资金的利息。根据养殖基地建设背后的补贴政策和代养利益分配方式，可以说盐津县肉牛养殖产业组织模式有利于在短期内扩大肉牛养殖规模，但在提高小农户综合素质、解决小农户对接大市场能力不足问题、提高小农户组织化程度方面还存在很多不足之处。

盐津县乌骨鸡养殖产业普遍采取了"党支部+龙头企业+农民专业合作社+大户+农户"的组织模式，各个村又结合发展新型农村集体经济、巩固拓展脱贫攻坚成果等政策目标，加入了多个利益主体，形成了十分复杂的组织模式。最复杂的是普洱镇箭坝村的"党建+龙头企业+村集体经济+农民专业合作社+农户（易地扶贫搬迁户、'三类对象'）"的组织模式和"1126"的利益联结机制。当一个组织内部的利益主体过多时，组织内部的沟通成本、交易成本会增加。复杂的农业产业组织模式难以实现组织内部各个利益主体的分工合作，最终这会威胁到组织稳定运行。此外，组织内部利益主体过多，还会产生成员在利润端"搭便车"的情况。例如，箭坝村"1126"的利益联结机制中，村集体经济联合社从养殖收益中提取10%作为村集体经济收入，用于村庄公益事业或巩固拓展脱贫攻坚成果，推进乡村振兴工作；养殖专业合作社获取60%的养殖收益；10%的养殖收益分配给易地扶贫搬迁户、"三类对象"、低收入户，帮助这部分人实现稳定脱贫，也符合党中央的"共同富裕"要求；20%的养殖收益为龙头企业的利润分成。在田野调查时，部分村民就认为，易地扶贫搬迁户、"三类对象"、低收入户在养殖利润分配时"搭便车"，削弱了其他养殖户的积极性。

我们知道，可持续的利益联结能维系组织的可持续运行，而利益联结的可持续性又受制于农业产业的盈利能力（尚旭东、吴蓓蓓，2020）。只有当农业产业具备了盈利能力，实现农业产业的可持续发展，才能通过发展农业产业达到提高小农户组织化程度的政策目标。肉鸡养殖产业是中国产业化最早，市场竞争最为充分的一个行业，行业利润已经处于较低水平，再加上农户养殖不规范、防疫不到位，疫病风险大，盐津县肉鸡养殖产业风险高企，经常有小农户退出肉鸡养殖产业。尽管盐津县委、县政府通过奖补政策鼓励龙头企业、农民专业合作社对接市场，在一些大城市设置盐津乌骨鸡专卖店，努力解决乌骨鸡的销售问题，盐津县养殖的乌骨鸡还是经常面临着销售难题。田野调查时，一位村干部在闲聊中讲了一个故事，她受一家饭店委托帮忙寻找乌骨鸡货源，联系了一位乌骨鸡养殖户，帮这位养殖户销售了80只乌骨鸡后，养殖户流下了感动的眼泪。这位村干部在言谈中，十分同情养殖户，认为养殖户花了很大养殖成本，却面临着乌骨鸡卖不出去的困境。盐津县乌骨鸡养殖产业组织模式有力提高了小农户在养殖过程的组织化程度，但还没有能力提高小农户在销售过程中的组织化程度。分散的小农户一方面没有对接大市场的能力，另一方面又必须自己

山地生态农业产业赋能
乡村建设——云南省盐津县乡村振兴调查报告

去为自己养殖的乌骨鸡寻找销售市场。正如一位村民感叹的,"养出来不是本事,卖出去才是本事"。

行业特点决定了盐津县肉牛养殖产业和乌骨鸡养殖产业组织模式属于紧密型,竹产业组织模式则属于松散型,这种组织模式同样是由竹产业的行业特点决定。盐津县128万亩竹产业中,有108万亩是笋用竹,20万亩是材用竹。村民在发展竹产业时付出的劳动力成本和生产资料成本最低,又可以兼顾外出打工,村民发展竹产业的内生动力最强。更为重要的是,盐津县的鲜笋处于供不应求阶段,小农户生产的竹笋很容易就可以销售出去,并从中获得大量收益。由于小农户通过自己的力量就可以顺利生产和销售鲜笋,盐津县在发展竹产业时急需解决的问题是如何快速提高竹林规模,生产过程和销售过程均可以由小农户独立完成。因此,盐津县在设计竹产业的组织模式时,不需要通过严密的组织分工解决生产和销售问题,只需要解决种植规模问题。盐津县在发展竹产业时,普遍采取了"党支部+村集体经济公司+农户"的组织模式。党支部领办的村集体经济公司为农户提供居间服务,如组织村民按照科学的种植方法提高竹林产量,扩大竹林规模,具体的种植和销售过程则由农户完成。

例如,普洱镇正沟村以党建引领为主线,全民动员发展竹产业。全村总面积58.9平方公里,实施低效林改造2.2万亩,其中村级集体经济组织改造8500亩。全村有竹林资源8.2万亩,年产量达到2500吨,产值在2750万元以上,户均收入达3万元。正沟村以党建网格化为抓手,以支部为单位将8.2万亩竹林资源划分为5个网格进行管理,党总支管面、支部管片、小组管点、党员管户,形成纵向一体化的党建引领竹产业发展格局。正沟村以"党支部+村集体经济公司+农户"作为利益联结机制,属于村集体经济组织的笋林统一管理,农户自己所有的笋林则依托农民专业合作社提高管护技术、统一采集标准,解决过去竹笋生产的无序化、粗放化、低产化问题。对于极少数的无劳动力家庭和全家外出打工的家庭,笋林则是交给农民专业合作社代为管理。盐津县的竹产业组织模式属于松散型,党支部和村集体经济公司扮演着服务提供者和标准引导者角色,具体的生产和销售主要还是由农户自己完成,现有模式只是在一定程度上提高了农户的组织程度。

综合来看,盐津县发展农业产业的时间尚短,三大农业产业的组织模式也一直处于不断探索和不断优化的过程中,在提高农民组织化程度时存在一些需要改进的地方也实属正常。盐津县委、县政府在推进农业产业发展时,其思路是优先提高三大农业产业规模,只有农业产业具备了一定规模,才可能获得一定的市场竞争力。农业产业要实现持续发展,才谈得上进一步优化资源配置,解决产前、产中和产后问题。也正是因此,盐津县委、县政府在理解农业产业发展与提高农民组织化程度之间的关系时,还处于认为提高农民组织化程度主要是为了促进农业产业规模提升的阶段,并不认为提高农民组织化程度本身也是国家政策所要追求的目标。不管是通过党建引领、设计利益联结机制、完善农业产业发展奖补政策的方式,还是通过设计代养场、代养点、竹林托管等的方式,都是把一家一户分散经营的农民动员起来,围绕着县委、县政府制定的农业产业发展规划参与农业产业发展,促进三大农业产业规模快速提升,实现"村村有亮点、组组有看点、户户有支撑"农业产业发展格局。中共中央办公厅、国务院办公厅印发的《关于促进小农户和现代农业发展有机衔接的意见》,文件精神是要"实现小农户和现代农业发展有机衔接"并"促进农民共同富裕"。因此,未来盐津县委、县政府在理解农业产业发展与提高农民组织化程度之间的关系时,也应该从提高农民组织化程度主要是为了促进农业产业规模提升向发展农业产业、提高农民组织化程度是为了"实现小农户和现代农业发展有机衔接"并"促进农民共同富裕"转型升级。

依托农业产业发展提高农民组织化程度还面临着一个难以解决的问题:并非所有乡村居民都能参与到农业产业发展过程中,老人和小孩参与农业产业发展的机会就非常有限。能否依托农业产业发展提高农民组织化程度取决于农业产业的经济效益,农业产业可持续发展是提高农民组织化程度的前提条件。盐津县的很多村民今年参与农业产业发展,可能明年就会因为难以从农业产业发展中获取收益而外出打工,重新成为个体化的小农户。除此之外,盐津县还通过有组织的劳务输出,尽可能地将乡村剩余劳动力转移出去，工资性收入在盐津县乡村居民家庭收入中占比高达70%以上，2023年盐津县19.17万劳动力中有17.06万人通过外出务工解决就业问题（《云南日报》，2023）。盐津县乡村劳动力大规模外出务工，说明依托农业产业化发展提高农民组织化程度时，所涉及的乡村人口数量有限，也说明盐津县的乡村普遍面临着严峻的村落过疏化问题。地方政府一方面发展农业产业，提高农民组织化程度；另一方面鼓励乡村剩余劳动力有组织地劳务输出，又维系和固化了乡村居民个体化小农的社会属性。这些看似矛盾的做法背后体现了地方政府的现实主义策略，核心目标是解决村民家庭经济收入问题，与社会学、人类学所讨论的乡村建设的整体性路径还存在很大不同。

农村经济组织直接体现和代表农民需求，一方面是农业产业发展需要将农民组织起来，农村某些经济活动也自发地出现组织化趋势，另一方面是农村经济组织自身的结构和功能还存在松散性和临时性特点。农业产业化经营既需要具备较强的组织基础，协调各个环节的生产经营活动，又可以借助农业产业化经营过程，设计合理的利益联结机制，将分散经营的小农户整合进入农业产业体系中来，以此提高农民的组织化程度。如果说基层治理体系创新是一项政府主导的工作，存在"干部在动，群众不动"的治理困境，在提高农民组织化程度时的效果有待提升，那么，农业产业化经营与农民切身利益相关，通过农业产业化经营提高农民组织化程度的效果不明显就是一个值得思考的问题。通过前文的描述我们可以看到，盐津县的农业产业发展提高农民组织化程度效果不显著的主要原因在于：一是农业产业自身面临发展困境，难以通过利益联结机制将分散农民组织起来；二是大量乡村居民已经习惯外出打工获取家庭经济收入，外出打工比发展农业产业的风险小、经济收益也更为稳定。盐津县发展农业产业时面临的困境，也是中西部地区乡村普遍存在的问题。

三　农业产业发展与乡村社会分化

土地改革和人民公社时期，中国乡村是一个较为均质的社会，社会分化并不明显。自改革开放以来，中国乡村社会在现代化、城市化、工业化进程中，出现了明显的社会分化。已经有大量研究对此问题进行了深入探讨，尤其是在乡村人口流动引发乡村社会分化的动力机制、分化过程、对乡村社会产生的影响几个方面。农村阶层分化是转型期农村社会结构变迁的一个重要趋向，大量研究在讨论中国农村出现的社会分化时聚焦于阶层分化问题（张建雷，2014）。其中，有研究讨论了阶层分化导致的阶层怨恨，指出这种阶层怨恨破坏了乡村内部的社会整合机制，对乡村治理构成了很大挑战（杨华、杨姿，2017）。而处于富裕阶层与低收入阶层之间的"中坚农民"的收入主要来源于乡村，主要的社会关系还在乡村，因而"中坚农民"成为乡村公共品供给最积极的参与者，成为维护乡村秩序的最重要骨干，使得中国乡村治理具有了可持续性（贺雪峰，2015）。有研究讨论了农民工与乡村社会分化关系的问题，认为农村劳动力通过非农产业转移，有利于个人经济资本积累、人力资本提高，影响传统乡村社会结构，促进农村阶层分化（甘满堂，2011：115）。

时至今日，中西部地区乡村仍然存在大规模的人口流动现象，但与大规模人口流动现象相伴随发生的是农业产业化发展。在脱贫攻坚工作开始后，以及新时代的乡村振兴战略实施时期，中西部地区的地方政府一直致力于推动农业产业化发展，这对乡村社会分化也产生了诸多深刻影响。沿海地区的农业产业发展历程表明，市场经济深入农村后，促进了新型社会关系和人际关系形成，农民思想观念向工商社会的价值观念转变，已经在很大程度上告别了昔日的乡土社会（周大鸣等，2008：3）。盐津县在"十三五"时期主要发展乌骨鸡养殖、蔬菜种植、茶叶种植、竹产业、核桃种植、中药材种植六大农业产业，"十四五"时期主要发展"鸡、牛、竹"三大农业产业，取得的最大成效是三大产业的规模有所提升。盐津县发展农业产业的过程也对乡村社会分化产生了深刻影响，主要表现在农业产业发展加速了乡村贫富分化，留守乡村的村民社会关系在发生变迁。

（一）农业产业发展加速乡村贫富分化

2000年之后，中国农村居民家庭的收入主要分为工资性收入、生产经

山地生态农业产业赋能

乡村建设——云南省盐津县乡村振兴调查报告

营性收入、财产性收入和转移性收入四大类（宋健，2006：50）。2023年，盐津县农村居民人均可支配收入14693元，外出务工的工资性收入超过70%。盐津县曾经做过一次统计，2021年10月至2022年6月之间，已脱贫人口人均可支配收入达到11468元，其中工资性收入9324元、生产经营性收入918元、转移性收入1203元、财产性收入22元。① 综合以上信息，从盐津县全县来看，可以认为生产经营性收入、转移性收入、财产性收入在农村居民人均可支配收入中的占比较低，不足以拉开农村家庭的贫富差距。工资性收入在农村居民人均可支配收入中的占比最高，一个家庭所拥有的劳动力越多，工资性收入就会越高。随着盐津县农业产业发展进程推进，生产经营性收入在家庭经济收入中的比例逐渐提升。虽然盐津县同时推进"鸡、牛、竹"三大农业产业发展，但当前经济效益最好的是竹产业，村民发展竹产业的内生动力也最强。在田野调查期间，笔者多次听说一些村民通过竹产业"暴富"。

盐津县的竹产业以鲜笋种植和销售为主，2023年全县产鲜笋6万吨。笋用竹主要分布在海拔高度800～2200米高山区，普洱镇、中和镇、豆沙镇、柿子镇、庙坝镇、盐井镇下辖的部分行政村。以豆沙镇的长胜村为例来看，竹产业发展加速了乡村贫富分化。长胜村总体地形是"三沟四埂一面山"，总面积24平方公里。长胜村最低海拔高度460米，最高海拔高度1980米。全村辖5个自然村30个村民小组，2022年常住人口842户3647人，居住生活在不同海拔高度区域。村监委会主任带头成立竹产业合作社，采取"党支部+农民专业合作社+农户"的竹产业组织模式。2022年，长胜村有竹林面积2.4万亩，8000亩已投产，收获竹笋600余吨，实现收入700余万元，423户农户从中获益，户均增收1.5万元。依靠发展竹产业获益的农户主要分布在海拔高度800米以上的二半山区和高山区，2.4万亩竹林全部投产后，生活在这些区域的村民家庭经济收入还将进一步增加。2022年，长胜村部分村民发展竹产业后，生产经营性收入突破1万元，而2022年整

---

① 数据来源：普洱镇箭坝村"本城农业"公司门口的宣传展板。

第五章 盐津县农业产业发展与乡村社会变迁

个豆沙镇人均生产经营性收入只有 1552.37 元。

在 423 户获益农户中,大部分家庭依靠竹产业增收达到 1 万~3 万元,有部分家庭超过 10 万元,最多的一户家庭达到了 50 万元。产生这种现象的原因在于,过去居住在高海拔地区的人口相对较少,存在地广人稀情况,家庭联产承包责任制实施时,居住在高海拔地区的家庭分得的土地较多,再加上一些人口较多的家庭,会私自开垦荒地,在无形之中增加了家庭土地数量。除此之外,一些头脑灵活的村民在看到竹笋的市场价格一直稳步上涨和供不应求时,较早地从亲戚朋友手中流转土地。竹笋销售收入达到 50 万元的个别家庭,就是靠这些方式增加了土地数量。竹产业耗费劳动力最少,村民只需要在除草和采笋期间留在家中,其余时间都可以外出打工,属于典型的"半工半耕"。这也意味着部分家庭发展竹产业增加家庭经营性收入后,还可以获得外出务工的工资性收入。笔者在田野调查期间对多位村民进行访谈后得知,很多家庭通过优化劳动力资源配置,把发展竹产业与外出打工协调配合起来,家庭年经济收入超过 10 万元很正常。

盐津县那些生态环境条件适合发展竹产业的行政村,村民家庭经济收入变化与长胜村的情况类似。因此,我们可以通过长胜村的个案,透视盐津县发展农业产业加速乡村贫富分化背后的机理。从行政村的层面来看,盐津县大力发展竹产业后加速了行政村内部村民家庭之间的贫富分化。盐津县属于山区,地势崎岖起伏,即使在同一个行政村内部,村民也分布在不同海拔高度的区域。竹产业受到生态环境的严格限制,行政村内部只有部分村民的土地适合发展竹产业,造成了行政村内部村民之间的贫富分化。从乡镇的层面来看,普洱镇、中和镇、豆沙镇、柿子镇、庙坝镇、盐井镇下辖多个行政村,但只有部分行政村适合发展竹产业,造成了乡镇内部不同行政村之间村民的贫富分化。从全县的层面来看,盐津县下辖 10 个乡镇,但只有 6 个乡镇所处的海拔适合发展竹产业,造成了县域内不同乡镇之间村民的贫富分化。前文已经论及,鲜笋种植和生产受生态环境严格限制,只有部分村民可以依靠鲜笋种植和生产增加家庭收入,加速了县域层面的乡村贫富分化。只有通过延长竹产业的产业链,让生活在低海拔地区的乡村

147

山地生态农业产业赋能
乡村建设——云南省盐津县乡村振兴调查报告

居民也可以参与竹产业发展，才能减轻竹产业发展造成的乡村贫富分化。

  由于低海拔地区的乡村居民在发展乌骨鸡养殖和肉牛养殖产业时的家庭经济收入有限，很多村民只能选择外出打工。高海拔地区的乡村居民不仅可以发展乌骨鸡养殖和肉牛养殖产业，还可以选择将发展竹产业和外出打工相结合，家庭经济收入可以实现稳定增长。挪威人类学家巴斯较早将"生态位"思维运用到族群研究中，他在《族群与边界》中指出"我们被引导去设想每一个群体都是在相对隔绝的情况下发展（它）的文化和社会形式，主要与当地的生态因素相对应，并通过借助发明和有选择的借用来完成的历史适应"（巴斯等，1999）。尽管盐津县的人口主要是汉族，但低海拔地区和高海拔地区生态环境差异造成了经济社会差异。生活在低海拔地区的人在谈及高海拔地区的人时常常称呼"山上人"，言下之意是这些人生活的地方交通闭塞、经济落后、生活水平低，表现在行动上是低海拔地区的女性不愿意嫁到高海拔地区的乡村生活。站在整个县域层面来看，竹产业发展后在一定程度上扭转了过去低海拔地区和高海拔地区乡村的经济社会形势，生活在低海拔地区的人开始羡慕高海拔地区乡村居民家庭经济收入增长很快，不再以轻蔑的口吻谈及高海拔地区的乡村居民。

  表5-1是盐津县149户受访家庭的种植业、养殖业收入的描述性统计。平均值是所有数据之和除以数据点的个数，以此表示数据集的平均大小，反映一组数据的一般情况和平均水平。从表中的平均值可以看到，盐津县149户受访家庭的种植业、养殖业收入平均水平只有4207.31元和4672.18元，说明149户家庭中大部分家庭的主要家庭收入并不是来源于种植业、养殖业。中位数是一种衡量集中趋势的方法，从149户家庭种植业、养殖业收入的中位数来看，也能看出种植业、养殖业收入的水平很低。然而，结合最大值、最小值和标准差三个数据指标，可以看出盐津县的农业产业发展与149户家庭收入差距之间的关系。一是村民在发展种植业、养殖业之后，少部分家庭的家庭收入增长明显，大部分家庭并未因为发展种植业、养殖业而明显增加家庭收入；二是149户家庭种植业收入的标准差是8161.572元，养殖业收入的标准差是17340.813元，同样说明只有少部分

家庭在发展农业产业时获益，最终表现为农业产业发展加剧了村民之间的贫富差距。

表5-1 盐津县149户受访家庭的种植业、养殖业收入

单位：元

收入类型	平均值	中位数	标准差	全距	最大值	最小值
种植业收入	4207.31	1920	8161.572	70000	70000	0
养殖业收入	4672.18	560	17340.813	200000	200000	0

资料来源：云南大学中国乡村社会大调查问卷。

当然，我们不应该夸大农业产业发展加速行政村内部不同村民之间贫富分化的作用，城乡发展差距作为一种牵引动力将富人转移出村，在一定程度上延缓和抵消了农业产业发展造成的乡村内部贫富分化。由拉平机制和转移机制组成的去阶层分化机制，将在村富人逐渐消解，将不能消解的富人转移出村，保持了村落阶层结构的均衡性、模糊性（魏程琳，2017）。盐津县大力发展竹产业后，高海拔地区的土地大多用于种植竹子。盐津县的竹产业以鲜笋销售为主，日常管护时间少，春季采笋时间持续一个月左右。因此，部分生活在高海拔地区的村民已经搬迁到低海拔地区居住生活，过去居住的老房子转作生产用房，方便管护竹林和采摘竹笋。笔者在田野调查时观察到，盐津县教育、医疗方面的城乡发展差距明显，比较富裕的村民为了子女接受更好的教育，会自发地迁移到县城居住，成为离村精英。高海拔地区村民在发展竹产业后家庭财富增长较快，这些村民通常会将家庭财富用于购买汽车，少数富裕村民还会在县城购买住房。正如长胜村的一位村民认为的，管护竹林和采摘竹笋时回村住一段时间，其他时间都在县城居住，这样外出打工时也方便得多。

（二）留守乡村的村民社会关系变迁

土地是乡村社会中最重要的资源，村民以土地为中心开展经济活动，形成地方性的生计方式，对于村落共同体意识的形成具有重要作用。黄宗智发现，虽然长江三角洲地区的村落商业化程度比较高，但村落却具有很

山地生态农业产业赋能
乡村建设——云南省盐津县乡村振兴调查报告

强的封闭性,主要是因为"这里的村民们耕种土地有极大的稳定性,大部分村民一代接一代地耕种同一块家庭田地"(黄宗智,1992:161)。在黄宗智看来,村落内部稳定的土地权属构成了村落共同体存在的基础。马若孟对1949年以前华北几个村庄的研究则从相反的方面论证了那些土地所有权不稳定的村落之所以难以形成村落共同体,是因为"村庄不断由于收成的波动和村庄的债务而获得或失去土地,农民缺乏强烈的村庄认同观念"(马若孟,1999:138)。这些研究有着相同的论述逻辑:农民长期耕种固定的土地以后,会形成对土地的依恋感,由于村落中的土地具有不可移动性,农民对土地的依恋就是对村落的依恋,在此基础上形成村落共同体意识。中西部地区乡村长期大规模存在的人口流动弱化了村民与土地之间的联系,村落共同体正在走向崩解已经是不争的事实。同时,留守乡村的人口在土地流转过程中,与土地之间的联系也在弱化,留守乡村的人口在为合作社耕作土地时,村民之间的社会关系性质也在悄然发生变迁。

盐津县在发展农业产业时,主要是以"三变改革"解决土地细碎化问题和土地撂荒问题。通过村党支部领办的农民专业合作社流转村民土地,再雇用村民到合作社中务工,村民也可以入股农民专业合作社获取分红,实现土地流转有收入、合作社务工有收入、入股合作社有分红。例如,中和镇艾田村通过"三变六合"改革,流转和平整全村土地450亩,种植七彩花生、时令蔬菜等高价值经济作物。2022年,村民将土地入股土地股份合作社之后,获得了户均665.68元的土地租金。艾田村有大量村民外出打工,留守乡村的部分村民在合作社中长期务工。尽管在合作社中长期务工的村民还是耕种土地,但他们已经从过去自己耕种自己的土地,转变成为合作社耕种"自己"的土地。村民与土地之间的关系发生变迁,也使得村民与村民之间的社会关系随之发生变迁。过去是村民在耕种自己土地时发生的互帮互助行为形成了村落互惠体系,有助于维系传统村落共同体的存续。现在村民在合作社中耕种土地时,村民与村民之间的社会关系从合作互惠转变为类似于工厂流水线中的分工合作关系。

村民过去耕种土地时有很高的自主性,早上是8点还是10点到地里劳动,什么时候从地里回家,全凭自己的时间安排。如果是播种和收获时家里的劳动力不够,村民会通过换工的形式互帮互助,村民与村民之间的关系是平等互助的。每个村民对整个劳动生产过程都了然于胸,村民会关心农作物的生长,按照自己过去积累的经验给农作物除草、施肥,会把自己种的农作物当孩子一样看待,还会举行一些与农时相应的民俗仪式。当村民在合作社中耕种土地时,采用了一套工厂的时间安排,按照工人的作息方式耕种土地。村民通常会被要求早上 8 点 30 分以前要到达小组长提前指定的地块,中午有 90 分钟吃饭时间,晚上则是要 6 点以后才会放工回家。小组长一般是中年男人担任,他会根据村民的实际情况,安排村民在耕种土地时具体做些什么。同时,小组长也扮演了监工的角色,防止村民偷懒,避免村民随便干一点农活就坐在田间地头休息聊天。村民自己耕种土地时,如果某个步骤没有完成,村民会自觉地延长劳动时间,很可能是月明星稀了才回到家里。但是,村民在合作社中耕种土地时,常常会有出工不出力的情况,不管某个步骤有没有完成,到了晚饭时间就会想方设法准时下班。

有研究讨论了 20 世纪 90 年代乡村工业发展对村落共同体产生的冲击:"与日出而作日落而息的农村生活方式完全不同,工厂制度是讲规矩和效率的。在工厂中,讲效率、讲规矩、讲公平的工厂赏罚制度和讲情理、讲感情的村庄人情产生了冲突。(梁晨,2019:87)"在村民看来,过去各家耕种各家的土地发生的互帮互助是充满人情味的换工,请村民来帮自己家播种、收获时欠下了人情,自己以后也要帮他们做事情把人情还了。虽然在合作社中耕种土地时,也是几位村民一起劳动,但是村民把这种一起劳动视为分工合作,每个人都是为了完成自己的工作任务,而不是充满人情味的互帮互助。在合作社中工作以后,村民之间除了具有血缘关系和地缘关系,还产生了新的业缘关系,大家都是"土地上的打工者"。有时村民会抱怨其他村民做得太差,影响到自己负责的部分,害自己必须付出更多的精力和时间才能完成自己的工作任务。村民对待土地上的农作物也缺乏感情,他们认为这些经济作物收获之后是属于合作社的,自己只是按工作时间长短领取工资的打工人。艾田村党支部领办合作社为了提高村民种植七彩花生的质量，还设计了"红黄黑"榜制度。对七彩花生管护较好的村民评为红榜，管护一般的评为黄榜，管护较差的评为黑榜，并定期在七彩花生种植基地的宣传栏进行公示。

在不同的历史时期，由于社会发展程度不同、生产的社会化水平不同，人们的交往范围、交往深度及交往内容、形式、规模方面都会存在明显区别。家庭联产承包责任制实施后，一家一户的农业生产方式使得乡村居民交往互动频率大为降低（李怀印，2010：239）。20世纪90年代以后，中西部地区乡村开始出现大规模人口流动，村落过疏化使得乡村公共生活衰落，进一步降低了乡村居民的交往互动频率。农业产业化推进，虽然以血缘、婚缘、地缘关系为主的社会交往依然普遍地保留在乡村社会中，但随着人们劳动生活方式的变迁，以业缘关系为基础的社会交往已经在乡村社会形成，并逐步发展为人们习以为常和乐于进行的交往活动（周大鸣等，2008：329）。盐津县有大量乡村居民长期外出务工，他们的社会交往范围早已超越村落地域，业缘关系在日常生活中占据重要位置。过去留守乡村的居民社会交往还主要是基于血缘、婚缘、地缘关系，但随着农业产业发展、土地流转普遍化，村民通过在合作社中耕种土地形成了新的业缘关系。在一家一户经营和乡村长期人口流动导致公共生活衰落、村民之间交往互动频率下降的情况下，乡村社会内部因农业产业发展、土地流转而新形成的业缘关系，对于加强留守乡村居民的交往互动，促成村落社会整合具有积极意义。

第六章 盐津县推进乡村振兴工作的建议

前文在梳理了盐津县产业结构变迁与乡村振兴路径、盐津县乡村振兴现状、盐津县生态农业产业发展面临的困难、盐津县农业产业发展与新型农村集体经济实践、盐津县农业产业发展与乡村社会变迁后认为，盐津县当前的乡村振兴工作聚焦农业产业发展，忽视了乡村振兴五个总要求之间存在紧密的逻辑联系，政府主导推动的农业产业还缺乏社会基础，地方政府在理解乡村人口减少与乡村振兴之间的关系时也存在一定的误区。针对盐津县当前乡村振兴工作存在的问题，本书建议盐津县在发展农业产业时在政府、市场与社会的互动中推动农业产业发展，在实施乡村振兴战略时应以整体性思维协同推进五个方面的振兴，通过城乡融合发展消解乡村振兴与城镇化之间的矛盾。

一 在政府、市场与社会的互动中推动农业产业发展

随着"创新、协调、绿色、开放、共享"新发展理念的贯彻执行，中西部地区的地方政府在推动乡村经济发展时，已经不可能像过去的东部地区一样发展乡村工业，也不是所有乡村都具备发展乡村工业的潜力。对于广大中西部地区乡村而言，最为现实的乡村振兴路径是结合自身实际情况，依靠发展农业产业实现乡村产业兴旺。盐津县委、县政府结合盐津县的区位优势、资源禀赋、县域经济社会发展状况，确定集中力量推动三大农业产业规模化发展，以此实现乡村产业兴旺和城乡融合发展。尽管盐津县委、县政府投入了大量资金、制定了诸多政策支持三大农业产业的规模化发展，三大农业产业的发展现状还是很难称得上成功。虽然盐津县的竹产业在三

山地生态农业产业赋能
乡村建设——云南省盐津县乡村振兴调查报告

大农业产业中实现了规模化发展，农村居民也通过发展竹产业有效提高了家庭经济收入，但盐津县的竹产业一直是以鲜笋销售为主，面临着产业附加值低、配套加工能力不足的问题，限制了农村居民家庭经济收入的进一步增长，在推动城乡融合发展方面的效果也不显著。

2018年的中央一号文件《中共中央 国务院关于实施乡村振兴战略的意见》强调："实施产业兴村强县行动，推行标准化生产，培育农产品品牌，保护地理标志农产品，打造一村一品、一县一业发展新格局。"2022年的中央一号文件《中共中央 国务院关于做好2022年全面推进乡村振兴重点工作的意见》要求："大力发展县域范围内比较优势明显、带动农业农村能力强、就业容量大的产业，推动形成'一县一业'发展格局。"2023年的中央一号文件《中共中央 国务院关于做好2023年全面推进乡村振兴重点工作的意见》也要求："实施'一县一业'强县富民工程。"地方政府试图通过发展农业产业化实现稳定脱贫和乡村振兴，但同样是县域农业产业结构调整，为什么有些地方的农业产业实现了规模化发展和高质量发展，有些地方的农业产业却是"一哄而上、一哄而散"，还有些地方在不断调整农业产业？

制度经济学学者认为一个辖区的经济发展最终取决于辖区内的政企合作，即政府与企业之间的分工合作和优势互补，而政企合作的性质与效果又受制于政府内部的激励与外部市场的竞争环境，基于此，有学者提炼了"官场+市场"的地方经济发展模式（周黎安，2018）。相关农业产业发展实践和研究，也大多聚焦于政府与市场之间的互动。刘蓝予等人的研究基于"官场+市场"理论，以陕西洛川苹果为例指出：对于产业基础薄弱的地区，地方政府通过与市场及社会多元主体的密切合作实现优势互补，引导体制内的行政力量、人力资源、声誉资本和政策信息等稀缺要素注入特色产业发展中，提升当地特色产业的市场竞争力，是实现经济赶超的一条可行路径（刘蓝予、周黎安，2020）。但是，制度经济学构建的"官场+市场"的地方经济发展模式难以解释那些发展农业产业走向失败的案例，也忽视了农业产业发展的社会基础。例如，盐津县委、县政府制定了大量政策推动农业产业发展，主要精力用于引进农业企业、完善产业配套设施、打造地方特色产品、开发培育产品市场，但只有具有资源稀缺性和受当地农民欢迎的竹产业有效促进了农村居民家庭经济收入增长。

与制度经济学关注政府与市场之间的互动不同，农业社会学研究强调了农业产业发展背后的社会基础，试图揭示经济行动嵌入在社会结构中的机理。付伟以安徽六安瓜片茶产业为例，描述了农业的技术细节和交往细节如何塑造了茶产业的经营组织形态，紧扣茶产业从业者之间的交往细节和交往心态分析特色农业组织形态的社会基础（付伟，2020）。颜燕华基于对安溪铁观音的个案考察，认为地方政府为了规范茶产业发展，将具有多样性的传统茶产业生产方式改造为单一化、规模化和标准化的现代生产方式，与茶农基于生产技艺、农时安排以及社会关系状况而调整的灵活性产销存在根本的张力，而农户因时、因地、因人而变的产销逻辑更能适应复杂多变的市场环境（颜燕华，2020）。陈航英以菜心产业为例探究资本下乡后的用工机制问题，强调下乡资本的经济逻辑必须以乡土逻辑为依据展开（陈航英，2021）。诸多个案研究表明，在政府与市场之外，农业产业经营的成功或失败与社会基础紧密相关。

社会基础是一种特定地方性的、依赖于人与人之间关系发挥作用的"混沌"的力量，学者们一方面强调它的强大力量，另一方面揭示了它极强的隐蔽性，不深入当地开展长期的田野调查工作就很难感受到它的存在。农业产业开发的社会基础主要是指农民在农业产业发展过程中的行动伦理、观念心态，以及乡土社会中的人际关系网络对农业产业的形塑作用（徐宗阳，2022）。农业产业的社会基础既不同于国家权力在此的地方政府，也不同于以交易成本为核心的市场，它是政府与市场之外的第三种力量。因此，当地方政府作为主导力量试图培育农业产业时，不仅要与市场打交道，还要关注农业产业发展背后的社会基础。那么，如何理解农业产业发展进程中政府、市场与社会三种力量之间的互动关系？刘小峰等人以宁夏盐池滩羊为例，提出老少边区特色农业"一县一业"发展格局的建构可以归纳为选优和扶强两个不同阶段的政府、市场与社会互动过程。选优阶段依赖社

山地生态农业产业赋能
乡村建设——云南省盐津县乡村振兴调查报告

会、市场与政府的互嵌机制相互补位、培育地方"隐形冠军",扶强阶段依赖社会、市场与政府的共振机制互惠共生、打造区域"单项冠军"(刘小峰等,2023)。这项案例研究从历史性角度揭示了政府、市场与社会三种力量在农业产业发展不同阶段存在的不同互动机制,如何共同推动了宁夏盐池滩羊产业走向成功。

就盐津县三大农业产业发展历程来看,政府、市场与社会三种力量的互动方式塑造了三大农业产业的发展现状。盐津县的生态环境决定了竹产业具有一定的独特性,在市场上具有比较优势,20世纪90年代时就开始向日本市场出口清水笋。盐津县的农民在参与发展竹产业时资金和劳动力投入少,又可以兼顾外出务工,契合了农民害怕风险和偏好外出打工的社会心态。因此,农民参与竹产业发展的积极性最高,竹产业发展具备社会基础。盐津乌骨鸡和肉牛养殖产业则缺乏独特性,与同类型的农产品相比较时缺乏优势,难以在激烈的市场竞争中开拓市场和巩固市场地位,始终面临着巨大的市场风险。特别是盐津县并无肉牛养殖的历史传统,农民对规模化的肉牛养殖感到十分陌生,再加上农民在参与乌骨鸡和肉牛养殖时需要投入大量资金和劳动力,也不能兼顾外出务工,导致很多农民中途退出,乌骨鸡和肉牛养殖产业缺乏社会基础。在田野调查时笔者发现,很多村民认为冒着风险大规模养殖乌骨鸡和肉牛不如外出打工赚钱可靠。

乡村人才状况和类型,在一定程度上反映了乡村的发展方向,也可以在一定程度上反映乡村是否具备发展农业产业的社会基础。从表6-1的数据中可以看到,首先,在此次问卷调查的6个行政村中,获得职业技能等级认定的农民有1659人,这是人数最多的一种乡村人才。获得职业技能等级认定的农民数量虽然很多,但他们只需要接受政府部门组织的简单的技能培训就可以获得相关培训证书。同时,农民获得的职业技能等级认定证书多是电焊、厨师、家政等职业行业,与农业产业发展没有直接关系,这些职业更适合于外出务工。其次,在6个行政村中,可以被称为乡村工匠的人数有463人,属于人数较多的一种乡村人才。但被称为乡村工匠的这些村民,大多是泥瓦匠、木匠、擅长编制竹具的村民、懂得修缮房屋的村民等,与农业产业发展之间的关系也不密切。最后，与农业产业发展密切相关的人才类型是家庭农场经营者、农民合作社带头人、农村创业创新带头人、农村电商人才等，但这些类型的乡村人才在盐津县6个行政村的数量分别只有8人、29人、24人、13人。盐津县6个行政村的乡村人才类型和数量说明，大多数村民的生计类型还是传统的"半工半耕"，家庭成员要么在家耕种自己家的几亩土地，要么在外打工。盐津县与农业产业发展关系紧密的乡村人才数量很少，在发展农业产业时还缺乏社会基础支撑。

表6-1　盐津县6个行政村乡村人才状况

单位：人

人才类型	数量
获得职业技能等级认定的农民	1659
家庭农场经营者	8
农民合作社带头人	29
农村创业创新带头人	24
农村电商人才	13
乡村工匠	463

资料来源：云南大学中国乡村社会大调查问卷。

农业产业有种植业、渔业、畜牧业等不同的类型，不同类型的农业产业又具有独特的产业特性，农业产业发展更是受到资源禀赋、产业政策、市场环境等因素的影响，因而中国农业产业的现实实践具有多样性特征，政府、市场与社会三种力量在具体条件下的共同演化也会因侧重点不同而存在效果的差异。同时，农业产业具有高风险的特性，即使某种农业产业在某个时间段取得了成功，在新的条件下也会出现新的发展难题，农业产业发展策略需要根据新的情况做出调适。相比于认为政府是一个中立且万能的代理人，并且想象政府可以根据政策目标的需要自动纠正市场失灵的观点，"官场+市场"的农业产业发展解释模式将政府与市场放在平等地位讨论，揭示了政府与市场两种力量的互相影响机制。而政府、市场与社会三种力量在农业产业发展进程中需要相互嵌入的解释模式，进一步揭示了

山地生态农业产业赋能
乡村建设——云南省盐津县乡村振兴调查报告

农业产业发展的复杂性,让人们看到了乡土社会的人情网络、农民所具有的社会心态、职业偏好也能够在根本上影响农业产业发展。这种解释模式的意义在于,当地方政府试图主导推进农业产业发展时,不仅要考虑到市场因素,还要考虑到农民并非不具备能动性的政策实施对象,农业产业发展需要在政府、市场与社会的互动中推动。这也是党中央强调的,在乡村振兴战略实施过程中必须坚持农民主体地位的原因,从"要我发展"转变为"我要发展"。

二 以整体性思维协同推进五个方面的振兴

从学术研究的角度来看,如何推进乡村振兴,仍然是在讨论乡村发展道路这样的老问题。目前,学术界关于乡村振兴路径问题的讨论已经成为热点问题,存在较多不同的观点。韩俊认为乡村振兴要抓住几个关键问题,如农业生态治理、绿色发展、生态保护和修复、生态补偿机制、乡村精神文明建设、乡村治理、人居环境整治等(韩俊,2018)。叶敬忠提出乡村振兴的"五不"原则,认为乡村振兴不宜让乡村过度产业化、乡村振兴不是去"小农化"、不要盲目地推进土地流转、不能消灭农民生活方式的差异化、不能轻视基层的"三农"工作(叶敬忠,2018)。赵旭东认为,乡村振兴关键是要重建一种循环社会体系,即让乡村复振起来,最终要把乡村建设成热爱家乡的人能够回得去的乡村(赵旭东,2018)。也有学者认为,当前我国乡村发展的困境在于只重视城镇化的发展,或只重视乡村主体自身的发展,忽视了城镇主体与乡村主体的协调发展(王积超、李远行,2019)。这些不同的观点表明,关于过去的乡村发展道路和现在的乡村振兴路径,一直存在着不同的见解和主张。

探寻乡村振兴之路,强调坚持多样性、差异性原则的重要性,并不意味着要排斥对乡村振兴共性的认识。陆益龙等人认为,尽管乡村振兴路径丰富多样,但核心之处在于解决农民生计问题,乡村振兴整体上可以沿着产业融合的大方向往前推进(陆益龙、陈小锋,2019)。从历史的维度来看，传统乡村社会中的农业耕种、手工业是相辅相成和融合在一起的，经济活动也是嵌入在乡村社会体系之中的。随着人类社会分工日益细化、经济部门日益专业化，手工业从乡村社会分离，工业更是一开始就集聚在城市之中，迫使乡村劳动力向城市转移，人口与地域长期分离最终导致了传统的村落共同体走向崩解。在经济转型和农业农村现代化的时代背景下，乡村社会要能适应新的形势，就必须进行变革，以便实现新的乡村产业融合。在经济学看来，乡村产业融合是指"通过产业联动、要素集聚、技术渗透、体制创新等方式，将资本、技术以及资源要素进行跨界集约化配置"以实现"农业产业链延伸、产业范围扩展和农民增收"（夏荣静，2016）。但在促进乡村产业融合发展的过程中，仅依靠某一种机制和力量难以助推乡村产业融合发展。

乡村产业是在乡村之中立足发展的，但政府与市场两种力量又常常忽视乡村自身的存在，导致农业产业发展缺乏社会基础支撑。虽然乡村振兴战略将乡村振兴分为五个大的方面，但乡村的各个部分实际上是一个密不可分的整体，实际工作中不能就产业谈产业、就乡村治理谈乡村治理。以乡村产业而言，乡村中的生态环境、劳动力、生计方式、生活方式、民间信仰习俗、人情网络等都会对乡村产业发展产生影响，不同要素之间具有高度的关联性、协同性，呈现出非线性关系（朱启臻，2018）。过去的乡村发展实践常常缺乏整体性思维，把具有紧密联系的农业、农村、农民人为割裂。例如，盐津县委、县政府为了确保脱贫攻坚工作结束后不发生规模性返贫，通过多种渠道将农村人口输送到外省务工，保证家庭经济收入的稳定性，但在推进乡村振兴工作时又感到乡村缺乏劳动力。这种做法忽视了农民与农村之间的关系，加剧了乡村"空心化"问题。在发展农业产业时，盐津县过于强调农业的商品化，忽视了农民的多种需求。此类缺乏整体性思维的乡村发展实践，在解决了乡村社会中存在的某些问题时，又产生了许多新的问题。

党的十九大报告将乡村振兴战略概括为"产业兴旺、生态宜居、乡风文明、治理有效、生活富裕"二十个字。在具体落实乡村振兴战略时，聚

山地生态农业产业赋能
乡村建设——云南省盐津县乡村振兴调查报告

焦产业、人才、文化、生态、组织五个方面的振兴。尽管乡村振兴战略的五个总要求和五个方面的振兴都把产业兴旺摆在了首要位置,但这并不意味着只有产业兴旺是核心工作,更不是只有产业兴旺之后才能实现乡村其他方面的振兴。乡村各方面的振兴彼此之间存在着紧密联系,各个部分之间是一种共时性关系。总的来看,产业兴旺是乡村振兴的核心,生态宜居是乡村振兴的基础,治理有效是乡村振兴的保障,乡风文明是乡村振兴的关键,生活富裕是乡村振兴的根本。乡村振兴战略的五个总要求和五个方面的振兴各有侧重又相互联系,必须准确把握其科学内涵和目标要求,统筹谋划新时代农业农村现代化的实现路径。因为,乡村产业发展关涉多种要素,只有乡风文明改善、农民生态文明意识提升、乡村治理有效才能为乡村产业发展营造良好的社会基础。这也是本书强调的,在乡村振兴背景下推进的乡村建设,最终目标是推进村落共同体的建设,重建人与人之间、人与村落之间的紧密联结关系。

《盐津县国民经济和社会发展第十四个五年规划和二〇三五年远景目标纲要》中强调,实施"生态立县、工业富县、农业稳县"三大战略,抓实"巩固提升、通道建设、生态保护、城乡统筹、产业培育、民生保障"六个重点。当前,盐津县委、县政府在推进乡村振兴工作时,完善政策体系促进三大农业产业规模化发展是其核心工作,也取得了一定成效。但正如前文指出的,单纯的政府政策、市场培育并不足以成功地促进农业产业发展,农业产业发展还需要具备社会基础支撑。因此,本书建议盐津县委、县政府在推进乡村振兴工作时,以整体性思维协同推进五个方面的振兴,为农业产业发展奠定良好的社会基础。如果只是孤立地看待农业产业发展,就有可能造成农业产业获得了发展,却拉大了乡村居民之间的贫富差距的问题,为乡村治理带来新的挑战。如果在发展农业产业时不注意提高农民的生态文明意识,农民就难以理解生态资源转化为生态产品背后的机理,会削弱农民参与生态农业产业发展的积极性。如果在发展农业产业时不注重农民的获得感,没有切实提高农民的家庭经济收入,农民还是会"用脚投票"选择外出务工。

三 通过城乡融合发展消解乡村振兴与城镇化之间的矛盾

《乡村振兴战略规划（2018—2022年）》中提出"坚持乡村振兴和新型城镇化双轮驱动"的要求，党的二十大报告再次强调城乡融合发展。从地域空间来看，城镇与乡村在空间上是连接为一体的，只是过去的政策制度将连接在一起的城乡地域空间人为分割为两个截然不同的社会空间，使得城乡发展差距长期存在。尽管如此，城镇的发展离不开乡村要素的支持，乡村振兴也离不开城镇要素反哺。然而，随着城镇化的推进，中国乡村人口不可避免地会持续减少。2023年末，我国城镇常住人口达93267万人，比2022年增加1196万人；乡村常住人口47700万人，减少1404万人。①2023年底全国户籍人口城镇化率达到48.3%，常住人口城镇化率更是达到了66.16%。一方面是中国的城镇化进程中乡村人口的持续减少，另一方面是乡村振兴战略的全面实施。那么，乡村人口减少会对乡村振兴战略的有效实施构成什么样的挑战，又会带来什么样的机遇？笔者通过在盐津县的田野调查发现，部分地方干部、村支书在看到大量村民长期外出务工、乡村人口持续减少时，认为一些偏远地区的乡村在未来注定会消失，没有必要再投入大量资金开展乡村振兴工作。因此，正确理解城镇化进程中乡村人口减少与乡村振兴之间的关系就变得十分重要。

党的二十大以后，党中央要求全面实施乡村振兴战略，但也强调要在尊重乡村自身发展规律的基础上推进乡村振兴工作。中国乡村发展长期以来面临着人多地少矛盾，农村存在大量剩余劳动力是农民外出务工和形成"半工半耕"农村社会结构的前提条件（甘满堂，2011：50）。随着农业机械推广、农村土地流转后的规模化种植，农业产业对劳动力的需求又进一步减少。由于中国乡村面临着人多地少的发展困境，大量农民成为农村剩余劳动力，也就是中国农村并不需要那么多人种地。人地关系在很大程度

---

① 《王萍萍：人口总量有所下降 人口高质量发展取得成效》，国家统计局网站，https://www.stats.gov.cn/sj/sjjd/202401/t20240118_1946701.html，最后访问日期：2024年6月7日。

山地生态农业产业赋能
乡村建设——云南省盐津县乡村振兴调查报告

上决定了农民在土地上从事农业生产所得剩余收入,进而决定了"半耕"收入在家庭经济中所占的比重(李永萍,2020)。如果不促进农村剩余劳动力向二、三产业转移,不仅会影响到农民家庭经济收入增长,还会直接影响到自给自足的小农经济向农业产业化转型,更会在根本上影响到中国农业农村的现代化进程。而新型城镇化的推进可以解决庞大的农村剩余劳动力转移就业和职业转换能力问题,吸收农村人口进城就业,实现城乡就业的空间衔接(甘天琦等,2024)。更为重要的是,新型城镇化是"人"的城镇化,坚持以人为本,目的是实现农业转移人口的市民化,这必然会导致乡村人口数量减少。

乡村振兴战略与新型城镇化战略分别作用于城镇和乡村两个不同的地理空间,以及两大不同的群体,两者的内涵要求与路径选择也有不同(杨佩卿,2022)。当前,两者之间最为明显的冲突是随着新型城镇化战略实施,城市人口持续增加,乡村人口持续减少,乡村"空心化"问题就难以有效解决。对于乡村人口而言,只要不受不合理的人口流动限制,便会在理性决策下作出留守家乡还是成为城市人口的选择。然而有学者认为,乡村作为一种自然的、历史的以及社会的文化系统,在人口日趋减少的时代背景下向何处去是一个大的问题(陆益龙、陈小锋,2019)。客观地说,作为一种社会文化系统的乡村在中国的现代化进程中确实面临着难以延续的命运,也面临着难以寻找到自身恰当位置的困境。但是,当人们不仅看到乡村人口向城市迁移,也看到某些乡村因基础设施、生活水平改善,与城市之间的发展差距缩小而吸引返乡人口,重新焕发生机时,就会相信作为一种社会文化系统的乡村并不会在城镇化进程中轻易走向消亡。

当代乡村振兴宜以县域为对象、以村域为单元、以农户及企业为细胞、以一定区域乡村人居业形态为依据、以让那些进城务工或是留守家乡的农民找到归宿为基本立足点(刘彦随,2018)。盐津县的县情是历史悠久与现实落后并存、生态良好与灾害频发并存、资源丰富与开发滞后并存,生态良好和资源丰富的优势尚未转化为经济发展动力。盐津县存在大量的农村剩余劳动力,而且土地流转后的规模化种植进一步减少了其农业产业对劳

第六章　盐津县推进乡村振兴工作的建议

动力的需求量，大量乡村人口外出务工并未影响到三大农业产业发展。盐津县在发展三大农业产业时，更需要的是掌握种植养殖、宣传、销售、流通方面技术的专业人才，而不是普通的农村劳动力。大量乡村人口外出务工后，既可以缓解盐津县人多地少的现实矛盾，促进土地流转与农业产业的规模化发展，外出务工人员还可以开阔眼界、积累知识和社会资本，返乡后为乡村发展带来新的希望和机会。农民工的回流还在很大程度上解决了县域工业发展的人力资源匮乏问题，有助于破解城乡二元结构带来的系列困局，为城乡融合发展奠定物质基础（崔彩周，2016）。因此，当我们观察到大量乡村人口外出务工造成乡村"空心化"问题时，也要理解乡村人口减少给农业产业规模化发展、县域经济发展带来的积极影响。

　　乡村与市场、乡村与国家的关系转型，不但会引发乡村内部各种关系的变化，而且在乡村与大社会联系方面触发了新的关联。党的十九大以后，我国确立了农业农村优先发展、城乡融合发展体制机制，此举意味着国家会加大乡村建设投入，提升乡村基础设施水平，促进城乡之间人员、物资流动的畅通。当乡村的基本生活条件与城市基本均等时，乡村与城市不同的自然风光、生态系统自然会吸引部分人口留在乡村生活或是引发逆城市化现象。从理论层面来看，乡村未来的命运既非消失，也不是与城市隔离，而可能是与城市融合发展（毛丹等，2008：31）。在此情况下，乡村不再是偏远、欠发展的代名词，乡村的存在主要是为从事农业生产的人口提供便利和高品质的生活环境，并为城市人口提供短期或长期回到乡村生活的可能性。大城市、中小城市、小城镇、近郊村、偏远地区乡村等，形成一种经济上互相补充和支持、文化风格不同，但是彼此平等的城乡关系。对于政府而言，如果希望乡村在经济增长、社会稳定方面长久而稳定地发挥作用，那么在完善政策制度体系、加强乡村建设、改善乡村生产生活状况的同时，也要畅通城乡之间人、财、物等要素的双向自由流动渠道，以城乡融合发展促进乡村自身的更新再造。

　　城乡关系变化的根本原因在于发展方式的变化，直接原因在于城乡之间制度安排的变化导致的各主体之间利益冲突及相对力量的改变（刘俊杰，

163

山地生态农业产业赋能
乡村建设——云南省盐津县乡村振兴调查报告

2020）。从发展方式来看，党的十九大报告提出乡村振兴战略后，坚持农业农村优先发展，着力破除城乡二元结构，推动城乡融合发展。从相关制度安排来看，通常是某一个制度的出台引起城乡关系迅速发生变化，如农村土地制度、农业税取消等。2018年的中央一号文件《中共中央 国务院关于实施乡村振兴战略的意见》制定了乡村振兴的阶段目标：到2020年，乡村振兴取得重要进展，制度框架和政策体系基本形成；到2035年，乡村振兴取得决定性进展，农业农村现代化基本实现；到2050年，乡村全面振兴，农业强、农村美、农民富全面实现。因此，盐津县在推进乡村振兴工作时，也应该确立乡村振兴的阶段性目标，正确处理乡村振兴与城镇化之间的关系。至少目前来看，农村剩余劳动力向城市中的二、三产业转移有着诸多的积极作用，也是当前推动城乡融合发展的一个重要方面。在促进农村剩余劳动力转移时，乡村振兴战略实施和城乡融合发展需要为愿意扎根乡村的人才创造发挥作用的空间（赵旱，2020）。鼓励农村剩余劳动力"走出去"缓解人多地少矛盾，学习新的知识技能，再将有知识和技能的外出务工人员"请回来"发展农业产业，是当前乡村产业兴旺的一种现实选择。

对于盐津县的乡村振兴和城乡融合发展而言，持续做好三大农业产业发展，解决三大农业产业深加工能力不足问题，延长三大农业产业的产业链，可以创造更多的就业机会。由于生态农业产业受生态环境的限制，盐津县只有部分乡镇适合发展三大农业产业，这决定了只有部分人口可以直接从三大农业产业发展过程中受益。因此，盐津县在配套建设三大农业产业深加工工厂、物流设施时，应综合考虑全县的产业布局，让那些不能直接从三大农业产业发展过程中获益的乡村居民，有机会参与三大农业产业的其他生产、运输环节，分享到农业产业的发展红利。通过发展农业产业在县域内吸纳农村剩余劳动力就地就近就业，不仅可以提升盐津县的城镇化水平，也可以在一定程度上缓解乡村因大量青壮年劳动力外出务工而产生的"三留守"问题。同时，农业产业发展能够提升县域内城市和乡村的基础设施建设水平，改善城市和乡村的基本生活条件，能够让愿意进城居住生活的村民和愿意留守乡村发展产业的村民都找到自己的归宿。

第七章 盐津县乡村振兴典型案例分析

一 艾田村：从合作社到专业合作社助推农民组织化

（一）背景

农民专业合作社是作为农业产业化的工具而诞生的，旨在加强农户之间的横向联合，节省生产经营成本，降低市场风险。我国农民专业合作社的产生与发展既有诱致性制度变迁的影响，也有强制性制度变迁的痕迹，是诱致性和强制性制度变迁交替影响的产物。我们可以看到，自 2007 年《中华人民共和国农民专业合作社法》实施以后，在农民专业合作社发展的初期，强制性制度变迁是合作社萌芽和发展的主要动力。随着农民专业合作社的发展进入良性轨道，农民合作思想逐渐得到普及，合作愿望得到了加强，农民之间的自发合作具有了可能性，实现了从"要我合作"到"我要合作"的跨越，越来越多的乡村精英和种植、养殖大户开始发起合作社，越来越多的农民愿意联合起来成立合作社，诱致性的制度变迁逐渐成为合作社发展的主流。

一般而言，农业经济较为发达的东部地区对农业产业化的需求最为迫切，而农业经济欠发达的西部地区仍然以小农经济为主，对农业产业化的需求并没有东部地区迫切。经历了几十年的发展，东部地区的农民专业合作社以诱致性的制度变迁为主。西部地区的农民专业合作社发展是为了缩小与东部地区的发展差距，模仿东部地区的农民专业合作社，主要是由地方政府在推动，仍然处于强制性的制度变迁阶段。西部地区的农民专业合作社发展主要受到地方政府的鼓励和支持，这使得西部地区的农民专业合作社发展表现出"先解决有没有，再解决好不好"的特点，导致了农民专业合作社在实际运行过程中面临的许多困境。

例如，农民专业合作社因缺乏"专业"性而成为综合性的合作社，最终影响到农民专业合作社的市场竞争力，难以促进农民增收和乡村振兴工作。由于西部地区合作社存在社员受教育程度普遍不高、管理不规范、专业化水平低等问题，近半数合作社难以为继，名存实亡。有学者认为，农民专业合作社在本质上是一种治理结构，或许就是因为人们深感当下合作社发展纷繁芜杂，觉得治理研究更加迫切、更加现实。要解决农民专业合作社成为"空壳社""翻牌社""休眠社"或名存实亡的问题，就要优化和改善农民专业合作社的治理结构。盐津县委、县政府在脱贫攻坚时期就看到了农民专业合作社在实际运行过程中存在的诸多问题，开始探索农民专业合作社的治理结构改革，对农民专业合作社的治理结构进行"三变六合"改革，以便发挥农民专业合作社在巩固拓展脱贫攻坚成果和乡村振兴工作中的作用。

（二）案例简介及主要做法

1. 案例简介

自2022年以来，盐津县委、县政府开启了"三变六合"的改革试点工作，以艾田村、天宁村、赵溪村作为首批改革试点村，探索实践"资源变资产、资金变股金、农民变股东"的"三变"以及"镇农民合作经济组织联合会+村集体股份经济合作社+土地、劳务、旅游、置业子合作社"的"六合"，采取"建立组织—整合资源—承接项目—发展经济—分享利润"五步走发展思路进行"三变六合"改革，激活农村资源，撬动社会资本，壮大村集体经济，探索实践一条集体经济有效联结群众增收的强村富民之路。

2. 主要做法

（1）"三变"改革激活村民内生发展动力

在农村发展实践中，人们常常认为小农因为惧怕承担风险、墨守成规而缺乏变革的动力。事实上，小农也有很强的内生发展动力，只是苦于缺乏发展条件和启动发展的资金。盐津县委、县政府以资源整合为突破口，通过"资源变资产"，将自然资源性的资产、房屋、基础设施等可经营性资产的使用权评估之后，折价变为资产，三个试点村共清产核资9613.13万元。通过"资金变股金",盐津县动员村民将政府发放的扶持资金、生态补偿资金、项目补偿资金等入股转化为村级集体资金,使资金在流动中保值增值,使农民获得分红。通过"农民变股东",盐津县让农民包括脱贫人口持有村集体经济的股份,实现家家有资本、户户成股东、年年有分红,增加村民的财产性收入,实现共同富裕,三个试点村共下发股权证2670本。

(2)以"六合"促农民专业合作社的专业化发展

一是成立股份经济合作社负责管理各种农民专业合作社。过去盐津县在行政力量的主导下,在每个行政村成立了至少一个农民专业合作社。这些农民专业合作社在实际运行过程中并没有体现出专业性,也没有明确的业务方向,很多农民专业合作社因没有营利能力而变成"空壳社"。盐津县委、县政府为了加强对行政村内各农民专业合作社的领导能力和具体业务指导能力,在行政村一级层面成立股份经济合作社。股份经济合作社承担了"筹、投、管、分"四大职能。"筹"是指股份经济合作社主动谋划项目,争取上级政府的各项扶持资金、社会各界的帮扶资金,解决所管辖的行政村内各农民专业合作社的发展资金来源问题。"投"是指股份经济合作社在行政村范围内分配资金的使用方向,支持行政村内各农民专业合作社发展。"管"是指村"两委"通过股份经济合作社加强对行政村的各农民专业合作社的业务指导和财务管理,帮助农民专业合作正常运行,避免"空壳社"的出现。"分"是指股份经济合作社要负责管理农民专业合作社在运行发展过程中所获得的收益,并决定如何分配这些经营收益。盐津县委、县政府在村级层面成立股份经济合作社之后,又综合考虑了各行政村的资源禀赋和发展条件,在行政村内成立了四个真正意义上的农民专业合作社。分别是土地股份合作社、劳务股份合作社、旅游股份合作社和置业股份合作社。

二是成立土地股份合作社负责土地流转。乡村振兴战略强调中国农业产业的现代化和规模化,农业产业现代化和规模化之间具有很强的相关性。农业产业的规模较小,不利于农业机械和农业科技投入,难以提高农业生产率,也就难以实现农业产业的现代化。对于山区的乡村而言,制约农业产业规模化的首要因素是土地细碎化问题。不同村民家庭的土地虽然相邻接，却难以开展规模化经营。盐津县委、县政府充分认识到山区土地细碎化问题在很大程度上制约了农业产业的规模化经营，因此努力推进村民土地流转。盐津县在试点村成立土地股份合作社，由合作社出面动员村民将自己家的土地入股土地股份合作社。土地股份合作社组织村民将不同村民家庭相邻的土地平整之后连成一片，既解决了山区土地细碎化问题，也为农业产业的规模化经营奠定了基础。土地股份合作社将土地平整之后对内和对外公开招租，加强租赁管理，由此获得土地租金。例如，艾田村流转和平整土地450亩，村民将土地入股土地股份合作社之后，在2022年获得了户均665.68元的土地租金。

三是成立劳务股份合作社负责劳务输出。对于西部欠发达地区而言，发展农业产业存在着自然灾害风险和市场风险，发展农业产业巩固脱贫攻坚成效，防止脱贫人口大规模返贫的作用并不明显。很多欠发达地区的地方政府为了防止脱贫人口规模性返贫，主要通过劳务输出的形式巩固和提升脱贫人口的家庭经济收入。在调查期间，盐津县委、县政府就指出，全县整体上村民外出打工的收入占到了家庭经济收入的70%以上。因此，盐津县的各个乡镇在春节过后就会组织村民外出务工。鉴于村民外出务工的重要性，盐津县委、县政府决定在各个行政村成立专门负责劳务输出的农民专业合作社。劳务股份合作社免费向村民提供人员登记、职业培训、务工信息介绍等服务，有组织地将村民输送到上海、浙江、广东、福建等地务工。除此之外，劳务股份合作社还在县城内积极承揽蔬菜种植、笋用竹种植、绿化美化、道路提质、房屋改造等工程，为加入劳务股份合作社的村民创造更多的就业机会。例如，艾田村的劳务股份合作社在2022年时共吸纳社员864人，占全村留守劳动力的100%，人均劳务增收989.58元。

四是成立旅游股份合作社负责发展乡村旅游业。随着中国城镇化的推进，一些乡村人口迁移到城市中定居生活，农村闲置房屋数量越来越多。盐津县委、县政府希望将乡村中的闲置房屋利用起来，便决定在靠近县城的一些乡镇发展乡村旅游业。成立旅游股份合作社，动员村民以闲置的房屋入股加入旅游股份合作社，并积极向上级政府争取资金建设或改建旅游设施，利用周边的旅游资源吸引游客，通过发展乡村旅游业盘活村内的闲置房屋。艾田村通过发展特色蔬菜产业，完成了美丽村庄创建、交通建设等项目，进而谋划种植七彩油菜，打造乡村旅游景观。同时，7户村民以房屋入股旅游合作社，在2023年3月实现盈利。

五是成立置业股份合作社负责经营管理农民专业合作社资产。行政村内除了村民闲置的房屋可以盘活利用，还有一些村集体资产也可以盘活利用。家庭联产承包责任制实施以后，中国乡村经济发展"分"有余"合"不足，很多行政村变成了集体经济的"空壳村"。由于村"两委"不重视村集体经济发展，村集体资产存在长期闲置浪费的问题。为了充实村集体经济实力，推动村集体经济发展，盐津县委、县政府决定在行政村内成立置业股份合作社，负责找项目、筹资金、建房屋、管出租、分红利，实现村民资金入股有股金。艾田村置业股份合作社对闲置的15个蔬菜大棚进行修缮，将其出租给村内的种植大户发展辣椒产业，获得了15.73万元的收益。

六是成立农村合作经济联合会负责沟通合作社、信用社和供销社。在国家的相关政策中，农民专业合作社被视为一种独立的市场经营主体，虽然有财政补贴，但需要自负盈亏。相关政策在解决农民专业合作社面临的困难时，一方面是促进合作社的规范化运作，另一方面是鼓励合作社内部加强合作和鼓励不同的合作社之间展开合作。对于西部欠发达地区而言，合作社发展还处于起步阶段，自身的综合实力十分弱小，依靠合作社自身的力量来解决运行中存在的种种问题并不现实，必须借助其他类型组织的力量。农村信用社和供销社常常会与农民专业合作社发生业务往来，依靠农村信用社和供销社的专业优势提升农民专业合作社的综合能力是一条可行途径。供销合作社长期扎根于农村商品流通领域，对农业生产和农产品流通拥有比农户和农民专业合作社更多的信息，更加了解农户的需求和偏好。农村信用社拥有专业财务知识，可以帮助合作社建立健全财务管理制度，避免因财务问题而影响股东之间的长期合作。盐津县委、县政府在镇级层面成立农村合作经济联合会，将镇辖区内的供销合作社、信用合作社、农民专业合作社，以及种植大户、家庭农场、农家乐、民宿企业、农业企业、涉农的企事业单位等生产经营主体组织起来，组建了具有生产、供销、信用"三位一体"服务功能的农民合作经济组织联合会。以农业生产为基础，以旅游业和置业为两翼，促进一、二、三产业融合发展。在镇级层面成立农村合作经济联合会，在多种经营主体之间建立了沟通机制，将分散的资源整合在一起，尽量避免多种经营主体各自为政。

（三）取得的成效

1. 加强了基层党组织对农村工作的领导

2019年9月1日，中共中央印发了《中国共产党农村工作条例》，旨在坚持和加强党对农村工作的全面领导，贯彻党的基本理论、基本路线、基本方略，深入实施乡村振兴战略，提高新时代党全面领导农村工作的能力和水平。在盐津县委、县政府着力推动的"三变六合"改革中，由基层党支部领办股份经济合作社，股份经济合作社理事长由村党组织书记担任，四个子合作社的理事候选人名单须报乡镇党委审查。而股份经济合作社被赋予了"筹、投、管、分"四大职能，成为土地股份合作社、劳务股份合作社、旅游股份合作社、置业股份合作社的上级领导机构，最终加强了基层党组织对农村各项事业的全面领导。

2. 完善了农民专业合作社的治理结构

农民专业合作社把一定地域的农业生产者集中起来，通过集团化生产同种农产品，实现产业的集群化、规模化。科学的农民专业合作社法人治理结构能促进农民专业合作社持续健康发展，增加农村人口的经济收入，在发展农村经济的同时改善农村生存环境，切合国家改善农村弱势群体生存现状的政策导向。合作社的治理结构体现在合作社章程中，艾田村就分别形成了《盐津县中和镇艾田村股份经济合作联合社章程》《艾田村土地股份合作社章程》《艾田村劳务股份合作社章程》《艾田村旅游股份合作社章程》《艾田村置业股份合作社章程》。这些合作社章程中均明确规定了合作社入股对象为户籍在本村的农民、村集体经济组织，也明确罗列了股东的权利与义务。

3. 实现了专业的人做专业的事情

在过去，农民专业合作社沦为"空壳社"的一个原因是合作社由当地农民发起成立，既缺乏相关专业人才，业务范围又太宽泛，农民专业合作社难以实际运行。盐津县中和镇艾田村"三变改革六大合作"实施方案中规定，四个子合作社的理事候选人由村党组织在股东代表中推荐。土地股份合作社理事长建议由熟悉土地承包情况的同志担任；劳务股份合作社理事长建议由年轻有文化的同志担任，以便组织农民培训；旅游股份合作社理事长建议由有外出打工经历的同志担任；置业股份合作社理事长建议由有经营思路、有经商经历，了解房产开发、房屋租赁业务的同志担任。

4. 强化了农民专业合作社的资源整合能力

中和镇的艾田村成立股份经济合作社和四个子合作社以后，落实"项目为王"的经济发展思路，整合村内所有资源跟着项目走、所有要素围着项目转、所有村干部聚焦项目干。艾田村、天宁村、赵溪村三个试点村共谋划包装项目28个，概算3282.62万元。根据资源谋项目，通过清产核资将耕地、林地、山地、未利用土地、建设用地、撤并的小学校、倒闭的砖瓦厂、古村古宅古民居以及红色旅游资源等闲散资源整合打造包装为好项目。例如，艾田村通过高标准农田建设项目，使改造后的土地价值更高，租金达到了600元/亩，实现价差收益5万元。根据人脉找项目，艾田村通过招商引资"以商引商"，由本地的新乡贤推广介绍，他们请自己的同学、亲友、师长等提建议、出思路，把亲情友情变成发展项目。通过"三变六合"试点改革，艾田村股份经济合作社2022年经营性收入57万元，其中蔬菜种植收入为55万元，秸秆回收收入为2万元。而赵溪村、天宁村通过低效林改造和其他产业的发展，分别实现村股份经济合作社收益48万元和58万元。

（四）可推广的经验

1. 实现了"原子化"农民的再组织化

当前，中国社会已经从乡土中国向城乡中国转型，或者说中国乡村已经进入了后乡土社会。中国乡村大量青壮年劳动力到城市中寻找工作机会，城乡关系发生诸多变化，对乡村社会文化系统和农民的价值观念、日常生活造成了诸多影响。乡村居民日益脱离传统村落共同体的支持或是约束，变成"原子化"的个体，由此给乡村治理带来新的挑战。在此时代背景下，

山地生态农业产业赋能

乡村建设——云南省盐津县乡村振兴调查报告

党中央作出了农业农村优先发展、全面实施乡村振兴战略的重大决策部署，也确立了农民在乡村振兴中的主体地位。但如何将分散的农民重新组织起来，围绕着乡村振兴战略的政策目标开展乡村建设，凸显农民在乡村振兴工作中的主体地位，成为新时代乡村建设实践必须回应和解决的难题。盐津县委、县政府在三个试点村推行的"六合"改革，以基层党支部领办的股份经济合作社统领土地股份合作社、劳务股份合作社、旅游股份合作社、置业股份合作社，在很大程度上实现了乡村经济发展的再组织化。盐津县采取"党支部+合作社+龙头企业+基地+农户"的组织方式，推动过去分散的劳动力集中到产业发展上来，大力发展以蔬菜、肉牛为基础的生态循环农业，实现了原子化农民的再组织化。

2. 实现了农民专业合作社的专业化

市场经济发展到今天，专业化程度越来越高，不仅一家一户的个体经济很难与之相适应，过去成立的综合性农民专业合作社也越来越难以适应市场经济对专业化分工的要求。盐津县的三个试点村根据当前农村生产经营活动的性质和特征，成立土地股份合作社、劳务股份合作社、旅游股份合作社、置业股份合作社，分别专门负责土地流转平整工作、劳务输出工作、乡村旅游发展工作、合作社和村集体经济的经营管理工作。同时，行政村成立的股份经济合作社领办四个子合作社，负责管理、协调不同的专业合作社之间的经济联系，并对所有合作社进行总的成本核算，考核不同专业合作社的经营绩效，可以对冲专业化分工导致的成本增加，实现土地、劳动力配置效率的提高和其他乡村发展资源的优化配置。

（五）进一步完善的建议

根据当前农村生产经营活动的性质和特征，分别成立更具专业性的农民专业合作社，由专业的人做专业的事情，意味着对农民专业合作社理事、股东、社员专业水平的要求变得更高。但是，现实的情况是乡村人才匮乏制约了农民专业合作社的专业化发展。笔者在实地调查中就发现，三个试点村虽然分别成立了土地股份合作社、劳务股份合作社、旅游股份合作社、置业股份合作社，但仍面临很难找到具有相关专业能力的村民担任专业合作社的理事长的紧迫问题，乡村专业人才的匮乏制约了农民专业合作社的专业化发展。乡村振兴工作最终表现为"谁来振兴乡村"的问题，乡村人才振兴对乡村振兴具有重要影响。因此，乡村人才振兴是推动农民专业合作社专业化发展的关键之处。当前，本地农民经过技能培训后可以很好地胜任种植养殖工作，但农业产业发展过程中还需要管理、宣传、物流运输、电商直播等方面的专业技术人才支持。一方面要挖掘和培养本土人才，充分利用他们熟悉家乡资源禀赋、人文环境的优势。另一方面也要加强和职业技术院校的联系，健全人才选拔、培养、使用机制，引进那些既掌握一定理论知识，又掌握实践技能的毕业生到乡村工作。

二 箭坝村：以新型农业经营主体助推农业产业化

（一）背景

20世纪80年代家庭联产承包责任制的实施，提高了农民家庭经济收入水平，解决了十多亿人口的温饱问题，但农业和农村发展中长期存在的深层矛盾日益暴露出来。农民分散的家庭经营模式与市场经济发展要求不相适应，小生产者难以对接和进入大市场，小规模的农业经营导致农业生产效益低下。要解决这些矛盾，就必须改变农业发展的动力机制和利益分配机制，探索引导小生产者进入社会化大市场的有效途径，在农民和农业组织形式、农业产业经营方式、资源配置方式和运行机制等层面进行整体创新。农业产业是以市场需求为导向的规模化生产，也要求标准化生产，产品质量要符合市场准入要求，分散的个体小农户已经难以满足要求。新型农业经营主体可以作为一种中介力量，将分散的小农户与大市场连接在一起，既把分散的小农户带入市场，也把大市场引向小农户，实现资源的优化配置。

2017年5月31日，《关于加快构建政策体系培育新型农业经营主体的意见》指出，在坚持家庭承包经营基础上，培育从事农业生产和服务的新型农业经营主体是关系我国农业农村现代化的重大战略。2020年3月3日，

山地生态农业产业赋能

乡村建设——云南省盐津县乡村振兴调查报告

农业农村部印发的《新型农业经营主体和服务主体高质量发展规划（2020—2022年）》强调，加快培育新型农业经营主体和服务主体，要以家庭农场、农民合作社和社会化服务组织为重点，不断提升生产经营水平，增强服务和带动小农户能力，保护好小农户利益，把小农引入现代农业发展大格局。"十四五"时期，盐津县聚力发展鸡、牛、竹三大富民产业，推动三大产业的规模化经营。在市场经济条件下，农业经营者要使自己的产业获得长足发展，必须拥有自己的优势产品和特色产品，并具有一定生产规模，否则难以进入市场、在市场竞争中获取收益。农业产业化经营的重点是培育主导产业，并且使新型农业经营主体在农业产业的一些关键环节发挥作用，以此带动整个产业的一体化经营。

（二）案例简介及主要做法

1. 案例简介

箭坝村位于盐津县普洱镇东北部，距集镇16公里，平均海拔800米。全村总面积54.7平方公里，户籍人口1930户7197人，常住人口1144户5025人。基础设施不健全、居住条件落后、产业基础薄弱等因素一直制约着这里的发展，年轻人大多外出务工，农村的"空心化"现象突出。普洱镇委、镇政府按照县委、县政府"3+N"富民产业的总体布局，从市场需求出发，立足箭坝村自然资源禀赋和农业产业基础，在充分尊重群众意愿的基础上，坚持把乌骨鸡产业作为推动乡村产业发展的重要引擎来抓。在乌骨鸡产业发展上坚持"龙头带动、党建引领、群众参与、多方共赢"的工作思路，通过采取"党建+龙头企业+村集体经济+合作社+农户（易地扶贫搬迁户、'三类对象'）"的发展模式，全面落实"双绑"机制要求，探索实践形成了"1126"利益联结机制。箭坝村的盐津乌骨鸡产业组织化、规模化、市场化水平不断提升，探索出了一条以新型农业经营主体助推农业产业化的乡村产业兴旺之路。

2. 主要做法

（1）引导致富能人返乡创办农业企业

支持乡村致富能人返乡入乡创业是党中央、国务院作出的重大决策部署，对乡村产业兴旺、人才振兴等具有重要意义。尽管经过多年发展，盐津乌骨鸡产业仍然存在散、小、弱等突出问题，品牌不响、品种不纯、品质参差不齐、在本地缺乏深精加工能力等困难，严重制约了盐津乌骨鸡的产业化、规模化、市场化发展。盐津县迫切需要引入有资源、有资质的龙头企业带领村民发展，解决制约盐津乌骨鸡进一步发展的问题。普洱镇境内生态良好、物种多样，全镇有林地 2.6 万公顷，竹林资源 24.6 万亩，占全县的 20.8% 左右，市级白老林自然保护区有原始天然林面积 2200 多公顷，素有"森林氧吧"的美誉。箭坝村是普洱镇下辖的人口最多、地域面积最大的行政村，广阔的林地面积和良好的生态环境适宜发展林下经济，被盐津县委、县政府确立为盐津乌骨鸡产业的主要分布地。何锋是盐津本地人，早年外出创业成功，在普洱镇委、镇政府的多次邀请下回到家乡再次创业。2020 年，何锋在箭坝村红火坪社成立云南本城农业科技有限公司，养殖示范基地的散养面积约为 3 万亩，共分一、二、三期建设完成。

（2）新建乌骨鸡产业配套设施

农业产业规模化发展的核心是一体化经营，借助利益联结机制，将产前、产中、产后各环节联结为一个完整的产业体系，形成紧密的经济利益共同体。盐津县委、县政府整合现有小、散型育种场，新组建育种龙头公司，为养殖示范场点提供优质鸡苗。盐津县加大盐津乌骨鸡种源保护力度，注重选育保种、扩繁脱温的基础设施建设和设备更新，选址建设 1 个符合国家标准的乌骨鸡育种场，设计规模为 1.44 万只育种群，年提供鸡苗 500 万羽以上。每个乡镇建设 1~3 个脱温场，每个脱温场年脱温鸡苗 50 万羽以上。盐津县在全县选建 1~3 个集养殖、销售、文化、实训于一体的三产融合生态养殖示范园，每个示范园年出栏规模达 10 万只以上。盐津县积极整合财政涉农资金、东西部协作资金等项目资金，通过建设产业基础设施的方式与龙头企业开展深度合作。基础设施建设后，产权归村集体经济公司所有，龙头企业享有使用权，产业发展分红收益归本乡镇的易地扶贫搬迁户和"三类对象"所有。同时，盐津县建立盐津乌骨鸡溯源大数据系统，对乌骨鸡产业实行智能管理，实现全程追溯可查，全面提升乌骨鸡产业发展质量。

（3）建立产业发展的利益分享机制

新型农业经营主体要能带动农民脱贫致富，推动乡村经济社会全面发展，关键是要形成一种利益分享机制，使农民在农业产业经营中切实得到好处。在农业产业化经营过程中，探索完善能够兼顾各方诉求的利益分享机制，才能使各方主体互利互惠、相互作用，通过共同努力、共同获利、共同发展，使农业产业步入良性循环的发展轨道。普洱镇委、镇政府始终坚持把群众稳定增收作为首要任务，按照县委、县政府"3+N"富民产业的总体布局，结合普洱镇的实际情况，在盐津乌骨鸡产业发展上坚持"龙头带动、党建引领、群众参与、多方共赢"的利益共享思路，采取"党建+龙头企业+村集体经济+合作社+农户（易地扶贫搬迁户、'三类对象'）"的发展模式，全面建立落实"双绑"机制要求，探索实践形成了"1126"利益联结机制，即：村集体经济获得10%的分红用于公益事业、巩固拓展脱贫攻坚成果、补齐乡村振兴短板等，易地扶贫搬迁农户和"三类对象"获得10%的分红，云南本城农业科技有限公司作为龙头企业获得20%分红，农民养殖专业合作社获得60%分红。另外，农民养殖专业合作社所得利益分红又细分为：20%用于养殖风险基金，30%作为管理费用，20%用于贷款入股农户分红，30%用于农民专业合作社内所有农户分红。

（4）建立农业产业中各主体的沟通机制

农业产业发展过程中，要促进各个主体围绕共同的目标分工合作，必须建立一套灵活高效的沟通机制，以避免各主体之间的信息不对称影响农业产业良性发展。箭坝村坚持以党建抓产业，兴产业强党建，认真落实云南省委"一平台三机制"[①]工作要求。在发展乌骨鸡产业时，只要是关乎养

---

① 一平台是指"建救助平台"，在县级政府层面建设面向困难群众的救助平台，定制"找政府"App，脱贫户返贫即通过手机提出申请，县平台下达指令由乡、村核实，如属实即交有关部门实施帮扶救助，做到"简便、快速、精准"；"三机制"即建产业帮扶全覆盖机制、建壮大村级集体经济帮扶机制及建扶志扶智机制，把农业、工业、旅游业、电商、产业合作社等统筹起来，做到覆盖所有脱贫户、边缘户，不落一户，力争用3年时间使云南省村级集体经济上一个新台阶。

殖农户利益的重大事务，都由驻村工作队和村"两委"干部通力合作，通过"4+2"网格管理的小喇叭、召开群众会、举办院坝会等多种方式，向村民宣讲县委、县政府的产业政策，帮助村民计算乌骨鸡产业的经济收益，解释清楚村民参与乌骨鸡养殖面临的利弊、市场风险问题。在解决产业发展过程中遇到的各种问题时，驻村工作队和村"两委"干部通过个别谈话、入户走访、召开群众座谈会等方式征集村民的意见和诉求，保证了村民的知情权和参与权，确保了村民在乡村振兴中的主体地位。同时，适时公开党务、村务、财务"三务"，做到"村事民议、村务民决、村财民管"，保证了村民的监督权得以实现，也进一步提升了村党组织的威信和地位。

（5）用好各类人才促产业发展

农业产业化过程涉及大量的专业技术知识，农民掌握的乡土知识已经难以应对农业产业化带来的挑战。2021年2月23日，中共中央办公厅、国务院办公厅印发的《关于加快推进乡村人才振兴的意见》强调："乡村振兴，关键在人。"盐津县委、县政府围绕"一个产业链、一个专家工作站、一支农技队伍"要求，邀请西南林业大学、云南农业大学、云南省草地动物科学研究院等单位的专家顾问到村指导，采取科技特派员结对帮扶等模式提供技术服务，实现科技人员与产业技术人员"一对一"指导服务。盐津县结合云南省实施的"万名人才兴万村"行动，聘请专业技术骨干定期来到箭坝村，为龙头企业员工和村民提供技术指导和咨询服务。在箭坝村工作的各类人员中，明确了3名产业专干，其中1名产业专干熟悉畜牧兽医工作，通过配齐配强村级防疫人员，确保政策措施、防疫服务等关键工作落到实处。

（三）取得的成效

1. 完善了产业基础设施

云南本城农业科技有限公司建设了集孵化、养殖、销售、观光等于一体的盐津乌骨鸡养殖示范园，总占地面积近万亩，一、二期总投资3500万元，已经于2022年12月底建设完成，该公司还建设了年脱温100万羽的脱温场6个，分三期建成。第一期建设年提供脱温乌骨鸡鸡苗50万羽以上，

山地生态农业产业赋能

乡村建设——云南省盐津县乡村振兴调查报告

购育雏笼3组、育雏脱温鸡舍2650平方米、备用发电机1台、室外传粪带100米、清洗机1台、周转箱600个、喷洒消毒装置1套、粪污处理设施1套、自动饮水装置1600平方米，配套建设了饲料库房、消毒室、兽医室等800平方米、锅炉1套。企业建设了年出栏30万只高品质乌骨鸡的养殖示范基地，建设示范场鸡舍100个，带动箭坝村脱贫户（易地扶贫搬迁户）在基地建设示范鸡舍152个，带动全镇11个村建设代养点鸡舍200个。企业投资修建养殖区内舍间道6000米，生产道8000米，围栏10000米，电路安装9000米，水管安装3000米，场外水管安装2000米，鸡舍垫料252个，饲料盘1000个。

2. 创建了农业产业品牌

相比于分散和实力弱的农户，新型农业经营主体在资金、市场、技术方面有着巨大优势，更容易创建自有农业产业品牌，以品牌创建提升农产品附加值和市场占有率。本城农业还在养殖示范基地内建设了直播电商中心、农耕文化馆、乌鸡体验馆、网红打卡点、游客观光区，为宣传扩大养殖示范基地的乌骨鸡品牌知名度、美誉度奠定了基础。本城农业遵循盐津乌骨鸡的生活习性、生长规律，严格遵守鸡苗选育、鸡舍建设、配方饲料、疫病防控、屠宰销售"五个统一"的养殖要求，以高度组织化、集约化推动盐津乌骨鸡产业标准化、规模化、品牌化发展，创建了"禾丰深山乌鸡"自有品牌。本城农业还在昆明等核心城市建立了多家"盐津乌骨鸡"品牌专卖店，开通了自有的电商平台《本城到家》，消费者可以非常容易地购买到正宗的盐津乌骨鸡。

3. 利益联结促进多方共赢

箭坝村始终坚持龙头企业示范引领、大户带动、农户分散饲养的发展思路，探索实践"党建+龙头企业+村集体经济+合作社+农户（易地扶贫搬迁户、'三类对象'）"的"双绑定"利益联结模式，合力破解乌骨鸡养殖技术、资金来源和销路拓展等难题。箭坝村引进新型农业经营主体发展乌骨鸡产业后，拓展了农民收入渠道，实现了种植收入、养殖收入、务工收入、分红收入齐头并进。在产业发展过程中，以鸡舍为中介绑定易地扶贫搬迁户的做法，增加了搬迁人口的家庭经济收入，在一定程度上解决了搬迁人口在搬迁后生活成本上涨的问题，有利于实现易地扶贫搬迁后的"稳得住、能致富"。驻村工作队和村"两委"经过实践论证，以一个"三类对象"劳动力为例，按照一个鸡舍养殖乌骨鸡 1000 只，每只鸡纯收益 10 元，一个鸡舍纯收益 1 万元计算，再按照"1126"利益联结模式，"三类对象"可以实现 1000 元的固定分红、1200 元的贷款分红、1800 元的农户分红和养殖务工工资收入。目前，全村乌骨鸡产业已经绑定易地扶贫搬迁户 217 户，村集体经济收入达到 15 万元，企业收入 150 万元。

4. 提高了农民的组织化程度

在乡村振兴战略实施过程中，乡村发展固然离不开技术、资金、人才的支持，但乡村振兴的主体是广大农民群众。农业现代化客观上要求农业产业的规模化经营。将个体化和分散的农民组织起来，创造条件让农民深度参与到乡村产业发展过程中，一方面可以增加农民的家庭经济收入，另一方面可以更新农民知识、提高农民市场参与能力、增强农民内生发展动力。箭坝村以村民小组为网格单位，全面摸排有规模化养殖乌骨鸡意愿、有一定养殖技术、有一定垫资能力的农户，以 1~2 个这样的农户牵头成立农民专业合作社，带动 10~30 户低收入家庭加入合作社共同发展乌骨鸡产业。农民专业合作社负责选择合适养殖人员、培训养殖技术、提供标准化的养殖饲料，龙头企业分片集中提供养殖鸡舍和区域。通过绑定合作社、绑定龙头企业的"双绑"机制，将分散的农民整合进入农业产业，由此提高了农民的组织化程度。

5. 探索了科技下乡的有效路径

个体农民因惧怕改变带来的风险，在农业生产中更倾向于因循守旧，导致面向个体农户的科技下乡政策难以取得成效。箭坝村在发展乌骨鸡产业时，以本城农业的养殖示范基地为中心，邀请相关专家到养殖示范基地进行技术指导，养殖示范基地应用新技术获得成功后，个体农户在养殖示范基地的示范带动下更容易接受和采纳新的养殖技术发展农业产业。专家—养殖示范基地—个体农户的技术传播路径一方面达到了科技下乡的政策目标，另一方面又避免了个体农户因缺乏经验，采用新技术后可能导致的经济损失。引进新型农业经营主体作为中介发展农业产业，可以减少农民的市场风险，以及采用新技术可能产生的经济风险。由此可见，以"公司+农户"、农民专业合作社、农民专业协会、农业科技示范区等模式或组织作为中介，能够更为有效地提高农民的新技术使用意愿，推动农业农村的现代化。

（四）可推广的经验

1. 注重农业产业发展的系统性和协调性

农业产业发展涉及多个环节，是一项系统性工程，应注意各部分之间的整合协调。从箭坝村发展乌骨鸡产业的实践中可以看到，一项农业产业要实现可持续发展，应当具备以下条件：一是要具有符合市场需求的主导产业和具有市场知名度的品牌产品；二是所发展的主导产业要具备相应的资源优势，包括具备一定的规模优势和区域特色，并具有较高的商品率；三是主导产业要有一系列的开发项目，能通过延长产业链条，创造更多就业岗位，增加农产品科技含量，提高农产品商品附加值，提高资源利用的整体效益；四是要有灵活运作的农业产业化经营组织，新型农业经营主体应具备较强的综合实力；五是要建立和完善农业产业经营过程中的利益分享机制；六是地方政府有引导和扶持农业产业发展的意识，有相应的配套设施规划，制定切实可行的政策措施，并建立强有力的组织保障机制。

2. 注重发挥龙头企业的带动作用

箭坝村的乌骨鸡产业是在县委、县政府的产业政策支持之下形成的，但主要由农业龙头企业本城农业推动实施。市场经济是一种优胜劣汰的经济活动组织方式，分散经营的小农户存在生产标准不统一、产品质量难以保证的问题，在激烈的市场竞争中难以获取和保持优势。新型农业经营主体作为一种中介力量，可以规范小农户的养殖行为，确保产品质量符合市场需求。农业产业化经营使得多元主体联合起来，以新型农业经营主体为中心整合分散的小农户，此时小农户就获得了发展的平台。这种方式既避免了小农户直接面对市场、独自承担市场风险的局面，也有助于联结政府、社会、企业、农民生产者等多种力量，分担了销售压力，扩大了销售渠道和销售范围,同时拓展了农产品的销售时间和空间,有助于提高市场占有率。

3. 注重探索实现共同富裕的有效路径

易地扶贫搬迁人口因生计脆弱容易返贫,收益分配机制关乎易地扶贫搬迁政策的成败。箭坝村在发展农业产业时将已经迁出的搬迁人口整合进收益分配机制,使得搬迁人口能够从农业产业发展中获取部分收益。同时,农村中的脱贫不稳定户、边缘易致贫户、突发严重困难户"三类对象"属于脆弱群体,解决好了"三类对象"的家庭经济收入问题,才可能真正推进共同富裕。箭坝村的易地扶贫搬迁人口和"三类对象"在不需要投入资金、土地、劳动力等生产要素的情况下,就可以从乌骨鸡产业中获得10%的分红,这是一种在农村实现共同富裕的有益探索。箭坝村的案例也说明,在乡村的地域空间中发展农业产业时,必须嵌入乡土社会,通过合理的制度安排处理好收益和分配之间的关系,让处于不同阶层的农民都能够从农业产业发展中获得利益。

(五)进一步完善的建议

1. 加强农业产业化经营过程中的风险防范

农业产业化经营是一种充满风险的活动,面临着自然灾害风险、市场波动风险、产业政策风险等,大规模生产更是成倍地扩大了风险。尽管农业产业的风险源于市场、气候等因素的不确定性,但这不等于风险完全不可预知。在经营农业产业的过程中,经营主体通过合理和有效的风险预测、识别,可以在一定程度上对各个环节、各个阶段可能面临的风险做出一定的判断,再根据对风险发生的概率及其影响因素的预测分析,制定出相应的风险防范措施。产业化经营是与专业化经营相对应的一种多元化经营方式,当产业化经营的风险分散于多个产品和多种服务时,新型农业经营主体在某一产品或服务上的损失往往可以由其他方面来弥补,从而产生以盈补亏、平衡收益的效果,增加产业化运营的安全性。对于乌骨鸡产业而言,提升品牌知名度和美誉度,以深加工方式丰富产品类型,可以延长销售时间和拓展销售的地域空间范围,降低因某一时间段供应过剩导致的产业风险。

2. 进一步提升小农户对接现代农业产业的内生动力

乡村中的大量青壮年劳动力长期外出务工，导致中国农业的老龄化、兼业化、副业化严重。基于农业生产的经营性收入在家庭经济收入中的占比较低，导致小农户因惧怕风险而缺乏主动对接现代农业产业的内生动力。也就是说，经营农业产业的收益不高，难以吸引农民专注于农业生产。即使部分小农户在地方政府的动员之下愿意参与到农业产业化经营过程中来，也有可能因为短期内难以见到收益而退出，最终导致农业产业化经营走向失败。因此，在农业产业风险防范中，应注意进一步提升小农户对接现代农业产业的内生动力。例如，提升小农户的科技文化素质、应用现代生产要素的能力，制定政策引导小农户认识到农业产业是一个需要长期培育、久久为功、绵绵用力才可能获得成功的行业。

三 龙茶村：以乡村专业组织推动肉牛养殖产业化

（一）背景

肉牛养殖产业是盐津县的一项富民产业，盐津县委、县政府希望"千家万户齐参与"肉牛养殖，并通过肉牛养殖实现稳定脱贫和乡村振兴。盐津县在发展肉牛产业的过程中，需要提高肉牛养殖的组织化程度，才能在养殖、疫病防疫、屠宰加工、销售等环节降低成本，并减少肉牛养殖产业的市场风险、疫病风险。然而，盐津县委、县政府要求"千家万户齐参与"的肉牛养殖产业政策又不可避免地会影响到肉牛养殖产业的组织化程度，从而提高了肉牛养殖产业的市场风险、疫病风险。如果不加以解决，"千家万户齐参与"与农业产业高度组织化内在需求之间的矛盾，最终会影响到盐津县肉牛产业的可持续发展。

在盐津县委、县政府将肉牛养殖定位为全县三大主导产业之一后，积极探索提升农业产业组织化程度就具有了理论和政策意义。2019年2月，中共中央办公厅、国务院办公厅印发的《关于促进小农户和现代农业发展有机衔接的意见》阐明了小农户家庭经营的定位，明确了提高小农户组织化程度的方向和方式。在现有条件下，促进小农户合作是实现其与现代农业发展有机衔接的必然选择。牛寨乡龙茶村积极探索提升肉牛养殖过程中的组织化程度，形成了肉牛养殖的"龙茶模式"，对于解决"千家万户齐参与"造成组织化程度低与农业产业发展要求提高组织化程度之间的矛盾具有很强的借鉴意义。

（二）案例简介及主要做法

1. 案例简介

龙茶村位于牛寨乡东北部，距离盐津县城34公里，总面积18.1平方公里，辖4个自然村18个村民小组，2022年时常住人口2568人。龙茶村的地形相对平缓，具备建设规模化肉牛养殖场的条件。近年来，龙茶村在县委、县政府的统一布局下，大力组织村民参与乡村建设，提高村民发展"3+N"富民产业的内生动力。2022年，龙茶村肉牛养殖规模超过1000头，实现了"千头牛养殖示范村"的发展定位。为了规范肉牛养殖过程，村党总支在管理上下功夫，采取"党支部+合作社"模式进行管理，努力提高肉牛养殖的组织化程度。由于肉牛养殖容易造成环境污染，影响乡村实现生态宜居，村党总支因势利导，鼓励村民实施"肉牛养殖小区化"。在肉牛养殖相对集中的撮箕口、中茶坊、铁排山三个片区，划定了专门的养殖区域，便于饲草统一调运、商品牛统一销售、统一防疫、污染物集中处理。

2. 主要做法

（1）依托党建工作明确未来发展定位

龙茶村村民有多年茶叶种植的经验，茶产业已经形成了规模化经营格局。盐津县委、县政府提出"3+N"富民产业发展思路后，全村常住人口户户参与产业发展，也面临着如何做大做强"3+N"富民产业的问题。要实现党对农村各项工作的领导，并根据自身资源禀赋确定发展方向，就必须加强党的基层组织建设。建强村党组织是盐津县驻村工作队的五大职责之一，龙茶村的驻村工作队采取了驻村第一书记联系党总支，驻村工作队员联系党支部的"双联双带"工作模式，与村党总支一起抓班子建设、强乡村治理队伍、选育乡村振兴人才、夯实基层组织堡垒，指导村"两委"厘清未来发展思路。在驻村工作队、村"两委"、致富能人、村民代表的共同商议下,确定了龙茶村"千头肉牛示范村,万亩茶叶示范园"的发展定位,为聚力乡村产业发展厘清了思路、指明了方向。

(2)加强政策宣讲提升村民参与肉牛养殖的内生动力

龙茶村村民种植茶叶的历史悠久、经验丰富,但只有少数村民有养牛的经验,村民普遍害怕规模化养殖带来高风险,龙茶村面临着村民参与肉牛养殖内生动力不足的现实问题。为鼓励村民发展肉牛养殖产业,盐津县委、县政府制定了《盐津县肉牛养殖产业发展实施意见(2020—2025)(试行)》,详细规定了见犊补母、养牛贷贴息、养殖保险、退耕还草及粮改饲、冻精改良点补助等配套优惠政策。由于政策体系复杂,村民难以理解具体政策含义。因此,做好政策宣传,让村民认识到在政府配套政策的扶持下可以规避大量风险,才能提升村民参与意愿。牛寨乡委、乡政府组织驻村干部、村"两委"干部、党员、村民小组长学习并吃透政府政策,再通过入户走访、召开火塘会、院坝会等形式对村民进行广泛宣传。各级干部与村民一起就肉牛养殖的政府奖补政策资金逐一细算、市场前景逐一分析、饲养难题逐一解决,切实打消村民参与肉牛养殖的风险疑虑,最终做到从"要我养牛"到"我要养牛"的转变。

(3)以乡村专业组织提高产业组织化程度

肉牛养殖是一项高度专业化的活动,必须做到"专业的人干专业的事情"。而要实现"专业的人干专业的事情",必须依托相应的专业组织。龙茶村探索成立肉牛养殖专业合作社,将村里的养殖大户、分散小户,以及牛贩子等中介人员纳入肉牛养殖专业合作社,统一进行规范化管理,最大限度实现资源整合、市场信息共享、降低不同群体之间的沟通成本。龙茶村通过成立肉牛养殖专业合作社,以最低成本购买母牛,在销售时尽量获取更多利润,实现了买进卖出的组织化。牛寨乡组建养殖技术服务队,整合乡内防疫人员,由1名肉牛养殖管理技术过硬的防疫员负责管理技术服务队,提高肉牛养殖的科学技术水平。技术服务队每个月开展一次技术培训和肉牛养殖过程中的问题收集,实现了防疫的组织化。饲料是肉牛养殖的主要成本，为了降低养殖成本，龙茶村探索建立肉牛饲草供应专业合作社。由专业合作社进行饲草种植、青贮饲料供应、粪便处理等工作，实现种养循环发展，也实现了饲料供应的组织化。

（4）探索农业产业社会化服务

2021年7月7日，农业农村部印发《关于加快发展农业社会化服务的指导意见》，指出发展农业社会化服务是实现小农户和现代农业有机衔接的基本途径和主要机制，是激发农民生产积极性、发展农业生产力的重要经营方式。牛寨乡的技术服务队只能解决肉牛养殖中的常见问题，为实现科学养殖，技术服务队还与更为专业的大型肉牛养殖场签订技术服务合同，向村民提供专业化的养殖技术指导。大型养殖场向龙茶村养牛散户提供肉牛两季防疫、病症处理、饲养技术培训、冻精改良、助产处理等综合性服务。同时，为避免农户因不了解药品品质、用法用量等导致损失，养殖场还为养殖散户定期实地提供免费技术指导服务，让养殖户切身体会保姆式的养殖培训服务，在很大程度上提高了养牛散户的养殖水平。

（5）在肉牛养殖中探索生态循环经济

畜禽养殖已经超过工业污染，成为中国的第一污染大户。龙茶村通过推行"肉牛养殖小区化"，按照统一规划、合理布局、相对集中、人畜分离、规范管理、综合利用、保护生态的原则抓好生态养殖小区建设，集中供应饲料、集中处理废水粪便，积极引导农民打破传统的养殖模式，变零星散养为规模化集中养殖。龙茶村大力推广生态养殖，从源头上防止养牛业污染生态环境，把肉牛养殖集中的几个区域建设成生产专业化、布局科学化、环境生态化、管理规范化、养殖集约化、服务社会化的现代养殖小区。在保证粮食安全的前提下，龙茶村调整种植业结构，把种植业和养殖业有机结合在一起。增加专用饲草饲料作物种植，确保优质饲料，特别是青绿多汁饲料常年均衡供应，降低饲养成本。龙茶村引进饲料加工调制技术，促进玉米等农作物秸秆的合理利用，促进畜牧业循环经济体系的形成。

（6）推进肉牛养殖数字化管理

《昭通市数字农业农村"十四五"发展规划（2021—2025年）》要求，

山地生态农业产业赋能
乡村建设——云南省盐津县乡村振兴调查报告

肉牛产业应当采用物联网、云计算、大数据等技术，以维护肉牛的健康成长和加快生产效益为主要原则，实现养殖智能化、经营信息化、管理数据化和服务在线化。龙茶村的养殖场给每一头牛打上"智能耳标"，用微信扫描耳标上的二维码即可查看肉牛养殖时间、疫苗接种、户主信息等情况，实现"一牛一码"的溯源管理，既有利于肉牛养殖的标准化和规范化，生产安全优质的畜产品，也在一定程度上提高了龙茶村肉牛的市场竞争力。"智能耳标"也是肉牛的身份证，地方政府出资为每头肉牛购买270元保险，如果肉牛死亡，保险公司将对每头牛理赔10000元，弥补农户的经济损失，降低了农户养殖肉牛的风险。同时，龙茶村推行肉牛养殖数字化管理后，减少了肉牛养殖场的劳动力需求，可以有效规避乡村过疏化导致劳动力不足等制约乡村产业发展的现实因素。

（三）取得的成效

1. 肉牛产业初具规模

一是发挥村干部带头引领作用。"村看村户看户，群众看干部"。为了调动村民参与肉牛养殖积极性，龙茶村的村"两委"带头做示范，4名村干部在政府优惠政策支持下自建了养牛场，有力提高了村民参与积极性。二是通过致富能人树典型。龙茶村肉牛养殖规模50头以上的养殖场基本上是返乡能人自建饲养，在饲养过程中带动低收入群众共同参与。2021~2023年，返乡能人带动群众养殖、种草、务工等共135户，其中低收入群众3户。三是依托"4+2"网格化管理发动群众参与养牛。网格员和乡村干部用通俗易懂的语言和群众拉家常聊政策，充分利用政策鼓励群众做好肉牛养殖。每名干部通过政策宣传至少动员网格内新增8头肉牛，牛寨乡委、乡政府的班子成员在自己驻村时动员新发展10头肉牛。2023年时，龙茶村有肉牛养殖户208户，50头以上的规模化养殖场7个，50头以下的散户养殖场201个，肉牛数量超过1800头，肉牛产业已经初具规模，成为名副其实的"千头肉牛示范村"。

2. 提高了肉牛产业的组织化程度

龙茶村通过探索成立肉牛养殖专业合作社、肉牛饲草供应专业合作社、技术服务队方式，在肉牛交易、饲草供应、养殖技术传播等方面提高了肉牛产业的组织化程度。其中，饲草供应贯穿整个养殖过程，提高饲草供应的组织化程度对于提高肉牛产业的组织化程度具有重要意义。龙茶村地理条件特殊，大部分土地是喀斯特地貌，不宜耕种粮食。村民盘活闲置土地及房前屋后的小块空地，因地制宜引进合适的饲草品种，扩大饲草种植面积，部分没有养牛的村民种植饲草销售给养牛村民，2022年全村共收储青贮饲料4200吨。龙茶村还发挥肉牛饲草供应专业合作社采购量大的优势，与外地的优质饲料供应商合作定制采购，统一对全村的肉牛养殖进行饲料供应。饲料采购组织化程度的提高，增加了龙茶村与供应商谈判的筹码，可以保证养殖户以最低的成本获得安全优质的养殖饲料。肉牛养殖专业合作社将村民种植饲草后用不完的粪便进行统一回收统一销售，引导参与肉牛养殖的村民将粪污处理后再回收利用，作为一种生态肥料用于牧草种植，助推肉牛产业良性循环发展。

3. 有效提高了村民家庭经济收入

在种植粮食的产量潜力、价格潜力都不会有太大增长空间的情况下，当前农民增收主要依靠外出务工、发展养殖业、农产品深加工和乡村旅游等特色经济。目前，中国乡村的大多数青壮年劳动力选择外出务工，发展养殖业就成了留守老人、留守妇女增加家庭经济收入的主要渠道。相比于其他畜禽的价格波动，肉牛的市场价格总体平稳并呈现小幅上涨趋势，是一个市场风险相对较小的农业产业。盐津县委、县政府建立"建圈奖补+贷款扶持+饲草奖补+保险补贴+技术培训"的优惠政策体系，一方面降低了村民参与肉牛养殖的风险，另一方面降低了村民养殖肉牛时的成本，最终有利于增加村民的家庭经济收入。2023年时，龙茶村的肉牛养殖户从2020年的73户增加到208户，肉牛存栏从2020年的756头增加到1800余头，人均纯收入也从2020年的9500元增加到16500元。

4. 乡村治理明显改善

家庭联产承包责任制实施后，农民"单干"弱化了彼此之间互帮互助的有机联系，再加上现代性造成了农民的"原子化"和功利化，乡村社会

山地生态农业产业赋能

乡村建设——云南省盐津县乡村振兴调查报告

失去了秩序再生产能力,给乡村治理带来了诸多挑战。自2020年以来,龙茶村通过肉牛养殖优惠政策撬动、干部宣传示范、能人带动、加强组织管理等方式,有效提升了全村村民组织起来发展农业产业的内生动力。龙茶村发展肉牛产业后,村民之间通过分工合作、分享肉牛养殖经验等增加了彼此交往互动机会,为了抱团发展肉牛产业,邻里之间会主动化解纠纷矛盾。同时,村"两委"在肉牛产业发展、乡风文明建设、人居环境整治提升方面及时回应村民诉求,向村民提供基本公共服务,村民也明显感受到发展肉牛产业后家庭经济收入稳步增长、居住环境变得更好、生活水平明显提高,干群关系和谐,乡村治理明显改善,真正体现了"一业兴则百业兴"。

(四)可推广经验

1. 政府的产业政策对于地方农业产业化具有决定性作用

《"十四五"推进农业农村现代化规划》要求:"强化高质量发展和绿色生态导向,构建新型农业补贴政策体系。"政府作为政策的制定者、市场经济秩序的维护者,按照既定的政策目标,提出并实施具有针对性的政策措施、规划等,对于启动农业产业化进程、推动农业产业可持续发展具有决定性作用。农业产业化作为一种发展过程,涉及多个产业部门、多种类型企业,也涉及工农商关系、城乡关系等,是一项系统性工程。能否顺利推进农业产业化发展,取决于相关关系的协调和互相促进。同时,产业间、企业间的资源配置受农产品市场价格机制的调控,地方政府能否通过政策优惠、协调计划与统一部署推进资源配置倾斜,对农业产业的发展十分重要。特别是对于欠发达地区而言,在农业产业化启动的初期面临着缺资金、缺技术、缺人才、缺市场、缺建设用地指标等问题,这些问题都需要政府制定产业政策加以解决。

2. 扶持社会化服务主体是提高农业产业组织化程度的有效路径

龙茶村的肉牛产业发展历程表明,积极探索发展多样化的服务组织,不断完善肉牛产业社会化服务体系建设,对于提高肉牛产业的组织化程度、降低农民参与肉牛养殖风险、提升农民抱团发展乡村产业的内生动力具有十分重要的作用。行业协会、专业组织等属于重要的社会化服务主体,通过建立交流平台，这些主体可以提供技术推广培训、咨询服务、农资供应服务、生产服务、购销服务、管理咨询服务、市场信息服务等，能提高农户等小规模生产者的生产技能。依托原有的县乡农技推广体系建立科技服务中心与专业合作组织相结合的服务网络，提供肉牛产业产前、产中和产后等各环节的服务，应成为我国肉牛产业社会化服务体系的核心。此外，保险公司和银行等社会化服务主体，也是肉牛产业的重要参与者，可以为肉牛养殖户提供信贷、保险业务支持，解决融资难问题和降低养殖风险。

3. 农业产业化是培育新型职业农民的重要抓手

培育新型职业农民、提高农民综合素质、发挥农民在乡村振兴中的主体作用，是促进农民增收的根本之计，是实现乡村振兴的重要途径。要把传统农民培育为有文化、懂技术、会经营的新型职业农民，如果仅靠农村职业教育、农民技能培训，很可能会造成培训与实践脱节的情况。加强农民培训的目的在于运用，必须坚持学以致用。农业产业化意味着农产品的商品化、专业化进程加快，增强了各参与主体，特别是农民对科学技术的需求，提高了农业经济中的科学技术含量。对于农民而言，坚持在"干中学、学中干"是转型成为新型职业农民的必由之路。龙茶村发展肉牛产业后，农民为了降低养殖风险，尽量提高养殖利润，学习肉牛养殖技术、防疫知识的积极性明显提高，从过去的"要我学习"变成"我要学习"。因此，发展农业产业可以成为培育新型职业农民的重要抓手，传统农民向新型职业农民转型又能促进农业产业良性发展。

（五）进一步完善建议

1. 加强农业产业政策的系统性

农业产业发展要求打破地域、行业、所有制的界限，对农村社会生产力进行重新组合和优化配置。这样大的一个系统工程，没有政府系统性的政策支撑、宏观调控、正确引导与有力扶持，是难以实施的，更不用说使农业产业发展取得成功。但就目前盐津县的肉牛产业来看，地方政府制定的优惠政策只是解决了产前和产中问题，养殖户仍然面临着市场价格波动产生的养殖风险。例如，自2023年4月以来，在牛肉市场价格保持平稳的

— 189 —

情况下，盐津县的育肥牛价格从 18 元/斤降到了 12 元/斤左右，很多养殖户因价格低不愿意出售育肥牛，而继续养殖育肥牛等待价格回升又会增加很多养殖成本。问题的原因是盐津县的肉牛屠宰加工能力严重不足，消化不了那么多即将上市的育肥牛，导致了育肥牛的价格下跌。因此，只有加强农业产业政策的系统性，一体化解决产前、产中和产后问题，才能促进农业产业的平稳和可持续发展。

2. 人才缺乏仍然在制约农业产业发展

农业产业化发展在本质上是从传统农业向现代农业转型，从分散小农户的粗放经营到以新型农业经营主体为中介的集约经营转变。农业产业的每一个环节都需要应用大量的专业知识，以尽可能地降低农业产业的市场风险、自然灾害风险。要使最新的养殖技术、防疫措施尽快推广，最终离不开高素质人才队伍的支持。尽管龙茶村通过成立肉牛养殖专业合作社、肉牛饲草供应专业合作社、技术服务队暂时解决了养殖技术传播、病害防治等问题，但农民专业合作社和技术服务队成员的肉牛养殖专业知识仍然不能很好解决产业发展中遇到的诸多复杂问题。因此，有必要加强与科研机构、高校等单位的合作，联合培养相关方面人才，促进肉牛养殖产业平稳发展、可持续发展。

四 石笋村：山地生态资源赋能乡村旅游发展

（一）背景

习近平总书记任浙江省委书记时提出的"绿水青山就是金山银山"理念，是为统筹经济发展与生态环境保护作出的重要论断，为转变经济发展方式、建设美丽中国提供了强有力的思想指引。20 世纪末，生态旅游作为回归大自然的绿色旅游形式应运而生。生态旅游在使旅游者获得高层次审美感受的同时，不至于损害旅游资源和生态环境，是转变经济发展方式的一种有效途径。挖掘山地生态资源，赋能乡村旅游主要体现在三个方面：一是生态系统具有复合的审美属性，以自然美、生活美和艺术美等形式组合为和谐一体的旅游审美对象;二是生态系统体现了自然与人类社会的平衡和演进的客观规律,反映了人类对生存环境态度的转变;三是生态系统以丰富的色彩、奇异的景观、变化的形体、不同的声响等,发挥了景观塑造功能。

当前,盐津县的县情是历史悠久与现实落后并存、生态良好与灾害频发并存、资源丰富与开发滞后并存,生态良好和资源丰富的优势尚未转化为经济发展动能。生态旅游资源丰富的地区通常也是社会文化相对落后、经济发展比较滞后的地区,其生态资源往往因为开发较少得以完整保护,但这些地区又是生态系统极为脆弱的地区。生态资源丰富、社会经济发展相对滞后、生态环境脆弱的现实条件,使盐津县在发展区域经济时,可以将生态旅游作为首选产业来发展。《乡村振兴战略规划(2018—2022年)》要求特色保护类村庄强化特色保护和空间品质规划,在保护的基础上适度发展乡村旅游和特色产业。《盐津县国土空间总体规划(2021—2035年)》中要求,改善农村水环境,加快农田林网建设,优化资源配置,恢复农田生态功能,提升农田生态环境质量。庙坝镇石笋村依托高标准农田建设,打造万亩"云上梯田",通过挖掘山地生态资源赋能乡村旅游发展,实践"绿水青山就是金山银山"理念。

(二)案例简介及主要做法

1. 案例简介

长期以来,石笋村由于村里年轻人大部分外出务工,农村劳动力锐减,全村32个村民小组1080户人家的大部分基本农田处于撂荒状态。再加上村民不重视农田水利建设,导致粮食产量很低。脱贫攻坚开始后,石笋村农户与挂包帮扶的昭通市航旅集团签订协议,通过土地流转打造出3380亩高标准农田,村民获得流转土地金达350多万元。其中,2100亩水田将全部种植水稻,1280亩旱地种植大豆、旱稻等,总计实现产值615.6万元。稻谷成熟后,群众通过投工投劳收割稻谷,利益实行均分,农民在土地流转之外又获取了工资收入。石笋村地理位置优越,交通十分便利,沿着渝昆高速公路从盐津县豆沙关收费站出站后再行车30分钟即到,映入眼帘的是

山地生态农业产业赋能
乡村建设——云南省盐津县乡村振兴调查报告

"峰峦叠嶂连天漫，玉带飘飘舞丽裳；香稻层层掀碧浪，梯田片片闪金光"的景象。村内风光旖旎，得天独厚的生态环境和区位优势适宜发展乡村旅游。石笋村在推进乡村振兴战略实施时，结合已经建成的高标准农田，依托万亩"云上梯田"乡村旅游项目，聚力发展鸡、牛、竹三大富民产业，增加了农民家庭经济收入，改善了农村基础设施状况，乡村变得更加生态宜居。

2. 主要做法

（1）以党建统领乡村振兴工作

党的坚强领导是脱贫攻坚工作顺利完成的政治保障。乡村振兴战略涉及五个方面的振兴，全面实施乡村振兴工作的难度、深度和广度不亚于过去的脱贫攻坚工作，必须有党的坚强领导才能完成。以党建统领乡村振兴工作，关键在于党的基层组织体系建设。在脱贫攻坚和乡村振兴工作中，石笋村始终坚持将基层党组织作为战斗堡垒，把建强组织筑牢堡垒作为工作重点，着力发挥基层党组织在乡村建设中的领导核心作用，形成了"宁愿苦干、不愿苦熬、不当守摊子村干部"的优良工作作风。同时，石笋村不断选优配强村"两委"班子成员，选拔政治素质好、服务群众意识强、带头致富水平高的党员充实村"两委"班子。目前，石笋村已经形成"支部引领带头，党员示范带动，群众紧随其后"的干事创业氛围。石笋村探索形成的"支部聚心、党员暖心、群众顺心"的"三心"工作法极大推动了脱贫攻坚、疫情防控、乡村振兴等各项工作。

（2）抓住高标准农田建设机遇

"十四五"时期，昭通市围绕乡村振兴工作，推进250万亩以上高标准农田建设，着力改善农业生产条件，推动乡村产业兴旺，实施乡村建设行动。昭通市委、市政府要求盐津县努力成为"乡村振兴示范区、生态保护修复示范区、绿色产业发展基地"。因此，《盐津县国民经济和社会发展第十四个五年规划和二〇三五年远景目标纲要》提出，要整合国土整治、土地"增减挂"等国家政策，抢抓国家推进高标准农田建设的机遇期，以"山水林田湖"为全要素，创建乡村振兴示范乡（镇）2个、精品示范村21

个、美丽村庄216个，形成乡村振兴示范带。盐津县境内多高山峡谷，但也存在丰富的梯田资源，农民在山间寻找小块平地种植水稻，稻谷是盐津农村的主要粮食作物之一。庙坝镇全域土地综合整治项目属于云南省首期开展的示范项目之一，涉及庙坝镇聚龙社区、民政村和石笋村3077户12300人。石笋村抓住高标准农田建设机遇，改善了农业生产条件，原来的坡地变成层层平地，水稻连片种植形成的"云上梯田"丰富了乡村景观，石笋村也因此具备了发展乡村旅游的基础性条件。

（3）支部建在产业项目上

实现乡村产业兴旺是乡村振兴的重点工作，以党建统领乡村振兴工作的关键在于引领乡村产业发展。石笋村过去存在党的基层组织软弱涣散问题，无能人带动村民因地制宜发展乡村产业，村民更愿长期外出务工，导致土地抛荒现象十分普遍。石笋村"两委"班子为摆脱过去"产业缺乏能人带、群众不敢创新业、旧人旧景老业态"的产业发展困境，依托村股份经济合作联合社，按照"支部引领、党员带头、群众参与"的乡村产业发展思路，推行"党支部+农民专业合作社"的发展模式。由石笋村党支部书记担任农民专业合作社负责人，石笋村抓住盐津县万亩"云上梯田"、乡村振兴示范基地等重大项目实施机遇，挖掘自身资源禀赋，鼓励党员带头发展乡村特色产业，把党建工作具体落实到产业项目上，把党支部担负组织农民发展生产的组织功能融入产业发展全过程中。支部建在产业项目上的做法，调动了农民参与乡村振兴的积极性，村集体经济持续增收，使乡村产业发展更加可持续。

（4）加强乡村治理为产业发展保驾护航

石笋村在乡村治理中充分发挥党支部堡垒作用和党员示范作用，积极开展乡风文明创建活动，以树典型的方式引导群众见贤思齐、崇德向善。村党支部通过评选"最美家庭""文明户""文明家庭"等方式，让身边人讲身边事、以身边事教身边人，使乡风文明得以实现。石笋村积极探索"党建+村规民约"的双推进工作模式，充分发挥村级党组织的核心作用、村级自治组织的基础作用以及广大党员在乡村治理中的模范带头作用，实现党建和农村治理的互动双赢。石笋村完善乡村治理体系,将政治觉悟高的农民党员、先富起来的致富能手、在村民中有威望的乡贤吸纳进入乡村治理体系,参与乡村治理的力量得到有效增强。乡村治理力量的充实,减轻了村"两委"班子成员工作压力,得以集中精力带领村民发展好乡村产业。

（三）取得的成效

1. 改善了乡村人居环境

自2022年以来,石笋村借助万亩"云上梯田"项目,开展垃圾整治、污水整治、庭院整治、厕所革命、移风易俗、公益设施管护等专项整治行动。全村党员带头"亮身份""拆危拆旧",敦促农户打造"微庭院""微菜园"。全村共拆除破旧废弃建筑151间,整理房前屋后杂物柴堆108处,全面改善了石笋村整体的村容村貌。此外,石笋村利用万亩"云上梯田"项目资金,对全村200户房屋进行亮化、硬化串户道70公里,在主干道和重要场所安装太阳能路灯600余盏,修建小垃圾房37个,增加垃圾桶300个、果皮箱24个,户厕改造142户。经过改造后,多条公路沿着山间梯田蜿蜒盘旋,夜晚的路灯映照出独特的梯田景观。新维修亮化的村民住房变得整齐划一,清雅别致的房屋外立面与梯田景观融为一体,形成了如画的乡村风景,真正实现了乡村生态宜居。谈起村里的变化,石笋村的村民们纷纷表示:"环境干净了,日子更美了,发生了翻天覆地的变化!"

2. 拓宽了农民就业渠道

石笋村通过劳务专业合作社,积极为群众谋就业渠道,通过介绍岗位等方式实现就业。2022年,石笋村县外务工人数1687人,占总劳动力59.13%,其余人员通过县内务工、公益性岗位、在家发展产业实现就业。特别是万亩"云上梯田"项目实施后,水田一年两熟,种植稻谷和油菜既丰富了乡村景观,也为村民在本地就业创造了大量机会。种植稻谷和油菜的过程需要大量劳动力,石笋村"两委"通过劳务专业合作社重点就近安排在家的脱贫户、"三类对象"就业,为半劳动力、因疫情影响未就业者、在家照顾家庭未就业者等400余人创设工作岗位。村民在家务工三个月,每月人均工资3500元,劳务专业合作社为群众增收400多万元,在一定程度上实现了村民一边照顾家庭，一边获取工资性收入。外出务工村民数量的减少，也在一定程度上提升了乡村人气。同时，石笋村加强村民就业培训，累计完成各类培训1372人，其中监测户562人，并实现转移就业2638人，其中监测户1308人，增加了农民就业渠道，提高了农民的综合素质。

3. 乡村业态变得多元化

2022年，盐津县紧扣"走在前、当标杆、作示范"的发展定位，争取到800万元的东西部协作资金，用于打造石笋村白杨坡的乡村振兴示范点。与柿子镇民宿集群、庙坝特色集镇、豆沙关景观区、花香酒谷景观区、黄草高铁美食小镇形成连片旅游景点。石笋村乡村产业定位以"云上梯田"为核心，以酒产业、竹笋产业以及梯田农副产品为支撑。石笋村还紧紧依托"云上梯田"进行鸡、牛、竹三大产业建设，辖区内有林地20200亩、笋山6500亩，粮食作物出产水稻、玉米、土豆、红薯，全村肉牛存栏1010头，生猪存栏5305头，乌骨鸡存栏9123羽。借助新时期的东西部协作，石笋村投入资金1500万元建设包括标准化养殖鸡舍、肉牛养殖场在内的农业产业示范项目，建设食用油加工厂消化本村种植的油菜，提高油菜产业附加值，进一步增加农民收入。目前，石笋村还在进一步丰富乡村业态，依托"云上梯田"发展农家乐、体验农业、观光农业，将石笋村打造成融生态、宜居、宜游、休闲、娱乐为一体的盐津县后花园，真正实现农业强、农村美、农民富的乡村振兴战略目标。

4. 培养壮大了乡村致富带头人队伍

石笋村采取了"村集体经济组织+新型农业经营主体+农户（贫困户）"的合作运营方式，发动乌骨鸡养殖场、肉牛养殖场与周边村民开展深度合作，建立联农带农机制。盐津县委、县政府深知乡村建设首先要解决"谁来建设乡村"的紧迫问题，只有乡村人才振兴才能保障乡村产业联农带农机制长期有效运行。特别是石笋村的乡村业态变得多样化以后，不仅需要懂得种植、养殖的传统乡土人才，更需要懂得乡村旅游管理、市场营销、品牌创建营销的新型乡土人才。盐津县统筹利用东西部协作资金，通过"走出去、引进来"等方式培养乡村振兴实用人才。选派石笋村村干部、种植养殖大户参加了 2022 年东西部协作致富带头人培训班，学习农民专业合作社财务管理、农产品品牌营销、乡村规划建设等知识和技能。石笋村还选派乡村振兴基层干部、专业人才、示范户等赴上海开展乡村振兴专题培训班，并邀请上海市闵行区相关部门到盐津县开展基层组织建设、乡村振兴等方面的教育培训。盐津县通过加强乡村振兴人才自主培养，提高了村干部、致富带头人等乡土人才的综合素质，利于乡土人才更好地带领村民发展乡村产业，走共同富裕之路。

5. 生态文明理念深入人心

生态文明作为一种理念，要想融入村民的生产生活中并发挥作用，必须让村民深刻体会到生态文明建设可以促进生活水平提高，满足村民对美好生活的向往。过去石笋村村民的生计方式属于"半工半耕"，青壮年劳动力外出务工，部分妇女和老年人在家种植水稻、玉米、土豆等粮食作物。由于村民的家庭经济收入主要来源于外出务工，村民长期忽视农业生产，不重视生态环境保护，造成村内垃圾遍地、坡地水土流失严重等问题。石笋村的坡地经过高标准农田建设后，提高了粮食产量，土地价值变高。再加上万亩"云上梯田"建设、竹产业渐成规模，乡村业态多样化的直观反映是村民基于土地的家庭收入变高。村民尝到"绿水青山就是金山银山"的甜头后，开始重视生态环境保护，认识到良好的生态环境不仅可以提高自己的生活品质，依托良好的生态环境还可以改变生计方式。

（四）可推广的经验

1. 实现生态资源的经济价值是保护生态环境的起始条件

2023 年 12 月 27 日，《中共中央 国务院关于全面推进美丽中国建设的意见》强调将美丽中国建设融入基层治理创新，深入推进生态文明示范建设。生态经济系统是具有多目标的复合系统，在运行发展过程中不仅产生经济效益，而且产生生态效益和社会效益。多种效益的产生是生态经济系统结构的直接表现，在生态经济系统结构优化过程中必须坚持多目标原则，统筹兼顾资源开发与保护、经济发展与环境改善、经济增长与人民群众物质文化生活水平提高，实现生态效益、经济效益和社会效益协调发展。从村民的角度来看,生态资源开发利用增值是促进生态环境保护的起始条件。只有让村民在生产生活中认识到生态环境的重要价值,才可能说服村民珍视他们生活于其中的生态环境,自觉自愿做好生态环境保护,实现"绿水青山就是金山银山"。同时,生态资源经济价值实现还可以反哺生态环境建设和保护,促进生态资源开发与生态环境保护之间的良性循环。

2. 乡村产业兴旺可以缓解乡村过疏化问题

长期以来,中西部地区乡村发展缺乏乡村产业支撑,青壮年劳动力才会走出村落寻找工作机会,导致了中西部地区乡村的村落共同体走向崩解,因而迫切需要进行村落共同体重建。发展乡村产业是脱贫攻坚时期"五个一批"的重要举措,乡村振兴战略又把乡村产业兴旺摆在了核心位置。石笋村的乡村产业从无到有,再从产业单一转变为产业多元化的历程表明,只要乡村产业能够拓展村民的就业渠道,增加村民家庭的经济收入,村民就愿意留在家乡,可以在一定程度上缓解乡村过疏化问题。可以说,产业兴则百业兴,发展乡村产业,实现乡村产业多元化,形成基于市场需求和市场竞争力的现代农业产业体系,不仅是实现乡村振兴的重要标志之一,也是推动乡村建设和可持续发展的源头活水,更是中西部地区乡村由衰落走向兴盛的重要一步。发展乡村产业应以市场需求为导向,深入挖掘本地资源优势、区位优势和文化传统,发展特色鲜明、附加值高的产业,助力乡村产业可持续发展。

3. 乡村产业发展可以促进农民现代化

乡村振兴战略的政策目标之一是实现农业农村现代化,但农民是乡村振兴主体,只有农民实现了现代化才能推动农业农村现代化。"三农"问题的核心是农民问题,乡村产业发展一方面需要高素质的职业农民,另一方面可以利用各级政府大力支持发展乡村产业的契机培育职业农民、提高村干部综合能力。通过职业教育、技能培训、农业技术下乡,提高农民种植养殖技术,促进农民转移就业,提升农民适应社会变迁的能力。对农民进行经营管理、电商营销等方面的技能培训,提高农民经营管理能力和产品营销能力。加强村"两委"培训,提升班子成员规划乡村长远发展的能力,引导村民聚力发展乡村产业能力。石笋村围绕万亩"云上梯田"发展乡村产业以后，村民与外界的交流增多，村民的眼界得以开阔，村民的市场经济意识也随之提升，精神面貌与过去相比已大为不同。总之，乡村产业发展作为一种动力机制，可以促使农民学习新知识、掌握新技能、接受新思想，改变小农因惧怕风险不肯接受新鲜事物的传统保守形象。

（五）进一步完善的建议

1. 处理好生态资源开发与保护之间的关系

生态资源合理开发利用能够促进村民生态环境保护意识提升、人居环境改善，创造的经济收益为村民主动参与生态环境保护提供了坚实的物质基础。但部分地区的乡村旅游经营者和开发者片面追求经济利益，无视生态环境承载能力，忽视乡村旅游开发后的生态环境保护和管理，造成生态环境破坏和环境污染问题，严重后果是造成景观连续性的丧失和生态系统完整性的破坏。以山地生态资源赋能乡村旅游发展，必须以保护生态环境为开发的最终目的，与自然环境和谐相处，保持适当的开发速度，保证本就脆弱的山地生态旅游资源开发的可持续性。有必要加强生态伦理教育，在山地生态旅游涉及的旅游者、经营者和管理者当中树立可持续发展理念，也有必要完善生态环境保护保障机制，在有序开发中强化有效管理，加强乡村旅游区的生态环境监督监测。

2. 乡村旅游发展规划应考虑对游客的可持续吸引力

"吃住行游购娱"是旅游产业发展的六要素，这六要素也同样适用于审视乡村旅游发展问题。只有充分挖掘六要素，才能形成成熟和完善的旅游市场，推动乡村发展和县域经济发展。尽管石笋村挖掘山地生态资源赋能乡村旅游发展还处于起步阶段，但必须注意充分挖掘六要素，解决乡村旅游产业链条过短问题。例如，来到石笋村旅游的多为本县居民，可能只是来到这里观赏壮观的"云上梯田"和油菜花开，经过一段时间的游览后就返程。游客没有在本村发生消费行为，就不可能带动当地农民增加收入。此外，"云上梯田"和油菜花开的季节性过强，无法对游客形成持续的吸引力。也就是说，目前乡村旅游以半日游为主，留不住人，发生不了消费行为，经济带动效果并不显著。

3. 应解决资金投入的可持续性问题

乡村旅游的特点是初期资金投入量大，但产生效益十分缓慢，很难在短期内形成内生发展能力。目前，石笋村依靠昭通市航旅集团投入的 800 万元进行高标准农田建设，整合 800 万元东西部协作资金进行"云上梯田"建设。受到国家政策、地方政策、地方领导更换等因素的影响，政府不一定能够保证持续投入资金，因此石笋村的旅游配套设施在进一步建设完善和后续维护更新方面存在很大的风险。一种有效的办法是按政府引导、新型农业经营主体建设管理、市场化运作的方式发展乡村旅游业，以此规避单一政府主体包揽投资和运营管理模式下政策变化带来的风险。

五　生基村：乡村建设促进民族团结进步示范创建

（一）背景

2015 年 1 月，习近平总书记考察云南并发表重要讲话，希望云南"主动服务和融入国家发展战略，闯出一条跨越式发展的路子来，努力成为我国民族团结进步示范区、生态文明建设排头兵、面向南亚东南亚辐射中心，谱写好中国梦的云南篇章"（中共云南省委宣传部，2017：1）。努力成为我国民族团结进步示范区是云南的三大战略之一，"十三五"时期，云南省委、省政府实施了《云南省建设我国民族团结进步示范区规划（2016—2020 年）》，围绕"全面小康同步、公共服务同质、法治保障同权、精神家园同建、社会和谐同创"总体思路，实施民生持续改善、发展动力增强、民族教育促进、民族文化繁荣、民族和谐创建、民族事务治理 6 项重点工程，推动示范区建设取得阶段性明显成效。"十四五"时期，云南省委、省政府实施《云南省建设我国民族团结进步示范区规划（2021—2025 年）》。

盐津县在 2021 年成功创建省级民族团结进步示范县。在创建过程中，盐津县印发了《盐津县深入创建全省民族团结进步示范县行动方案》和《盐津县深入推进民族团结进步创建工作"十进十促"实施方案》，把民族团结进步示范县创建工作经费纳入财政预算，解决创建工作经费 100 万元。

山地生态农业产业赋能
乡村建设——云南省盐津县乡村振兴调查报告

截至2022年底,全县创建省级示范单位12个、市级示范单位55个、县级示范单位104个。盐津县在开展民族工作时,面临的严峻挑战主要表现为各民族发展不平衡不充分问题突出,全县有少数民族居住的乡村交通等基础设施落后、产业发展滞后;全县还有24个少数民族居住村90余公里乡村道路未通硬化路,部分少数民族聚居村无增收致富的主导产业。① 本案例聚焦盐津县一个苗族聚居村的乡村产业发展,以此说明乡村产业发展在民族团结进步示范创建中的作用,以及乡村产业发展如何促进不同民族村民之间的交往交流交融。

(二)案例简介及主要做法

1. 案例简介

盐津县无民族乡,在少数民族人口中,苗族人口数量最多,主要聚居在滩头乡的生基村和兴隆乡的大坪村。生基村平均海拔1200米,属于二半山区。村子距离滩头乡政府21.6公里,距县城56.6公里,总面积25.23平方公里。村内居民以苗族(大花苗)为主,全村14个村民小组527户2226人,其中苗族428户1928人。2015年时,全村农民人均纯收入2368元,除转移性收入之外,农民人均纯收入只有2100元,低于2015年的国家贫困线标准。生基村的地理位置远离乡政府和县城,交通不便、信息闭塞,苗族村民生产生活条件十分艰苦,生基村因此成为贫困落后的代名词。自党的十八大以来,盐津县将推进民族团结进步示范创建工作与脱贫攻坚、乡村振兴、生态文明建设有机融合,着力改变生基村基础设施建设滞后问题,加强村容村貌整治,加大乡村产业政策支持力度,改善苗族村民生产生活状况。经过脱贫攻坚,生基村一方面缩小了与城镇之间的发展差距,另一方面缩小了不同民族村民之间的发展差距。

2. 主要做法

(1)加强干部队伍建设

新时代的乡村振兴战略是一项复杂的系统工程,涉及多个领域。乡村

---

① 盐津县民族宗教事务局:《盐津县"中国乡村社会大调查"座谈会民族团结访谈汇报提纲》,2023年2月4日。

振兴战略实施关键在于加强党的领导,充分发挥农村基层党组织的领导核心作用。农村基层党组织必须进一步更新理念、提高能力、改进方法、开拓创新,更好地发挥领导核心作用。生基村属边远高寒山区,大量年轻村民外出务工,村干部年龄普遍偏大,村支书的年龄更是超过了70岁,基层党组织建设长期存在软弱涣散问题。生基村针对班子成员不团结、基层党组织党建氛围不浓厚等问题,制定了详尽的整顿实施方案,成立了工作领导小组,制定问题整改责任清单。在村"两委"人员配备上,及时调整支书和副支书人选,吸纳了4名高中、中专毕业生进入村"两委",实现了村干部年轻化和知识分子化,增强了基层党组织战斗力和凝聚力。在脱贫攻坚时期,为推进各项工作落实,滩头乡党委又选派了4名大局意识强、工作能力佳、懂苗族语言的乡干部作为驻村工作队员,极大地充实了生基村脱贫攻坚的工作力量,促进了脱贫攻坚与乡村振兴工作有效衔接。

(2)优化村民的生活空间

生基村的大花苗村民是从其他地方迁移而来,受到地形地势和可耕种土地状况限制,居住十分分散,分散的居住形态与小农生产方式、生活方式相匹配,但村民居住太过分散,导致基本公共服务的可及性低,乡村基础设施、公共设施建设成本高昂,最终影响了村民生产生活状况的有效改善(吴业苗,2022)。《乡村振兴战略规划(2018—2022年)》要求根据村庄发展规律,优化生产、生活、生态空间。自2014年以来,为改善生基村苗族村民的生产生活状况,盐津县委、县政府在村内一块较为平坦的土地选址新建一个集中居住点,居住在偏远地方的56户苗族村民搬迁到此居住,形成了目前的胡家坪苗寨。新建苗寨在保留了苗族村民原有房屋外形的基础上,融入了现代元素,既满足了现代社会生活的需求,又保留了大花苗的文化特色。苗寨内道路整洁、庭院干净,室内客厅宽敞明亮,厨房设施齐全,用水用电十分方便。更为重要的是,搬迁后的苗族村民孩子上学、就医变得十分方便,极大地提升了基本公共服务的可及性。

(3)沿袭传统发展特色产业

生基村有生产茶叶的历史传统,村内的坪头山茶厂曾是1950年代建立的国营茶厂。生基村依托地域优势，一直以来大力发展茶叶产业。全村有茶山10000多亩，每家每户都有自己的茶山，收入多的人家一年下来有10万元，少的也有上万元，1700多群众从乡村产业发展中受益。近年来，在村党支部的引领下，还推出了"苗岭碧芽""毛尖""黄金芽"等一系列生基茶品牌，备受市场青睐。坪头山茶厂、陈龙茶厂和六品茶厂三个茶厂负责茶叶的收购、加工，带动周边群众就业，每年可为茶农创收300余万元，茶商可创造价值达100万元。除此之外，生基村按照盐津县委制定的"鸡、牛、竹"三大富民产业发展思路，结合生态环境、气候条件，拟定三大产业发展规划。竹产业方面，全村现有水竹0.5万亩，规划新植刺方竹1330亩。肉牛产业方面，建立1个中心代养点，计划发展肉牛养殖450头，覆盖农户200户。乌骨鸡产业方面，生基村的乌骨鸡养殖也正在从村民散养向规模化养殖转型。

（4）走文旅融合发展之路

花山节是苗族大花苗支系的传统节日，既保持着传统的迁徙舞等纪念历史的核心部分，也随着社会变迁不断地融入新的文化元素。在20世纪初期，贵州石门坎成为大花苗支系的文化中心后，将体育比赛项目等融入花山节，这种过节方式迅速在大花苗居住的村寨流行起来。2010年以后，随着生基村小学基础设施完善和村内集镇的建设，生基村的花山节规模日渐扩大，影响力和知名度也在增加。2015年12月，在《农业部 国家旅游局关于公布2015年全国休闲农业与乡村旅游示范县和示范点的通知》中，盐津县被农业部、国家旅游局认定为全国休闲农业与乡村旅游示范县。生基村是昭通市2015年确定的四个"省级旅游扶贫示范村"之一，被国务院扶贫办和国家旅游局遴选列入2015年度"乡村旅游公益扶贫规划试点村"。经过多年的建设，生基村已经成为一个集山水、茶园、民族风情、休闲、度假于一体的生态特色村。不仅提高了苗族村民的家庭收入，还促进了苗族文化的传承发展。

（三）取得的成效

1. 基础设施改善增加了苗族村民的获得感和幸福感

生基村通过加强党的基层组织建设、推动村干部年轻化和知识分子化，在脱贫攻坚时期积极向乡党委、乡政府及上级部门争取各项资金共计1200

余万元，用于群众住房改善、基础设施建设、人居环境提升等。一是解决了村民住房安全问题。村"两委"按照"以房找人、以户找房"和"危房不住人、住人不危房"的要求，全面摸清了全村住房情况，新增农危改 57 户，已全部竣工，拆除危旧房 101 户。二是改善了生基村交通基础设施建设滞后问题。生基村筹集资金 860 余万元硬化村组公路 24 公里，解决了 7 个村民小组 238 户 1025 人的行路难问题。生基村筹集资金 360 余万元，实施核桃至坪头的管引工程，解决了坪头等 11 个村民小组 242 户 1155 人的饮水问题。同时，生基村成立了用水管理小组 14 个，落实管水员 14 人，新安装水表 187 个，解决了群众饮水难问题。生基村交通、饮水基础设施的改善，极大改变了苗族村民的生产生活状况，增加了苗族村民的获得感和幸福感，增强了苗族村民对党和国家的认同感。

2. 乡村居住空间治理实现了村民生活方式现代化

集聚提升类村落将长期存在，但这些村落面临着村民住房老旧、基础设施匮乏、空间布局不合理、村落过疏化等现实问题。生基村将居住太过分散的 56 户苗族村民集中在一起居住，可以改善村民的居住环境并推动村民日常生活方式的现代化，也可以在很大程度上降低地方政府向村民提供基本公共服务的成本，最终有利于在城乡融合发展进程中实现城乡基本公共服务的均等化。此外，在行政村内部建设的集中居住区不同于城市社区，这样的集中居住区仍然是一个熟人社会。因村民聚居在一起时更容易守望相助，交往互动的机会也会更多，村民也很容易适应新的居住生活环境，有利于在乡村过疏化的时代背景下推动村落共同体重建。

3. 乡村建设促进了不同民族之间的交往交流交融

自党的十九大以来，铸牢中华民族共同体意识已经成为党的民族工作主线，而促进不同民族之间的交往交流交融是铸牢中华民族共同体意识的主要路径。长期以来，生基村远离县城和乡镇，交通不便使得苗族村民缺乏与外界交往互动的机会。脱贫攻坚以后，生基村交通基础设施极大改善，不管是村民外出打工，还是外界的人到村里参观旅游，都变得十分方便，不同民族之间的交往交流交融得到了促进。市场经济是沟通城乡之间、工农之间、不同民族和不同区域之间的强有力经济纽带。生基村大力发展乡村产业、旅游业以后，经常有茶商到村里收购茶叶，部分村民季节性经营农家乐，经济活动作为一种纽带，推动了苗族村民与外界的交往互动，有利于铸牢中华民族共同体意识。

4. 文旅融合促进民族文化传承发展

长期以来，传统文化在现代社会发展进程中如何实现传承发展一直是一个理论和实践共同关注的问题。民族地区基于文化的旅游开发对文化传承发展的积极作用远大于消极作用。文化一直都在发展变化，现代旅游业发展加快了这一进程，使人们可以充分意识到现代社会经济发展与文化传承发展之间的关系。随着文化旅游业的兴起，人们越来越关注本民族的文化生境。生基村在发展旅游业以前，交通闭塞、经济落后，缺乏资金对濒临消失的文化资源采取有效的保护措施。生基村基于大花苗文化的旅游开发，引起了地方政府对苗族传统文化传承发展的重视，村民也更加意识到传统文化所蕴含的时代价值。更为重要的是，文旅融合是一种参与式乡村发展，有利于提高苗族村民主动参与乡村建设的积极性，确立苗族村民在乡村振兴中的主体地位。因为，苗族村民既是文化旅游的经营者、参与者，也是文化的持有者、表演者，这种多重身份使得苗族村民处于民族旅游活动的中心地位。

（四）可推广的经验

1. 民生改善是民族村寨铸牢中华民族共同体意识的有效途径

习近平总书记强调，"要把民族团结进步创建全面深入持久开展起来，创新方式载体"（习近平，2021：218）。处于基层的村落是国家治理的基本单元，也是促进各民族交往交流交融的重要场域。不管是从理论层面还是从实践层面来看，民族之间交往交流交融得以发生的基础性条件是不同民族的成员之间要能够发生交往互动。脱贫攻坚以前，很多村寨因基础设施差、交通闭塞，无法与外界建立紧密联系，村寨村民与其他村民缺乏交往交流交融的机会。脱贫攻坚以后，村寨基础设施不断完善、基本公共服务水平不断提升、产业发展不断优化，客观上促进了不同民族之间的交往互动,为不同民族之间的交往交流交融奠定了坚实的物质基础。

2. 加强乡村治理是村寨铸牢中华民族共同体意识的政治保障

长期以来,民族地区乡村治理主要依靠村寨内部的寨老、乡贤、地方性的文化习俗,在一定程度上强化了村寨的独特性和差异性,难以自主形成中华民族共同体意识。在国家资源下乡的时代背景下,村寨需要掌握国家政策、文件精神才能与行政部门打交道,才能为村寨发展争取上级政府支持和整合发展资源。生基村的例子就说明,如果党的基层组织软弱涣散,村支书年龄太大,就不利于开展乡村治理工作。生基村以党中央着力于整治党的基层组织软弱涣散问题为契机,选优配强村"两委"班子,实现了村干部的年轻化和知识分子化,提高了村"两委"班子成员与上级政府打交道的能力和资源整合能力。新的村"两委"班子冲锋在前,带领村民解决交通基础设施建设滞后问题,引导村民发展乡村特色产业,促进了村民与外界发生广泛的交往互动,成为村寨铸牢中华民族共同体意识的中坚力量。

3. 文旅融合为村寨铸牢中华民族共同体意识营造了社会空间

生基村在被遴选列入国务院扶贫办和国家旅游局 2015 年度"乡村旅游公益扶贫规划试点村"后,乡村建设紧紧围绕文旅融合做文章。2016 年投入使用的集中安置点胡家坪苗寨既体现了大花苗的传统文化,又融入了现代元素,已经成为吸引游客驻足观赏的一个旅游景点。不同民族的游客来到生基村后,加深了对苗族文化的认知和了解,苗族村民也强烈感受到了自己的文化被重视、被探索、被了解。文旅融合所创造的村落景观,为游客与村民之间的文化交流、情感互动提供了载体,为在村寨铸牢中华民族共同体意识营造了社会空间。

(五)进一步完善的建议

1. 完善乡村发展规划,促进农文旅深度融合

当前,村寨旅游普遍存在简单展示少数民族传统文化,乡村产业、文化、旅游发展并未形成联动发展格局,村民在参与乡村旅游时服务意识有待提高等问题。生基村的乡村建设还停留在挖掘苗族村民传统文化,促进

山地生态农业产业赋能
乡村建设——云南省盐津县乡村振兴调查报告

乡村旅游业发展的阶段，导致村内可观可赏的景点少，难以留住游客住宿消费，文旅融合带动村民增收的能力并不强。生基村内有大片茶园，竹产业也渐成规模，已经形成了新的乡村景观。本书建议生基村完善乡村发展规划，以系统性思维推进农文旅深度融合。有必要加强旅游配套设施建设，提升游客的获得感和满足感，延长游客在村内停留时间，为游客创造更多的消费机会。从本质上来看，乡村旅游属于服务业，增强村民的服务意识、改善村民的服务质量也是提升游客获得感和满足感的重要途径。

2. 积极融合现代化元素，促进乡村旅游升级

少数民族村寨向前发展，也需要实现农业农村现代化。在促进农文旅深度融合时，不仅需要深入挖掘、有力保护、积极传承和充分利用各民族传统文化，也需要围绕本地居民与游客对美好生活的需要和向往，创新村寨文化表达方式，丰富村寨文化内涵，否则村寨的景观也会变得千篇一律。科技创新和文化创意是推动旅游发展的两大动能，乡村有着丰富的生产生活生态空间，科技创新大有用武之地。中央网信办等十部门印发《数字乡村发展行动计划（2022—2025年）》强调，到2025年乡村4G深化普及、5G创新应用，农业生产经营数字化转型明显加快，智慧农业建设取得初步成效，乡村网络文化繁荣发展。可以借助数字技术下乡的政策利好，引导和支持更多科技企业、人员提升乡村农文旅融合发展中的科技含量。

参考文献

巴斯，弗雷德里克、高崇、周大鸣、李远龙，1999，《族群与边界》，《广西民族学院学报》（哲学社会科学版）第 1 期。

波兰尼，卡尔，2013，《巨变：当代政治与经济的起源》，黄树民译，社会科学文献出版社。

蔡磊，2016，《中国传统村落共同体研究》，《学术界》第 7 期。

曹军锋，2020，《乡村振兴与村落共同体重建》，《甘肃社会科学》第 1 期。

陈航英，2021，《土客结合：资本下乡的用工机制研究》，《社会》第 4 期。

陈靖，2018，《新型农业经营主体如何"嵌入"乡土社会——关联营造的视角》，《西北农林科技大学学报》（社会科学版）第 5 期。

陈军亚，2023，《理解基层：治理属性与改革逻辑》，《理论与改革》第 5 期。

陈林，2018，《习近平农村市场化与农民组织化理论及其实践——统筹推进农村"三变"和"三位一体"综合合作改革》，《南京农业大学学报》（社会科学版）第 2 期。

陈美球、廖彩荣，2017，《农村集体经济组织："共同体"还是"共有体"？》，《中国土地科学》第 6 期。

陈庆立，2008，《中国农民与新农村》，群言出版社。

陈文烈、寿金杰，2023，《民族地区乡村振兴的实践逻辑、边界表达与可行路径——基于民族地区 4 省 12 个乡镇的调查》，《民族学论丛》第 4 期。

程同顺、史猛，2019，《推进村级组织负责人"一肩挑"的条件与挑战——基于 P 镇的实地调研》，《南开学报》（哲学社会科学版）第 4 期。

崔彩周，2016，《农民工回流与县域工业发展》，《广西社会科学》第 12 期。

崔超，2019，《农村集体经济组织发展的内部困境及其治理》，《山东社会科学》第 4 期。

邓大才，2016，《中国农村村民自治基本单元的选择：历史经验与理论建构》，《学习与探索》第 4 期。

丁波，2023，《微治理：乡村治理中的单元下沉与生活转向》，《华中农业大学学报》（社会科学版）第 2 期。

丁波，2020，《乡村振兴背景下农村集体经济与乡村治理有效性——基于皖南四个村庄的实地调查》，《南京农业大学学报》（社会科学版）第 3 期。

杜园园，2019，《社会经济：发展农村新集体经济的可能路径——兼论珠江三角洲地区的农村股份合作经济》，《南京农业大学学报》（社会科学版）第 2 期。

费孝通，2007，《江村经济》，戴可景译，商务印书馆。

费孝通，2018，《乡土中国·乡土重建》，北京联合出版公司。

付伟，2020，《农业转型的社会基础 一项对茶叶经营细节的社会学研究》，《社会》第 4 期。

富永健一，2004，《日本的现代化与社会变迁》，李国庆、刘畅译，商务印书馆。

甘满堂，2011，《农民工改变中国——农村劳动力转移与城乡协调发展》，社会科学文献出版社。

甘天琦、姚天航、胡斯凯，2024，《城乡融合发展的动力与机制——基于新型城镇化试点的证据》，《统计与决策》第 1 期。

高梦滔、毕岚岚，2009，《村干部知识化与年轻化对农户收入的影响：基于微观面板数据的实证分析》，《管理世界》第 7 期。

高鸣、芦千文，2019，《中国农村集体经济：70 年发展历程与启示》，《中国农村经济》第 10 期。

葛继红、王猛、汤颖梅，2022，《农村三产融合、城乡居民消费与收入差距——效率与公平能否兼得?》，《中国农村经济》第 3 期。

耿德撰，1991，《盐津方言志》，云南教育出版社。

郭万超、辛向阳，2005，《轻松学经济——300 个核心经济术语趣解》，对外经济贸易大学出版社。

郭燕、李家家、杜志雄，2022，《城乡居民收入差距的演变趋势：国际经验及其对中国的启示》，《世界农业》第 6 期。

国家统计局、国务院发展研究中心编，1996，《中国县域经济》西南、西北卷，中国统计出版社。

韩俊，2018，《关于实施乡村振兴战略的八个关键性问题》，《中国党政干部论坛》第 4 期。

韩升，2010，《生活于共同体之中——查尔斯·泰勒的政治哲学》，中国社会科学出版社。

韩淑丽、郭江，2006，《中国居民生活质量研究》，内蒙古大学出版社。

韩松、段程旭，2024，《农民集体成员持有的集体经营性资产收益分配股份的自愿有偿退出》，《河北法学》第 2 期。

贺雪峰，2007a，《试论二十世纪中国乡村治理的逻辑》，《中国乡村研究》第 5 辑。

贺雪峰，2007b，《中国农民价值观的变迁及对乡村治理的影响——以辽宁大古村调查为例》，《学习与探索》第 5 期。

贺雪峰，2011，《论利益密集型农村地区的治理——以河南周口市郊农村调研为讨论基础》，《政治学研究》第 6 期。

贺雪峰，2004，《论农村政策基础研究——对当前中国农村研究的反思及建议》，《学习与探索》第 5 期。

贺雪峰，2015，《论中坚农民》，《南京农业大学学报》（社会科学版）第 4 期。

贺雪峰，2019，《乡村振兴与农村集体经济》，《武汉大学学报》（哲学社会科学版）第 4 期。

郇庆治、李思齐，2022，《习近平绿色发展理论的多维意涵与时代拓展》，《江西师范大学学报》（哲学社会科学版）第 2 期。

黄开腾，2019，《论乡村振兴与民族地区农村"空心化"治理》，《北方民族大学学报》（哲学社会科学版）第 2 期。

黄延中，2012，《新型农村集体经济组织设立与经营管理》，中国发展出版社。

黄宗智，1992，《长江三角洲小农家庭与乡村发展》，中华书局。

黄宗智，2021，《"集体产权"改革与农村社区振兴》，《中国乡村研究》第16辑。

霍普，保罗，2009，《个人主义时代之共同体重建》，沈毅译，浙江大学出版社。

姜玉欣，2014，《合村并居的运行逻辑及风险应对——基于斯科特"国家的视角"下的研究》，《东岳论丛》第9期。

蒋辉、吴永清，2021，《乡村产业振兴研究》，社会科学文献出版社。

蒋小杰、赵春盛，2019，《村落共同体现代转型的逻辑与政策回应——基于弥勒山兴村的观察与思考》，《云南民族大学学报》（哲学社会科学版）第1期。

焦长权，2022，《从乡土中国到城乡中国：上半程与下半程》，《中国农业大学学报》（社会科学版）第2期。

揭益寿、尹清强、邱宝冲、柴冬梅主编，2009，《中国绿色循环现代农业与社会主义新农村建设》，中国矿业大学出版社。

金太军、钱再见、张方华、李雪卿，2005，《公共政策执行梗阻与消解》，广东人民出版社。

金晓斌等，2024，《新时代中国城乡融合发展：挑战与路径》，《自然资源学报》第1期。

康芳，2023，《空间、文化和制度：乡村柔性治理的三维检视》，《云南民族大学学报》（哲学社会科学版）第3期。

孔凡斌、徐彩瑶，2023，《生态共富的理论逻辑与乡村实践路径》，《管理学刊》第3期。

李德虎，2019，《现代乡村社会治理体制建设研究》，四川大学出版社。

李国庆编著，2001，《日本社会——结构特性与变迁轨迹》，高等教育出版社。

李国庆，2005，《关于中国村落共同体的论战——以"戒能—平野论战"为核心》,《社会学研究》第 6 期。

李红波,2015,《转型期乡村聚落空间重构研究——以苏南地区为例》,南京师范大学出版社。

李虎,2019,《分离、互动与调适——一个壮族村落的人口流动与文化变迁》,社会科学文献出版社。

李怀印,2010,《乡村中国纪事——集体化和改革的微观历程》,法律出版社。

李培林,2010,《村落的终结——羊城村的故事》,商务印书馆。

李容芳、李雪萍,2017,《一致与偏离：仪式民俗与村落共同体的变迁——基于山地白族 B 村落的个案》,《中央民族大学学报》(哲学社会科学版)第 1 期。

李文钢、马良灿,2020,《新型农村集体经济复兴与乡土社会重建——学术回应与研究反思》,《社会学评论》第 6 期。

李文钢,2014,《事件·结构·历史之关系的人类学研究》,《广西民族研究》第 4 期。

李星林、罗胤晨、文传浩,2020,《产业生态化和生态产业化发展：推进理路及实现路径》,《改革与战略》第 2 期。

李迎生、李泉然、袁小平,2017,《福利治理、政策执行与社会政策目标定位——基于 N 村低保的考察》,《社会学研究》第 6 期。

李永萍,2020,《"半工半耕"的区域差异与农民家庭发展》,《华南农业大学学报》(社会科学版)第 1 期。

李祖佩,2017,《乡村治理领域中的"内卷化"问题省思》,《中国农村观察》第 6 期。

梁晨,2019,《乡村工业化与村庄共同体的变迁》,社会科学文献出版社。

梁栋、吴惠芳,2019,《农业产业扶贫的实践困境、内在机理与可行路径——基于江西林镇及所辖李村的调查》,《南京农业大学学报》(社会科学版)第 1 期。

梁吉义,2016,《绿色低碳循环农业》,中国环境出版社。

刘超，2022，《梯度城镇化：农业产业化与农民城镇化的路径选择》，《关东学刊》第 4 期。

刘俊杰，2020，《我国城乡关系演变的历史脉络：从分割走向融合》，《华中农业大学学报》（社会科学版）第 1 期。

刘蓝予、周黎安，2020，《县域特色产业崛起中的"官场+市场"互动——以洛川苹果产业为例》，《公共管理学报》第 2 期。

刘升，2021，《"错配修复"：交通发展对山区农民增长的内在影响机制研究》，《理论月刊》第 8 期。

刘升，2019，《社会治理社会化：乡村振兴背景下乡风文明的实现路径——以糖村治理滥办"人情酒"为例》，《云南行政学院学报》第 1 期。

刘小峰、彭扬帆、徐晓军，2023，《选优扶强：老少边区特色农业"一县一业"格局何以形成——盐池滩羊的纵向案例研究》，《管理世界》第 7 期。

刘彦随、龙花楼等，2011，《中国乡村发展研究报告——农村空心化及其整治策略》，科学出版社。

刘彦随，2018，《中国新时代城乡融合与乡村振兴》，《地理学报》第 4 期。

刘禹宏、蔡志强、吴爱东，2010，《县域经济发展与"三农"问题研究》，浙江工商大学出版社。

陆益龙、陈小锋，2019，《新时代的中国乡村振兴之路》，《中国农业大学学报》（社会科学版）第 3 期。

吕德文、雒珊，2022，《促进农民农村共同富裕的政策体系及其实现路径》，《中州学刊》第 1 期。

吕方、苏海、梅琳，2019，《找回村落共同体：集体经济与乡村治理——来自豫鲁两省的经验观察》，《河南社会科学》第 6 期。

吕方，2013，《再造乡土团结：农村社会组织发展与"新公共性"》，《南开学报》（哲学社会科学版）第 3 期。

马良灿、李净净，2022：《从利益联结到社会整合——乡村建设的烟台经验及其在地化实践》，《中国农业大学学报》（社会科学版）第 1 期。

参考文献

马良灿、李净净，2022，《新型复合式农村社区组织体系建设的在地化实践——以山东"烟台经验"为例》，《贵州大学学报》（社会科学版）第 6 期。

马良灿，2020，《重新找回村落集体经济》，《河海大学学报》（哲学社会科学版）第 5 期。

马若孟，1999，《中国农民经济——河北和山东的农业发展：1890-1949》，史建云译，江苏人民出版社。

毛丹、任强、张丽萍、彭兵、胡文木，2008，《村庄大转型：浙江乡村社会的发育》，浙江大学出版社。

孟德拉斯，H.，1991，《农民的终结》，李培林译，中国社会科学出版社。

米德，玛格丽特，1987，《文化与承诺——一项有关代沟问题的研究》，周晓虹、周怡译，河北人民出版社。

穆军全、赵延安，2022，《动员逻辑与科层逻辑的互构：干部驻村机制的变迁审思》，《宁夏社会科学》第 4 期。

聂顺荣主编，2011，《昭通年鉴（2011 年）》，德宏民族出版社。

聂顺荣主编，2016，《昭通年鉴（2016 年）》，德宏民族出版社。

农业部农产品质量安全中心编，2017，《中国农产品地理标志：西南地区篇》，中国农业科学技术出版社。

普查夫，沃尔夫冈，2000，《现代化与社会转型》，陈黎、陆宏成译，社会科学文献出版社。

戚振宇、汤吉军、张壮，2020，《比较制度分析视域下我国农业产业化组织模式的优化》，《财会月刊》第 2 期。

邱婷，2022，《从"城乡失衡"到"城乡均衡"：乡村振兴背景下的农业产业化与就地城镇化实践》，《华中农业大学学报》（社会科学版）第 4 期。

冉华、耿书培，2021，《农村社会变迁中村落共同体的线上建构——对宁夏中部 Z 村的考察》，《开放时代》第 3 期。

任强、毛丹，2015，《中国农村社区建设中的五种实践逻辑——基于对浙江

213

省的政策与实践观察》,《山东社会科学》第 9 期。

尚旭东、吴蓓蓓,2020,《农业产业化联合体组织优化问题研究》,《经济学家》第 5 期。

折晓叶,1996,《村庄边界的多元化——经济边界开放与社会边界封闭的冲突与共生》,《中国社会科学》第 3 期。

折晓叶,1997,《村庄的再造:一个"超级村庄"的社会变迁》,中国社会科学出版社。

宋健,2006,《中国农村人口的收入与养老》,中国人民大学出版社。

苏岚岚、赵雪梅、彭艳玲,2023,《农民数字治理参与对乡村治理效能的影响研究》,《电子政务》第 7 期。

孙九霞、张凌媛,2024,《县域城乡融合发展的"双生论"理论框架与关键议题》,《云南民族大学学报》(哲学社会科学版)第 1 期。

唐胡浩、赵金宝,2021,《重塑村落共同体:乡村治理视角下传统文化的现代价值研究——基于席赵村丧葬仪式的田野调查》,《华中师范大学学报》(人文社会科学版)第 5 期。

滕尼斯,斐迪南,1999,《共同体与社会——纯粹社会学的基本概念》,林荣远译,商务印书馆。

天津社会科学院社会学研究所编,1988,《现代生活思考》,天津人民出版社。

田鹏,2022,《全面实施乡村振兴战略进程中村庄转型的实践逻辑——基于地域社会理论视角》,《南京农业大学学报》(社会科学版)第 5 期。

田毅鹏,2012a,《"村落终结"与农民的再组织化》,《人文杂志》第 1 期。

田毅鹏,2012b,《地域社会学:何以可能?何以可为?——以战后日本城乡"过密—过疏"问题研究为中心》,《社会学研究》第 5 期。

田毅鹏,2014,《村落过疏化与乡土公共性的重建》,《社会科学战线》第 6 期。

田毅鹏、吕方,2010,《社会原子化:理论谱系及其问题表达》,《天津社会科学》第 5 期。

参考文献

仝志辉、刘传磊，2022，《乡村治理数字化的县域推进、村庄卷入和效能提升——浙江省五个先行县（市、区）的比较研究》，《中国农业大学学报》（社会科学版）第 5 期。

王春光，2020，《县域社会学研究的学科价值和现实意义》，《中国社会科学评价》第 1 期。

王慧林、杨华，2018，《村干部职业化的生成机制及路径创新》，《西北农林科技大学学报》（社会科学版）第 4 期。

王积超、李远行，2019，《城乡连续统与乡村振兴》，《甘肃社会科学》第 2 期。

王坤、葛长荣，2023，《云南地方鸡资源现状与保护》，《资源保护利用》第 12 期。

王明利等，2016，《中国肉牛产业发展规律及政策研究》，中国农业出版社。

王向阳，2019，《政治引领：中西部留守型村庄村干部职业化的动力机制探析——基于陕西扶风 X 村村干部职业化实践的考察》，《西南大学学报》（社会科学版）第 3 期。

王永平、周丕东，2018，《农村产权制度改革的创新探索——基于六盘水市农村"三变"改革实践的调研》，《农业经济问题》第 1 期。

王永生、刘彦随，2023，《生态产业化与乡村振兴作用机制及区域实践——以陕西洋县为例》，《地理学报》第 10 期。

魏程琳，2017，《中国乡村的去阶层分化机制与社会稳定》，《南京农业大学学报》（社会科学版）第 1 期。

温铁军，2005，《三农问题与世纪反思》，生活·读书·新知三联书店。

邬家峰，2022，《乡村治理共同体的网络化重构与乡村治理的数字化转型》，《江苏社会科学》第 3 期。

吴理财，2014，《论个体化乡村社会的公共性建设》，《探索与争鸣》第 1 期。

吴业苗，2022，《民生改善与乡村居住空间治理——以合村并居为例》，《求实》第 2 期。

吴重庆、张慧鹏，2019，《小农与乡村振兴——现代农业产业分工体系中小农户的结构性困境与出路》，《南京农业大学学报》（社会科学版）第1期。

吴重庆、张慧鹏，2018，《以农民组织化重建乡村主体性：新时代乡村振兴的基础》，《中国农业大学学报》（社会科学版）第3期。

希尔，杰弗里，2016，《生态价值链：在自然与市场中建构》，胡颖廉译，中信出版社。

习近平：《在全国民族团结进步表彰大会上的讲话（二〇一九年九月二十七日）》，转引自中共中央党史和文献研究院编《十九大以来重要文献选编》（中），中央文献出版社，2021，第218页。

夏荣静，2016，《推进农村产业融合发展的探讨综述》，《经济研究参考》第30期。

解彩霞，2017，《现代化·个体化·空壳化——一个当代中国西北村庄的社会变迁》，中国社会科学出版社。

谢君君，2021，《从文化自救到文化复兴：梁漱溟乡村建设思想的现代价值》，《社会科学战线》第12期。

谢治菊，2023，《集体经济再生产与乡村公共性重塑——基于"三变五合"改革的考察》，《中南大学学报》（社会科学版）第4期。

邢成举、李小云，2013，《精英俘获与财政扶贫项目目标偏离的研究》，《中国行政管理》第9期。

徐冠清、崔占峰、余劲，2023，《乡村振兴背景下村落共同体何以重塑？——农村集体经济治理与减贫耦合的双重视角》，《内蒙古社会科学》第2期。

徐晓鹏、刘燕丽，2018，《小农生产技术变迁的话语分析》，《中国农业大学学报》（社会科学版）第6期。

徐勇、赵德健，2015，《创新集体：对集体经济有效实现形式的探索》，《华中师范大学学报》（人文社会科学版）第1期。

徐宗阳，2022，《农民行动的观念基础——以一个公司型农场的作物失窃事件为例》，《社会学研究》第3期。

许经勇，2017，《农村新旧体制裂变与新型集体经济重建》，《学习论坛》第9期。

闫丽娟、孔庆龙，2017，《村庄共同体的终结与乡土重建》，《甘肃社会科学》第3期。

颜燕华，2020，《正宗与时变：基于安溪铁观音的产业治理与生产实践研究》，《社会》第5期。

杨华，2022，《乡争》，北京大学出版社。

杨华、杨姿，2017，《村庄里的分化：熟人社会、富人在村与阶层怨恨——对东部地区农村阶层分化的若干理解》，《中国农村观察》第4期。

杨华，2015，《中国农村的"半工半耕"结构》，《农业经济问题》第9期。

杨佩卿，2022，《新型城镇化和乡村振兴协同推进路径探析——基于陕西实践探索的案例》，《西北农林科技大学学报》（社会科学版）第1期。

杨团，2018，《此集体非彼集体——为社区性、综合性乡村合作组织探路》，《中国乡村研究》第14辑。

杨宇明、谷中明、吴静波编著，2019，《中国竹文化与竹文化产业》，云南大学出版社。

叶敬忠，2018，《乡村振兴战略：历史沿循、总体布局与路径省思》，《华南师范大学学报》（社会科学版）第2期。

尹瑶、刘京雨，2023，《数字技术如何改变乡村——基于5省10村调研的分析》，《中国农业大学学报》（社会科学版）第2期。

于利子、宋学功、王永明编著，2009，《基地肉牛养殖技术》，宁夏人民出版社。

余峰，2021，《如何正确测度我国农村居民的恩格尔系数？——基于宏观和微观视角的实证研究》，《经济问题》第7期。

虞崇胜、余扬，2016，《提升可行能力：精准扶贫的政治哲学基础分析》，《行政论坛》第1期。

袁建伟、晚春东、肖维鸽、张松林，2018，《中国绿色农业产业链发展模式研究》，浙江工商大学出版社。

苑鹏、刘同山，2016，《发展农村新型集体经济的路径和政策建议——基于我国部分村庄的调查》，《毛泽东邓小平理论研究》第 10 期。

《云南日报》，2023，《盐津县做好农村人力资源开发文章——精准服务稳就业促增收》，12 月 21 日，第 3 版。

云南省盐津县志编纂委员会，1994，《盐津县志》，云南人民出版社。

张定鑫、张卓文，2022，《中国绿色发展问题的哲学思考》，《江西社会科学》第 4 期。

张二进，2024，《生态产品价值实现何以促进革命老区高质量发展——基于江西抚州市的调研》，《行政与法》第 3 期。

张建雷，2014，《阶层分化、富人治村与基层治理的重构——村庄社会关联的视角》，《长白学刊》第 5 期。

张俊良、闫东东，2016，《多维禀赋条件、地理空间溢出与区域贫困治理——以龙门山断裂带区域为例》，《中国人口科学》第 5 期。

张乐天，2005，《告别理想：人民公社制度研究》，上海人民出版社。

张良，2017，《乡村社会的个体化与公共性建构》，中国社会科学出版社。

张思，2005，《近代华北村落共同体的变迁——农耕结合习惯的历史人类学考察》，商务印书馆。

张晓山、杜志雄、秦庆武、张清津主编，2010，《城乡统筹与县域经济发展》，黑龙江人民出版社。

张应良、徐亚东，2019，《农村"三变"改革与集体经济增长：理论逻辑与实践启示》，《农业经济问题》第 5 期。

张玉林，2012，《流动与瓦解：中国农村的演变及其动力》，中国社会科学出版社。

张治栋、司深深，2018，《城镇化、工业集聚与安徽省县域工业增长》，《华东经济管理》第 9 期。

昭通市地方志编纂委员会编，2021，《昭通年鉴（2021 年）》，云南科技出版社。

昭通市人民政府地方志办公室编，2023，《昭通年鉴（2022 年）》，德宏民族出版社。

赵丙祥、童周炳,2011,《房子与骰子：财富交换之链的个案研究》,《社会学研究》第3期。

赵佳佳、孙晓琳、苏岚岚,2022,《数字乡村发展对农村居民家庭消费的影响——基于县域数字乡村指数与中国家庭追踪调查的匹配数据》,《中国农业大学学报》（社会科学版）第5期。

赵霞,2011,《传统乡村文化的秩序危机与价值重建》,《中国农村观察》第3期。

赵旭东,2018,《乡村何以振兴？自然与文化对立与交互作用的维度》,《中国农业大学学报》（社会科学版）第3期。

赵早,2020,《乡村振兴视域下城乡融合发展的逻辑与路径探析》,《学习论坛》第8期。

郑庆杰,2019,《仪式的空间与乡村公共性建构——基于江西赣南客家村落的调查》,《南京农业大学学报》（社会科学版）第4期。

郑雨虹、张军,2023,《基于互动仪式链的村落共同体情感强化路径研究——以巢湖市Z村乡村振兴实践为例》,《西华大学学报》（哲学社会科学版）第5期。

中共云南省委宣传部编,2017,《民族团结进步示范区建设》,云南人民出版社。

钟钰,2018,《实施乡村振兴战略的科学内涵与实现路径》,《新疆师范大学学报》（哲学社会科学版）第5期。

周长城等,2001,《社会发展与生活质量》,社会科学文献出版社。

周大鸣等,2008,《告别乡土社会——广东农村发展30年》,广东人民出版社。

周飞舟,2006,《从汲取型政权到"悬浮型"政权——税费改革对国家与农民关系之影响》,《社会学研究》第3期。

周黎安,2018,《"官场+市场"与中国增长故事》,《社会》第2期。

周晓东,2011,《农村集体经济组织形式研究》,知识产权出版社。

朱凌飞、吉娜，2022，《道路、集市与乡村现代性：乡村振兴视域下滇西北聚落皆菊的个案研究》，《广西民族大学学报》（哲学社会科学版）第3期。

朱启臻，2019，《把根留住：基于乡村价值的乡村振兴》，中国农业大学出版社。

朱启臻，2018，《乡村振兴背景下的乡村产业——产业兴旺的一种社会学解释》，《中国农业大学学报》（社会科学版）第3期。

朱晓莹，2003，《"人情"的泛化及其负功能——对苏北一农户人情消费的个案分析》，《社会》第9期。

朱信凯等，2007，《中国肉鸡产业经济研究》，中国农业出版社。

邹英、刘杰，2019，《农民再组织化与乡村公共性重构：社会范式下集体经济的发展逻辑——基于黔村"村社合一"经验的研究》，《湖北民族学院学报》（哲学社会科学版）第6期。

图书在版编目(CIP)数据

山地生态农业产业赋能乡村建设：云南省盐津县乡村振兴调查报告 / 李文钢著 . -- 北京：社会科学文献出版社，2024.12. --（民族地区中国式现代化调查研究丛书）. -- ISBN 978-7-5228-4608-8

Ⅰ.F327.744

中国国家版本馆 CIP 数据核字第 2024EK7716 号

民族地区中国式现代化调查研究丛书
山地生态农业产业赋能乡村建设
——云南省盐津县乡村振兴调查报告

著　　者 / 李文钢

出 版 人 / 冀祥德
责任编辑 / 庄士龙
文稿编辑 / 王红平　姜　瀚
责任印制 / 王京美

出　　版 / 社会科学文献出版社·群学分社（010）59367002
　　　　　 地址：北京市北三环中路甲 29 号院华龙大厦　邮编：100029
　　　　　 网址：www.ssap.com.cn
发　　行 / 社会科学文献出版社（010）59367028
印　　装 / 三河市龙林印务有限公司

规　　格 / 开　本：787mm×1092mm　1/16
　　　　　 印　张：14.5　字　数：215 千字
版　　次 / 2024 年 12 月第 1 版　2024 年 12 月第 1 次印刷
书　　号 / ISBN 978-7-5228-4608-8
审 图 号 / 云 S（2024）12 号
定　　价 / 98.00 元

读者服务电话：4008918866

版权所有 翻印必究